Luc Bonneville,
Sylvie Grosjean
et Martine Lagacé

Introduction
aux méthodes de recherche
en communication

**gaëtan morin
éditeur**

CHENELIÈRE ÉDUCATION

Introduction aux méthodes de recherche en communication

Luc Bonneville, Sylvie Grosjean et Martine Lagacé

© 2007 Les Éditions de la Chenelière inc.

Édition : Sophie Jaillot et Luc Tousignant
Coordination : Guillaume Proulx
Révision linguistique : Jocelyne Bisaillon
Correction d'épreuves : Louise Verreault
Conception graphique et infographie : Claude Bergeron

**Catalogage avant publication
de Bibliothèque et Archives Canada**

Bonneville, Luc, 1975-

    Introduction aux méthodes de recherche en communication

    Comprend des réf. bibliogr. et un index.

    ISBN 2-89105-948-4

    1. Communication – Recherche. 2. Recherche – Méthodologie. 3. Communication - Recherche – Problèmes et exercices.
ı. Grosjean, Sylvie, 1968-   . ıı. Lagacé, Martine. ııı. Titre.

P91.3.B66 2006   302.2072   C2006-941784-9

**gaëtan morin
éditeur**

CHENELIÈRE ÉDUCATION

5800, rue Saint-Denis, bureau 900
Montréal (Québec) H2S 3L5 Canada
Téléphone : 514 273-1066
Télécopieur : 450 461-3834 ou 1 800 814-0324
info@cheneliere.ca

ISBN-13 : 978-2-89105-948-0
ISBN-10 : 2-89105-948-4

Dépôt légal : 1er trimestre 2007
Bibliothèque et Archives nationales du Québec
Bibliothèque et Archives Canada

Imprimé au Canada

4 5 6 7 8 M 21 20 19 18 17

Gouvernement du Québec – Programme de crédit d'impôt pour l'édition de livres – Gestion SODEC.

Ce projet est financé en partie par le gouvernement du Canada | **Canadä**

Tableau de la couverture :
Profondeur
Œuvre d'**Hélène Blais**

Hélène Blais est une artiste peintre née à Québec en 1954. Elle se caractérise par son style fauve et naïf. D'abord autodidacte, elle a par la suite suivi des cours de peinture à l'Université de Montréal. Coloriste, elle affectionne les paysages, les textures, le figuratif. Elle a participé à plusieurs expositions collectives et solos à Montréal et à Québec, et elle illustre aussi des livres. À Montréal, on trouve ses œuvres à La Galleria.

Source des photographies

P. 1 : © Martin Elms/Istockphoto.
P. 63 : © Robert Mizerek/Shutterstock.
P. 149 : Photodisc – Meetings and Groups.

REMERCIEMENTS

L'écriture d'un ouvrage pédagogique est une entreprise qu'il serait difficile d'entreprendre et de mener à bien sans le soutien et la participation d'une équipe de collaborateurs. Par conséquent, nous tenons tout d'abord à remercier notre maison d'édition, gaëtan morin éditeur, et son équipe dynamique et dévouée qui nous ont offert l'encadrement et le soutien technique nécessaires au processus de publication de cet ouvrage. Notre gratitude va aussi à tous ceux et celles qui ont contribué, directement ou indirectement, à la structure du livre et à l'amélioration des textes.

Nous tenons tout particulièrement à témoigner notre reconnaissance à Gaëtan Tremblay et Serge Proulx (tous deux enseignants-chercheurs à l'Université du Québec à Montréal) ainsi qu'à Christian Desîlets (professeur en publicité sociale au Département d'information et de communication de l'Université Laval), pour avoir accepté de collaborer à cet ouvrage. À travers leurs textes, qui sont de véritables témoignages, ils nous offrent leur regard de chercheur sur cette activité passionnante qu'est la recherche en communication. Soucieux de faire partager leur expérience, ils ont enrichi cet ouvrage pédagogique en nous permettant de saisir au vol quelques paroles de chercheurs. Nous tenons aussi à remercier notre collègue Pierre C. Bélanger pour le soutien qu'il a apporté à cette entreprise, soutien exprimé dans son avant-propos.

Pour terminer, nous remercions plus spécialement Alain Laramée (professeur à la TÉLUQ-UQAM) d'avoir accepté de rédiger la préface de cet ouvrage. Nous lui sommes reconnaissants d'avoir, par cette contribution, soutenu ce projet collectif.

Préface

Quand nous avons travaillé à la rédaction de notre ouvrage sur la recherche en communication[1], en 1991, nous faisions œuvre de pionniers dans la langue de Molière dans un champ où il y avait déjà quelques bons manuels en langue anglaise, mais pratiquement aucun en français. Quel plaisir de constater qu'après plus de 15 ans une équipe de jeunes professeurs-chercheurs prenait le relais et s'inscrivait dans la continuité de cette démarche en lui donnant une forme et un contenu enrichis, plus contemporains, et surtout merveilleusement adaptés aux réalités concrètes de l'évolution de ce vaste et complexe champ d'action et d'intervention sociale, de formation académique et d'intervention professionnelle qu'est devenue la communication.

En 15 ans, «l'explosion des communications[2]», pour reprendre l'expression heureuse de Breton et Proulx, s'est manifestée dans tous les aspects de la vie sociale et organisationnelle. À un point tel qu'il est devenu fastidieux, voire périlleux, de tenter d'échafauder une théorie générale de ses manifestations singulières et complexes et qu'on doit se limiter à parler de «pensée communicationnelle[3]» pour nommer cette mouvance conceptuelle et ses pratiques organisationnelles.

La complexification de ce champ social s'est tissée à la fois par la quantité et la qualité des innovations technologiques, bien sûr, mais également par les multiples approches et regards des diverses disciplines scientifiques. Ces dernières, souvent sous le couvert d'une interdisciplinarité affirmée, tentent de s'approprier ce champ social, en quelque sorte de le récupérer.

Cette évolution de la communication vers toujours plus de complexité, sa transversalité épistémologique et disciplinaire, sa pénétration intensive de tous les espaces organisationnels, de la gouvernance à la gestion du social et du politique, s'ajoutent à la difficulté intrinsèque et fort bien connue que présente l'apprentissage de toute méthodologie ou technique de travail. En effet, la recherche est une activité de production-création de connaissances, mais elle est aussi une manière de voir, de regarder un objet et de le connaître. En communication, cette manière de regarder et de connaître est d'autant plus importante que les innovations concernant cet objet même peuvent affecter en retour la manière de le regarder. C'est cette dimension réflexive et mouvante de la recherche en communication qui justifie tout particulièrement la nécessité d'en renouveler périodiquement les conceptions, les méthodes et les techniques.

---

1. Laramée, A. *Éléments de méthodologie de recherche en communication,* Québec, PUQ, 1991.
2. Breton, P. et Proulx, S. *L'explosion de la communication à l'aube du XXIe siècle,* Montréal, Boréal, 2002.
3. Miège, B. *La pensée communicationnelle,* Grenoble, PUG, 2005.

À cet effet, pour quiconque veut introduire et intéresser des néophytes à la recherche scientifique dans la discipline des communications, le défi se présente sous quatre aspects : celui de la démarche scientifique comme telle, celui de l'instrumentation technique, celui de l'inscription institutionnelle et enfin celui, non moindre, de la motivation à faire de la recherche. Les trois auteurs, issus de disciplines différentes – sociologie, psychologie et psychologie sociale –, ont réussi à mettre en commun les fruits de leur discipline non seulement pour relever brillamment ces défis, mais également pour faire converger leurs intérêts et leurs préoccupations au sein d'un même domaine de recherche, soit la communication organisationnelle.

L'approche conceptuelle présentée, en rappelant l'ordre classique du questionnement et de l'investigation scientifique, permet au lecteur de situer la démarche sur le plan de la réflexion, de la pensée et du jugement conduisant à la production de connaissances, tout en l'introduisant aux grandes questions épistémologiques de l'heure, à la dynamique des choix inévitables, et en ne l'endoctrinant pas dans quelque chapelle que ce soit, ce qui est remarquable.

Quant au deuxième défi, qui porte sur les instruments méthodologiques et les outils techniques, il ne s'agissait pas pour les auteurs de réinventer la roue, mais de les présenter, comme leurs applications à la discipline, de manière vivante, dynamique et le plus concrètement possible. Les auteurs réussissent ce coup de maître en illustrant abondamment leurs applications par des exemples concrets tirés notamment, mais non uniquement – et c'est fort heureux –, du domaine de la communication organisationnelle. Il s'agit d'ailleurs d'un apport majeur de ce manuel, car la plupart des livres portant sur les méthodes de recherche en communication négligent, sinon ignorent, ce champ de recherche devenu parmi les plus importants dans le domaine de la communication, en se limitant souvent à la sphère des médias. De plus, le fait de présenter les méthodes qualitatives et quantitatives en explicitant la problématique des choix, leurs raisons d'être, leur pertinence ainsi que leurs enjeux sur le terrain de la recherche conduit le lecteur à développer une attitude réflexive sur ses choix et non une reproduction ou une application mécanique.

Le troisième défi concerne la sensibilisation à l'inscription institutionnelle de la recherche. La recherche, tout en étant une activité intellectuelle souvent académique et discursive, est aussi et avant tout une pratique instituée possédant ses codes, ses règles, ses processus, ses normes explicites et implicites, ses cadres de référence, son organisation, ses réseaux et ses hiérarchies de même que ses chapelles et ses communautés concurrentes. Ce défi est surmonté notamment par la présence de témoignages de professeurs-chercheurs appartenant à différents domaines et communautés de recherche en communication et qui ont tous un rayonnement institutionnel certain. Quelle heureuse initiative ! Ce procédé permet en effet à l'apprenti chercheur de comprendre comment s'inscrit cette démarche de recherche dans la vie concrète des chercheurs, mais aussi de rendre sa pratique plus vivante, plus dynamique et plus humaine. Car comme toute pratique, la recherche répond non seulement aux exigences et aux normes des institutions, mais également aux trajectoires personnelles des chercheurs.

Enfin, le défi de rendre intéressant, motivant, voire plaisant l'apprentissage du savoir-faire et de la pratique de la recherche est relevé par l'emploi de nombreux procédés qui rendent la lecture et l'initiation fort agréables et intéressantes. Il en est ainsi de l'utilisation des schémas clairs, des tableaux synthétiques, des rappels multiples, des synthèses et des retours sur la matière de même que des exercices et des questions qui poussent à la réflexion et non à une reproduction behavioriste des notions présentées. Le tout agrémenté d'un style d'écriture vivant, convivial, personnalisé, simple sans être simpliste et vulgarisateur sans céder à la rigueur. Aussi, le lecteur se sentira davantage accompagné dans son apprentissage que placé devant un cours magistral, ce qui est souvent la didactique d'usage dans l'enseignement de cette matière.

C'est donc avec enthousiasme et honneur que je m'associe à ces trois jeunes auteurs-chercheurs pour recommander sans réserve cet ouvrage comme manuel de base non seulement pour quiconque a à enseigner ou à apprendre les rudiments de la recherche en communication, mais également pour tout citoyen qui s'intéresse simplement à la compréhension du questionnement possible à l'intérieur de la pensée communicationnelle et des exigences de rigueur qu'il suscite. En plus de sa pertinence sur le plan de la formation, ce livre contribuera assurément au développement d'une pensée critique constitutive de toute compétence citoyenne.

Alain Laramée
Professeur titulaire, Communication Télé-université, UQAM

Avant-propos

Les communications, comme champ d'investigation scientifique, auront rarement profité d'autant de visibilité sur la place publique. En moins de 25 ans, l'informatique est parvenue à s'inscrire comme un des vecteurs les plus marquants de l'évolution qu'ont connue les sociétés occidentales. Pour illustrer la prégnance qu'occupent aujourd'hui les dispositifs à caractère informationnel et communicationnel au sein de nos pratiques quotidiennes, on pensera à la fulgurante ascension des lecteurs musicaux numériques, dont le iPod est devenu la marque de commerce emblématique, à l'ubiquité des appareils téléphoniques mobiles et surtout à la migration des médias traditionnels, telles la télé et la radio, vers ces plateformes nomades et, bien sûr, à l'adoption accélérée des assistants personnels numériques, tels que le *Blackberry,* une innovation de chez nous qui a significativement amélioré l'efficacité des communications entre gens d'affaires.

À ces dispositifs technologiques vient s'ajouter une gamme de préoccupations en lien avec le fonctionnement des sociétés contemporaines où les réseaux de communications occupent une place névralgique. On n'a qu'à penser ici aux constantes révisions des cadres réglementaires, aux incidences de l'usage des technologies sur la qualité et la fréquence des rapports interpersonnels, au nouveau crédo de la « personnalisation » des univers médiatiques, aux questions de gouvernance, à l'effritement des identités nationales, aux importantes restructurations auxquelles sont soumises les grandes organisations. Autant d'exemples qui témoignent des profonds bouleversements qui infléchissent constamment nos sociétés.

Dans l'effervescence qui caractérise aujourd'hui le monde des communications, l'ouvrage qu'ont préparé mes collègues Bonneville, Grosjean et Lagacé est édifiant à plusieurs égards. Il offre aux étudiants et aux chercheurs en communication un outil de pointe pour orienter des réflexions rigoureuses sur des phénomènes de communication mais, plus important encore, il prescrit des démarches types pour saisir l'importance relative des différentes composantes des situations sous observation. Tout au long du manuel, les auteurs multiplient les exemples tirés d'études récentes pour opérationaliser l'applicabilité des concepts présentés. Cette heureuse combinatoire de théorie intégrée à la pratique fait en sorte qu'une démarche de recherche scientifique qui apparaît comme naturellement rébarbative à la base acquiert ici une dimension pragmatique qui donne tout son sens au type de méthode prescrite.

Aux deux premiers chapitres sur les fondements épistémologiques de la recherche de même que sur les considérations initiales autour desquelles tout projet de recherche doit être ancré s'ajoute un abécédaire complet sur les recherches à portée tantôt quantitative tantôt qualitative. Cette contribution à l'étude des communications tombe à point nommé dans la mesure où elle convertit à la multidisciplinarité de notre univers de recherche les méthodes les mieux adaptées pour appréhender l'ensemble des problématiques spécifiques aux types d'interrogation habituellement soulevées par les chercheurs en communication.

Que de jeunes chercheurs en communication choisissent de proposer un ouvrage de cette qualité au moment où ils amorcent leur carrière universitaire constitue un éloquent témoignage de la vigueur avec laquelle la recherche en communication est aujourd'hui imprégnée au développement de notre société. À ce titre, *Introductions aux méthodes de recherche en communication* prend d'ores et déjà l'allure d'un sherpa pour ceux et celles qui s'engagent dans la découverte de la façon dont s'opèrent la production, la transmission et la réception des idées, des icônes et des valeurs qui nous définissent.

Pierre C. Bélanger, Ph. D.
Professeur titulaire, Département de communication et
Institut d'études canadiennes, Université d'Ottawa

TABLE DES MATIÈRES

CHAPITRE 4 LES MÉTHODES ET LES OUTILS DE COLLECTE DE DONNÉES EN RECHERCHE QUANTITATIVE

PREMIÈRE PARTIE

LA RECHERCHE EN COMMUNICATION

Chapitre 1
Les enjeux, les axes et les fondements épistémologiques

Chapitre 2
Le processus d'une recherche scientifique

Paroles de chercheur

Frustrations

– Professeur Tremblay, après plus de trois décennies de recherche en communication, dites-nous, en quelques mots, ce que représente pour vous la méthodologie ?

– Un tas de frustrations, mon ami.

– Quoi ? Mais… expliquez-vous.

– Oui, la méthodologie est une grande source de frustrations. Cela a commencé quand j'étais encore étudiant. Avouons-le, les cours de méthodologie, ce n'est pas ce qu'il y a de plus excitant. Comparés à des cours comme *La sociologie de la culture* ou *Les enjeux de la politique internationale contemporaine*, les cours qui portent sur la démarche scientifique et qui impliquent inévitablement l'apprentissage de techniques, tant quantitatives que qualitatives, sont perçus comme plutôt arides. Et les incontournables statistiques, ah ! quelle plaie pour la plupart des étudiants ! Bref, à part quelques grands classiques comme *Le discours sur la méthode* de Descartes, *L'introduction à la médecine expérimentale* de Claude Bernard, *Les règles de la méthode sociologique* d'Émile Durkheim, *La formation de l'esprit scientifique* de Gaston Bachelard et quelques autres, le contenu des cours de méthodologie ne suscite guère de grandes jouissances intellectuelles et ne laisse habituellement pas de souvenirs impérissables.

Les frustrations se sont poursuivies lorsque je suis devenu enseignant. L'apprentissage méthodologique est considéré, à juste titre d'ailleurs, comme essentiel à la formation scientifique et fait donc partie du cursus obligatoire. Mais que d'astuces et d'énergie doit déployer l'enseignant pour rendre les cours intéressants ! De plus, parce que les étudiants ont déjà suivi des cours de méthodologie auparavant, ils pensent souvent connaître tout le contenu de ce cours universitaire. L'enseignant a beau leur répéter que, pour devenir un bon musicien, il faut faire ses gammes et pratiquer encore et encore, il est difficile d'entretenir leur motivation.

– Mais comme chercheur, en revanche, vous avez dû en retirer de grandes satisfactions ?

– Pensez-vous ! D'abord, la méthodologie, c'est la plupart du temps ce qu'on attaque quand on refuse une subvention au chercheur. Votre échantillonnage n'est pas fait au hasard, vous adoptez une approche ethnométhodologique plutôt que sociologique, vous proposez de faire remplir un questionnaire quand vous devriez faire des entrevues, vous utilisez l'analyse du discours alors que la sémiologie serait plus indiquée… On peut toujours trouver à redire sur une démarche méthodologique.

Puis viennent les inévitables frustrations de l'adaptation aux contraintes du terrain. Les choses se passent rarement comme dans les livres ni telles que le chercheur les avait prévues. Ce dernier doit composer avec la situation tout en essayant de conserver la plus grande rigueur possible. Le chercheur prend conscience de ses lacunes et de ses faiblesses et il n'est plus sûr d'avoir fait les bons choix. Il craint de se tromper dans l'interprétation de ses résultats. Et il découvre que les sciences de la communication ne sont pas des sciences exactes…

– Pourquoi alors avez-vous persévéré ? Pourquoi avoir fait de la recherche pendant plus de trente ans dans ces conditions ?

– Mon discours vous déprime? Il ne faudrait pas. En fait, pour incontournables qu'elles soient, ces frustrations sont salutaires et formatrices. Elles nous apprennent à la dure à nous méfier des fausses certitudes. La science commence par le doute et chemine dans le doute. À travers l'apprentissage méthodologique, le chercheur mesure concrètement la valeur de la connaissance humaine, les efforts que nécessite sa patiente élaboration, sa fragilité, ses limites. La méthodologie, comme on vous l'a sans doute répété, ce n'est pas un livre de recettes. C'est un discours sur la méthode, et la méthode, c'est un ensemble d'attitudes et de pratiques qui tendent à la rigueur, essentielle à la construction scientifique.

Personnellement, j'ai travaillé et je continue de travailler sur des objets et des thèmes assez divers quoique reliés. Je me suis intéressé à la place de la technique dans les sociétés modernes, aux industries de la culture, de l'information et de la communication, aux politiques publiques et au rôle de l'État, à la société de l'information, à la formation à distance et aux technologies d'information et de communication en éducation. Prenons une des questions qui m'occupent actuellement, celle de l'impact de la concentration de la propriété sur la diversité des contenus et le pluralisme de l'information. La question est d'actualité et suscite des débats passionnés opposant, d'un côté, ceux qui prétendent que toute diminution du nombre de médias indépendants se traduit fatalement par une réduction de la diversité des contenus et, de l'autre, ceux qui soutiennent, au contraire, que le regroupement est souvent la seule façon d'éviter la disparition d'un média et qu'il est possible de dissocier propriété et politique éditoriale. Les résultats de recherche fiables sont par contre peu nombreux. Est-il possible de traiter la question rigoureusement? Jusqu'à quel point et à quelles conditions une société peut-elle tolérer une certaine concentration du capital dans le domaine médiatique sans compromettre sérieusement la viabilité du pluralisme? Pour arriver à démêler les ficelles, il faut de la méthode!

La démarche du chercheur est indéniablement motivée par une passion pour la connaissance. Elle présuppose que le chercheur a une bonne dose d'intuition pour poser de bonnes questions et énoncer des hypothèses pertinentes. Mais le doute systématique, l'incessante remise en question et la perpétuelle tension vers la rigueur est ce qui distingue la démarche de tout autre type de construction intellectuelle. Une telle pratique engendre forcément de nombreuses frustrations. Mais qui a prétendu qu'on pouvait produire facilement et sans effort la connaissance?

Gaëtan Tremblay, Ph. D.
Professeur titulaire, Université du Québec à Montréal

CHAPITRE 1

LES ENJEUX, LES AXES ET LES FONDEMENTS ÉPISTÉMOLOGIQUES

OBJECTIFS DU CHAPITRE

- Connaître les enjeux centraux de la recherche en communication.
- Se familiariser avec les principaux axes de recherche en communication.
- **Comprendre**[1] en quoi consiste la **science** de façon générale.

Sperber (2000)[2] dit qu'il n'y a rien de plus banal que la communication, car les êtres humains sont par nature des êtres communiquant par la parole, le geste, l'écrit, l'habillement, etc. L'être humain entreprend sa « carrière » de communicateur très tôt puisque, à peine sorti du ventre de sa mère, il crie, il pleure, et c'est ainsi qu'il commence à communiquer (Dortier, 1998). La communication, nous la pratiquons tous les jours sans y penser (mais aussi en y pensant) et généralement avec un succès assez impressionnant, même si parfois nous sommes confrontés à ses limites et à ses échecs. C'est d'ailleurs généralement lorsque la communication est en échec que nous commençons à y penser et à en cerner les **enjeux.** Nous prenons alors conscience de ce que nous pouvons gagner ou perdre dans tout acte de communication.

Arrêtons-nous quelques instants sur une question triviale : Qu'est-ce que la communication ? Les définitions du dictionnaire nous serviront de point de départ pour tenter de circonscrire le sens de ce terme. Pour *Le Petit Robert*, la communication peut se définir comme le fait « d'établir une relation avec quelqu'un ou quelque chose » (2006 : 485). Pour le dictionnaire *Larousse,* la communication

---

1. Les mots en gras sont regroupés dans un glossaire à la fin de ce manuel. En outre, seule la première occurence des mots répertoriés sera ainsi soulignée.
2. Conférence donnée le 19 février 2000 à l'Université de tous les savoirs (UTLS) sous le thème « La communication du sens », accessible en ligne au www.canalu.com.

représente «l'action d'être en rapport avec autrui, en général par le langage (échange verbal entre un locuteur et un interlocuteur dont il sollicite une réponse) [mais c'est aussi l'action] de mettre en relation, en liaison, en contact, des choses» (1987 : 711). Étymologiquement, le mot communication vient du latin *communicare* qui signifie « mettre ou avoir en commun ».

Que nous révèlent ces définitions ? Nous notons que la communication peut être humaine (entre deux ou plusieurs être humains) ou animale (entre des animaux) et aussi concerner des machines ou des humains et des machines. De plus, à partir du moment où on la considère comme un échange, un partage, une mise en relation d'éléments, elle peut même impliquer des cellules chimiques ou des plantes. Nous nous concentrerons sur la communication qui implique des humains, c'est-à-dire la communication interhumaine et la communication humain-machine. Là encore, tenter de la définir n'est pas une chose facile. En effet, la communication impliquant des sujets humains concerne à la fois les interactions entre deux personnes ou un groupe de personnes, mais aussi les interactions entre les individus et un ordinateur (ou entre les individus au moyen d'un ordinateur) ou entre des individus et la société par l'intermédiaire des médias, par exemple. On utilise le terme *communication* aussi bien pour parler de la conversation entre deux personnes (exemples : un employé et son supérieur, une femme et un homme) que des messages télévisés diffusés sur nos chaînes. Or, il s'agit de types de communication différents, puisque le contexte, les enjeux et les défis ne seront pas les mêmes. Dans le premier cas, il s'agit d'une communication interpersonnelle mettant en relation deux individus et, dans l'autre cas, il s'agit d'une communication de masse mettant en jeu des milliers d'individus, voire plus, devant leur poste de télévision (voir le tableau 1.1).

TABLEAU 1.1	La communication, un concept vaste
Types de communication	**Caractéristiques**
Communication interpersonnelle	La communication interpersonnelle repose sur une **interaction sociale** entre deux ou plusieurs individus.
Communication de masse	La communication de masse (*mass media*) concerne le partage d'un ensemble d'informations avec un vaste public, et ce, grâce à diverses techniques. Les principaux moyens de communication de masse sont la presse, l'affiche, le cinéma, la radiodiffusion, la télévision et maintenant Internet.
Communication humain-machine	La communication humain-machine nous renvoie à l'interaction entre l'homme et la machine et à l'interaction humaine médiatisée par la machine.

La communication est vitale pour l'être humain, car elle permet d'entrer en relation avec l'autre, d'échanger des informations, d'établir un lien social, etc.; elle structure notre vie quotidienne. Et si communiquer, c'est avoir quelque chose en partage, si c'est une mise en commun, alors « le monde moderne et les réseaux qui le maillent ne cessent de renouveler nos façons d'être ensemble et de ramifier nos mondes en les morcelant » (Bougnoux, 1998 : 30). Par conséquent, une autre question doit être posée : Pourquoi les êtres humains communiquent-ils ?

Morin (1998) affirme que la communication a plusieurs fonctions : l'information, la connaissance, l'**explication** et la **compréhension.** Toutefois, pour lui, le problème central dans la communication humaine est celui de la compréhension, car on communique pour *comprendre* et *se comprendre*. Le problème de la compréhension nous ouvre une autre **dimension,** celle du *sens* de la communication, et nous renvoie à la question de la **signification,** des comportements, des sous-entendus, etc. Il s'agit là d'un enjeu de taille pour la communication humaine.

1.1 Les enjeux de la recherche en communication

Parler des enjeux de la recherche en communication, c'est aborder d'une certaine manière plusieurs enjeux de société, puisque la communication est constitutive de notre société. Dortier (1998) souligne ce lien et mentionne que, depuis les années cinquante, l'essor des médias de masse (presse, radio, télévision) s'est accompagné de mutations sociales importantes en matière de communication : diffusion des outils de communication (téléphone, télécopie, Internet), développement de la communication politique, essor de la communication dans les organisations, développement de la publicité, etc. Il note d'ailleurs que

> « [la] convergence de ces évolutions a donné naissance à deux **phénomènes** distincts :
>
> – la formation des sciences de l'information et de la communication qui se sont données pour mission d'analyser les différentes formes de communication ;
>
> – l'éclosion d'une idéologie de la société de communication ». (Dortier, 1998 : 10)

Différents sujets d'intérêt, tels la propagande et les médias, les relations de travail en milieu interculturel ou le rôle des technologies dans la modification de nos modes de vies, intéresseront le chercheur en communication. D'ailleurs, de nombreux chercheurs (Bonneville, 2003 ; Breton et Proulx, 2002 ; De Rosnay, 1999) interrogent la place de la communication dans notre société et en révèlent les nombreux enjeux. Une des questions importantes posées par ces chercheurs est la suivante : Le XXIᵉ siècle sera-t-il celui d'une société de l'information et de la communication dont les éléments moteur se trouveraient, entre autres, dans le progrès d'Internet, le rôle croissant des médias et l'émergence de normes culturelles et sociales valorisant la participation, la transparence, l'expression individuelle et collective ? De nos jours, la communication est tantôt valorisée et décrite comme riche de promesses et de développements et tantôt considérée comme source d'angoisses et d'inquiétudes. Comme exemple d'une communication valorisée, pensons à l'idée de voir émerger une société valorisant la démocratie participative, facilitant les échanges et l'autonomie ; pour illustrer une communication source d'angoisses, pensons à la crainte d'un contrôle planétaire de l'information, d'une uniformisation de la langue, de la perte des identités culturelles ou de l'émergence de nouvelles formes de contrôle social. Breton (1997) parle « d'utopie de la communication » pour désigner une forme d'idéologie reposant sur la vision d'une communication universelle et transparente entre les individus. Pour Sfez (1988), nous avons tendance à voir la communication comme « une nouvelle science liturgique », une nouvelle théologie des temps modernes, vision dont il propose une **critique** radicale. Neveu (1997), quant à lui, parle de « mythe » de la société de communication. Ainsi, ces chercheurs, par leur prise de position et leur **questionnement,** abordent certains enjeux liés à la communication dans la société d'aujourd'hui.

1.1.1 La communication au XXIᵉ siècle : ses défis et ses enjeux

La communication au XXIᵉ siècle a fait naître de nouvelles interrogations, de nouveaux enjeux et de nouveaux défis[3] qui seront les fondements même du questionnement qui occupera l'esprit des chercheurs (Laramée et Vallée, 2001). Regardons dans un premier temps la particularité de la communication à l'heure des technologies. Le XXIᵉ siècle nous fait entrer de plein fouet dans ce qu'on appelle la société de l'information et de la communication, société construite avec de nouveaux outils de communication qui favorisent de nouvelles formes d'échanges électroniques (George, 2001). Cependant, de nombreux questionnements apparaissent, car, comme l'écrit Wolton (2000),

> « [...] plus les distances sont abolies, plus on voit facilement ce qui sépare les cultures, les civilisations, les systèmes philosophiques et politiques. Et plus il faut d'efforts pour se tolérer mutuellement. Plus les techniques suppriment les frontières du temps et de l'espace, plus les difficultés d'intercompréhension deviennent visibles, et difficiles à résoudre ».

Comme le souligne cet auteur, Internet est une révolution technique qui doit reposer sur un projet social et culturel. De plus, Internet suscite de nombreuses

---

3. Pour aller plus loin, voir l'ouvrage de Philippe Breton et Serge Proulx, *L'explosion de la communication à l'aube du xxiᵉ siècle*, Paris, La Découverte, 2002.

questions, comme le mentionnent Proulx, Massit-Folléa et Conein (2005 : 2) dans leur ouvrage *Internet, une utopie limitée* :

> « La modification de l'environnement technologique liée à la diffusion d'Internet suscite en effet des interrogations qui touchent l'ensemble de la vie collective, en particulier les relations sociales, la modalité marchande de l'économie, la forme des organisations, le rôle des institutions publiques. »

Les chercheurs se trouvent donc confrontés à de nouvelles **problématiques** qui sont autant d'enjeux pour la recherche en communication.

Par ailleurs, la particularité de ces technologies, c'est qu'elles ne sont plus des technologies de substitution comme pouvaient l'être l'automobile à la charrette, la télécopie au télex, mais des technologies d'intégration (De Rosnay, 1999). En effet, aujourd'hui, l'écrit, la vidéo et les autres technologies s'intègrent au sein des dispositifs informatiques constitués par Internet et contribuent à faire émerger des systèmes technologiques complexes. Ainsi, Internet est devenu un nouvel espace d'échanges et de commerce qui modifie nos modes de communication.

Prenons l'exemple des forums de discussion : ils permettent une certaine forme de communication interpersonnelle qui est basée sur une proximité virtuelle contrairement à la communication interpersonnelle classique qui est basée sur une proximité physique et géographique. À cause de ces nouveaux développements, un des enjeux de la recherche en communication est d'interroger de nouveau le concept de communication interpersonnelle. Sur un autre plan, le cyberespace est un environnement qui favorise le commerce électronique (Lacroix, Villandré et Bonneville, 1998), et toutes les activités industrielles et commerciales se trouvent concernées par la mise en réseau de leurs activités. Les administrations utilisent Internet pour entrer en contact avec les citoyens, les personnalités politiques l'utilisent pour tisser de nouvelles relations avec leur électorat (exemples : blogue et site Internet), etc. Cependant, cette expansion du réseau Internet dans toutes les sphères d'activités sociales suscite de nombreuses questions : Est-ce que la communication au moyen d'Internet isole ou rapproche les individus ? L'expansion du réseau Internet ne favorise-t-elle pas une homogénéisation de la langue ? Internet favorise-t-il la diversité culturelle ? Faut-il contrôler et réguler les usages d'Internet ? Les médias interactifs du XXIe siècle auront-ils un impact social aussi déterminant que le cinéma et la télévision ? La communication interpersonnelle change-t-elle ? Notre rapport au temps se trouve-t-il transformé ? Ces questions trouvent leur origine dans des changements sociétaux majeurs que le chercheur devra saisir avec ses outils et ses **méthodes.** Les enjeux politiques, sociaux, économiques, culturels et éthiques qui peuvent être soulevés sont donc de nouveaux défis pour les chercheurs en communication.

Étudier la communication au XXIe siècle, c'est aussi poser la question de l'identité, des cultures et des relations entre les générations. Dans un contexte de mondialisation et de vieillissement des populations, la communication au XXIe siècle soulève la question de l'identité ou désormais *des* identités, tout autant culturelles que généra-tionnelles. En effet, si l'essor et l'expansion rapide des technologies de la communi-cation permettent, dans un temps éclair, d'aller à la rencontre de l'autre, cette possibilité révèle du même coup, tel que l'évoque Morin (1998), le défi, sinon le risque majeur de la communication humaine, soit la compréhension de l'autre. L'individu peut maintenant aller vers l'autre, en l'espace de quelques secondes, mais cet « aller » ne garantit pas systématiquement une communication au sens de « com-préhension ». Par contre, ce qui est sûr, c'est que ces allers technologiques instanta-nés, presque sans limite, sous-tendent les enjeux de la différence, de la rencontre avec la différence et avec l'identité de l'autre, et même avec de multiples identités.

Ces enjeux identitaires se jouent actuellement en termes de dynamiques d'interac-tions culturelles mais aussi intergénérationnelles dans nos sociétés, plus spécifique-ment en milieu de travail comme en milieu familial. Prenons l'exemple des organisations de travail : différentes générations de travailleurs, différentes cultures de travail s'y côtoient de plus en plus. Quel est le rôle de la communication dans un tel contexte ? Au-delà des possibilités technologiques, cette communication facilitera-t-elle le partage, le transfert des connaissances entre des générations de travailleurs ? Ou sera-t-elle plutôt l'outil de polarisation d'une génération à l'égard d'une autre ? En outre, la communication permettra-t elle d'innover en matière de gestion, de prise de décision, de dynamique de groupe, et ce, de façon à refléter les identités multiples de l'organisation de travail du XXIᵉ siècle ? Les enjeux et les rôles de la communication au XXIᵉ siècle doivent aller bien au-delà de la question technologique puisque, plus que jamais, ils sous-tendent le défi humain de com-muniquer, dans le prolongement des contacts, désormais multipliés, avec l'autre.

La communication dans les organisations est aussi un domaine d'études pour le chercheur en communication. En effet, en même temps que se sont développées l'anthropologie, la psychologie et la sociologie des organisations, des chercheurs en communication ont commencé à s'intéresser aux relations de travail, à l'organisa-tion du travail, aux conflits en milieu de travail, au leadership, à la gestion des communications internes et externes, à la négociation, à la gestion du changement technologique et organisationnel, à la gestion du stress en milieu de travail, etc. Très rapidement, au cours d'une évolution marquée par des emprunts souvent méthodologiques aux disciplines connexes à la communication, des chercheurs ont contribué à institutionnaliser, voire à autonomiser la communication organisa-tionnelle comme discipline scientifique à part entière (Laramée, 1989). Même si des efforts considérables restent à faire pour donner à la communication organisa-tionnelle un objet et une **méthodologie** qui lui sont propres, les développements des dernières décennies ont révélé un engouement croissant, ponctué par des débats passionnants sur le fonctionnement des organisations du point de vue de la communication (Le Moënne, 2000 ; Bouzon et Meyer, 2006).

Par exemple, dans une société qui est tournée vers une économie du savoir, les organisations dépendent en grande partie de l'ensemble des connaissances et des savoir-faire en action, construits et partagés par les individus qui y travaillent. Depuis ces dernières années, les organisations s'interrogent sur leur capacité à gérer le capital social et cognitif au même titre que le capital financier. Les interrogations au sujet des départs massifs des baby-boomers à la retraite et du renouvellement de la main-d'œuvre posent directement la question du risque qu'encourent les organisations si toute une partie de leur mémoire construite et partagée ne peut être préservée et réinvestie dans un savoir collectif (Grosjean, 2006 ; Lagacé et Tougas, 2006). C'est au cœur de cette dynamique de construction et de partage d'une mémoire organisationnelle que se trouve l'activité communicationnelle des organisations. Par conséquent, un des défis des chercheurs est de tenter de comprendre comment les savoirs s'échangent et se transmettent à l'intérieur d'une organisation. Nous touchons là un des enjeux de la recherche en communication organisationnelle.

1.1.2 Les axes de recherche en communication

La communication comme discipline scientifique est interdisciplinaire puisqu'elle vient de la mise en commun de connaissances issues de la psychologie, de la sociologie, de la linguistique, de l'anthropologie, de la politologie, des sciences de la gestion, etc. Nous présenterons les différents axes de recherche en communication afin de permettre au lecteur de prendre la mesure de la multiplicité des champs de recherche dans ce domaine. Nous avons identifié les thématiques qui constituent les préoccupations majeures des chercheurs en communication[4] (voir le tableau 1.2).

TABLEAU 1.2	Les principaux axes de recherche en communication
Axes de recherche	**Exemples de thématiques de recherche**
Les médias traditionnels (audiovisuel, presse et radio)	[1] Espace public et communication (questions de démocratie et médias, opinions publiques et médias, effets des médias sur les comportements politiques et sociaux, etc.)
	[2] Économie du secteur (régulation/dérégulation, réglementation/déréglementation, etc.)
	[3] Réception et public (études d'audience, recherches sur la notion de public, etc.)
	[4] Sociologie des contenus (production audiovisuelle publique et privée, etc.)
	[5] Histoire des médias
	[6] Étude du discours des médias
	(suite ▶)

---

4. Pour cela, nous nous sommes inspirés des informations contenues sur le site de l'*International Communication Association* (www.icahdq.org/) et des articles suivants : « La recherche en communication en France. Tendances et Carences », Thierry Lancien, Hélène Cardy, Janine Delatte, Gilles Delavaud, Pascal Froissart, Anolga Rodionoff, Marie Thonon, Patricio Tupper, *Médiation et Information*, nº 14, 2001 et « Les apports de la recherche des sciences de l'information et de la communication », Bernard Miège, *Réseaux,* nº 100, Paris, 2000.

Les nouveaux médias	[1]	Usages sociaux des nouveaux médias (innovation, appropriation sociale, etc.)
	[2]	Histoire des sciences et technologies
	[3]	Économie et TIC (technologies de l'information et de la communication) (Réorganisation du système productif face au changement technologique, nouvelle configuration de métiers et professions, etc.)
	[4]	Communication humain-ordinateur
	[5]	Droit et TIC (évolution du système juridique, questions relatives à la propriété intellectuelle, etc.)
	[6]	Inégalités sociales et fracture numérique
Culture et communication	[1]	Cinéma (cinéma documentaire, cinéma indépendant, multiculturalisme, etc.)
	[2]	Art et hypertexte (esthétique de l'image numérique et muséologie, pratiques artistiques sur Internet, lecture et interactivité, histoire sociale de la musique, etc.)
	[3]	Industries culturelles
Éducation et communication	[1]	Réseaux de diffusion du savoir en direction du grand public (bibliométrie, etc.)
	[2]	Interaction professeur-élèves
	[3]	Formation à distance
	[4]	Médiation des savoirs et communication médiatisée à distance
Communication organisationnelle	[1]	Communication interne et externe
	[2]	Publicité et marketing
	[3]	Communication de crise et organisation
	[4]	Conflit, négociation et médiation
	[5]	TIC et organisation
	[6]	Culture organisationnelle et communication
	[7]	Processus de groupe et prise de décision collective
	[8]	Discours et pratiques discursives dans les organisations
	[9]	Transfert de connaissances
	[10]	Nouvelles formes d'organisations (réseaux d'organisations, organisations virtuelles, etc.)
	[11]	Gestion du changement organisationnel
Communication et environnement	[1]	Aménagement du territoire, dynamique urbaine et TIC
	[2]	Villes et problématiques du lien social
	[3]	Communication et développement durable
Communication et santé	[1]	Relation médecin-patient
	[2]	Systèmes d'information et services de santé
	[3]	Télémédecine et télésanté
	[4]	Gestion de crise (santé publique)
	[5]	Campagne de prévention
	[6]	Promotion de la santé

(suite ▶)

Communication internationale, développement et interculturalité	[1] Communication participative et développement international
	[2] Communication internationale et relations internationales
	[3] Communication et diversité ethnoculturelle
Journalisme	[1] Pratiques journalistiques
	[2] Éthique et journalisme
	[3] Journalisme de guerre
	[4] Cyberjournalisme
Communication interpersonnelle	[1] Relations intergroupes
	[2] Étude des processus d'influence mutuelle
	[3] Analyse des conversations
	[4] Communication non verbale
Communication politique	[1] Mouvements sociaux et Internet (militantisme)
	[2] Relations gouvernement-citoyens (E-gouvernement, démocratie participative, etc.)
	[3] Les partis politiques et Internet
	[4] Propagande et idéologie

1.2 La présentation de la démarche scientifique

Les axes de recherche en communication découlent de plusieurs questionnements qui sont eux-mêmes le point de départ de la recherche. Pourquoi l'implantation d'un intranet dans une entreprise modifie-t-elle la distribution du pouvoir ? Internet favorise-t-il l'émergence de formes spécifiques d'exercice de la démocratie ? Voilà des exemples de questions que le chercheur en communication peut se poser. Cependant, pour y répondre, il devra aller au-delà de ses **intuitions, croyances** ou impressions. Il fera reposer sa réflexion sur une démarche logique, rigoureuse et systématique, qu'on appelle démarche scientifique.

L'élaboration de connaissances scientifiques ne se fait pas au hasard des **observations.** Elle est plutôt le résultat d'une démarche spécifique aux sciences prises dans leur globalité. Au cours des dernières décennies, et encore aujourd'hui, la communication a contribué à l'élaboration de nombreuses connaissances et a permis plusieurs avancées dans la grande famille des sciences sociales et humaines. Prenons ici le temps de regarder en détail la démarche scientifique sur laquelle repose la production de connaissances.

1.2.1 La production de connaissances

Depuis la nuit des temps, l'être humain, doué de conscience et motivé par la curiosité des objets qui l'entourent et du monde dans lequel il vit, s'interroge. Comment se produit tel ou tel phénomène? Pourquoi se produit-il? D'où vient-il? Par quoi et comment est-il déterminé? Voilà autant de questions qui animent l'être humain et auxquelles il veut répondre pour satisfaire sa curiosité. Comprendre ainsi que développer et construire ses connaissances, tels sont les objectifs de tout individu qui cherche à savoir. Pour atteindre ces objectifs, l'être humain peut avoir recours à différents moyens : l'intuition, la croyance, le **raisonnement logique** et la science.

L'intuition

L'intuition repose sur l'appréhension de la réalité telle qu'elle se présente aux yeux des êtres humains, telle qu'elle semble être. Ces derniers portent un jugement rapide, qui semble à première vue évident, sur un phénomène perçu à travers les sens (la vue, le toucher, l'odorat, l'ouïe et le goût). Ainsi, pour reprendre un exemple de Laville et Dionne (1996 : 8-9), une personne dira que le Soleil tourne autour de la Terre parce qu'elle observe avec régularité ce phénomène et qu'elle n'a pas du tout l'impression que c'est plutôt l'inverse, c'est-à-dire que c'est la Terre qui tourne autour du Soleil. De même, une autre personne croira que tel objet est solide du fait que sa texture est rugueuse, ou que telle personne est fâchée du fait que le timbre de sa voix est élevé. Ce sont là des intuitions qui satisfont aux curiosités naturelles de l'être humain par rapport à ce qui l'entoure, par le lien direct qui est fait entre ce qui est perçu, ou observé, et l'**interprétation** qui en est tirée. On dit alors qu'il s'agit du **sens commun,** c'est-à-dire de l'explication ou de la compréhension qui découle généralement d'observations, de perceptions ou de **représentations** largement répandues par l'ensemble des individus d'un groupe, d'une société ou d'une culture.

Dans l'observation des phénomènes communicationnels, l'intuition intervient de la même façon que dans l'observation des phénomènes physiques, sociaux ou psychologiques. Ainsi, plusieurs pensent que l'opinion publique est largement déterminée par les médias, car ils ont l'impression, l'intuition, que les médias « contrôlent » l'esprit des gens et influencent de manière directe leurs comportements. En fait, les nombreuses recherches de Katz et Lazarsfeld (1955) ont montré que l'influence des médias est limitée et que certains messages peuvent influencer les personnes à la condition qu'ils soient relayés par des « guides d'opinion ». Ces derniers sont des individus qui ont cette capacité d'influencer certains autres individus (Rouquette, 1992 : 502). D'autres pensent que la compréhension d'un message découle uniquement de la communication verbale alors que les recherches (notamment celles relevant de l'**École de Palo Alto**) ont plutôt démontré que la compréhension d'un message découle de l'interaction complexe entre la communication verbale (formelle) et la communication non verbale (informelle), dont font partie les gestes, les expressions faciales, le paralangage, etc. Ces pensées illustrent, encore une fois, les explications rapides, efficaces et réductrices que font les êtres humains, influencés ou non par un groupe, par rapport aux intuitions issues d'observations courantes, d'appréhensions partielles – souvent même partiales – de la réalité. Ces connaissances relèvent ici de l'évidence, du sens commun partagé immédiatement par le plus grand nombre sans qu'il y ait nécessairement de remise en question. Ce sont précisément ces évidences qui risquent de générer des **préjugés** et des **stéréotypes,** considérés par plusieurs comme explicatifs d'une réalité qu'on ne questionne plus ou qu'on tient pour acquise. Le mode d'acquisition de la connaissance est dès lors limité à ce qui est largement admis dans un groupe, dans une société, dans une culture, à un moment donné de son histoire.

La croyance

La croyance constitue un mode d'appréhension de la réalité, qui peut parfois prendre la forme d'un jugement de valeur. Elle est fondée sur une opinion, relativement structurée, qui s'est forgée dans l'esprit d'un individu. Il s'agit d'une opinion cristallisée dans une pensée souvent complexe, comme c'est d'ailleurs le cas pour les croyances religieuses. Très souvent, les croyances sont à ce point ancrées dans l'opinion que se font les individus d'une réalité ou d'un phénomène qu'elles sont difficilement remises en question : elles structurent les représentations des individus.

Pensons au renouveau du mouvement créationniste aux États-Unis qui défend notamment l'idée que les êtres humains ont été créés à l'image de Dieu, il y a environ 2000 ans. Les croyances se trouvent dans toutes les sphères d'activités sociales et dans tous les domaines de la connaissance, y compris la communication. Par exemple, des personnes diront, en conformité avec un certain discours construit dans les années 1960-1970 (Bonneville, 2003 : chapitres 1 et 4), que la technologie dans les organisations transforme automatiquement l'efficacité de l'organisation du travail. Il s'agit d'une croyance fondée sur une conception déterministe de la technologie, puisque les recherches scientifiques, notamment en communication organisationnelle, tendent plutôt à montrer que l'incidence de l'implantation d'une technologie dans une organisation dépendra de plusieurs autres **variables,** tels les usages qu'en font les travailleurs concernés (Bonneville, 2005a, 2005b, 2006). Or, même si de telles recherches se font de en plus en fréquentes, il y a encore des gestionnaires qui croient que la technologie a un effet direct, immédiat, sur le « bon » fonctionnement des organisations.

Il y a croyance à partir du moment où un individu s'accroche à une idée toute faite, qui s'érige comme **modèle** d'explication de la réalité et qui n'est pas confrontée au crible de la pensée critique (Paris et Bastarache, 1992), au **doute** méthodique. La croyance, dans son sens large, se structure autour de deux grandes dimensions qui sont souvent liées : l'autorité et la tradition (Laville et Dionne, 1996 : 9-11).

L'autorité implique un ensemble de connaissances dont dispose une figure d'autorité, un individu reconnu dans le temps et dans l'espace comme légitimement **crédible** par d'autres individus. Cet individu, détenteur de connaissances, sera investi du pouvoir de transmettre ses opinions qui, bien que souvent non fondées, seront reprises par les individus qui le reconnaissent comme quelqu'un de crédible dans tel ou tel domaine.

Un exemple de recours à l'autorité peut être observé dans la croyance largement répandue selon laquelle, en période de froid, un individu mal vêtu contractera le rhume ou la grippe. Qui ne s'est jamais fait dire et répéter par ses parents que prendre froid peut entraîner un rhume ou une grippe? Il s'agit là d'une croyance très répandue et solidement ancrée dans l'imaginaire collectif des sociétés occidentales modernes et contemporaines. Pourtant, si l'être humain adoptait une approche un peu plus critique vis-à-vis de cette croyance, en inscrivant sa démarche dans un questionnement critique, il constaterait que le froid n'y est pratiquement pour rien. En effet, les virus du rhume et de la grippe sont le plus souvent transmis d'une personne infectée à une autre. Or, en période de temps froid, les gens ont tendance à moins rester à l'extérieur et à se rassembler plutôt dans des endroits fermés. Voilà une excellente occasion pour les virus de changer d'hôtes, compte tenu de la plus grande proximité entre les gens. De plus, il a été démontré que les systèmes de chauffage modernes peuvent rendre plus vulnérables les muqueuses (notamment du nez) qui deviennent moins efficaces pour contrer les virus, ce qui facilite ainsi l'intrusion de ceux-ci dans l'organisme humain. Malgré ces différents **constats,** depuis des siècles, des gens associent temps froid avec contraction de virus. Nos parents ont puisé cette « connaissance » auprès de leurs parents qui, eux-mêmes, ont été influencés par leurs parents, les connaissances se transmettant d'une autorité à l'autre. Nous n'avons pas immédiatement remis en doute cette croyance populaire en nous disant que si nos parents l'affirment, c'est que c'est vrai. Il s'agit là d'une idée toute faite. La **cause** véritable est pourtant à chercher ailleurs, puisque le temps froid en lui-même n'est pas directement à l'origine de la transmission des virus. Il ne peut qu'affaiblir le système immunitaire, ce qui est une cause souvent nécessaire mais non suffisante pour contracter le virus.

La tradition, quant à elle, est un mode de transmission des « connaissances » qui trouve son origine, tout comme l'autorité, dans un récit explicatif d'une réalité ou d'un phénomène qui n'est pas immédiatement remis en question ni par les individus ni dans le temps. Les individus on tendance à tenir pour vrais les intuitions, opinions, préjugés, stéréotypes, croyances, érigés en systèmes d'idées ou de représentations de la réalité. Un savoir fondé sur la tradition est par conséquent un savoir qui était autrefois considéré comme véridique par des gens légitimement reconnus comme crédibles et qu'on considère encore d'actualité par rapport aux explications que ce même savoir fournit. Pour reprendre l'exemple de Laville et Dionne (1996 : 10), la croyance selon laquelle le chiffre 13 porte malchance constitue un savoir fondé sur la tradition. Plusieurs individus croient en effet que le chiffre 13 porte malchance, même si personne ne peut dire précisément pourquoi. Il s'agit là d'une croyance bien répandue, bien ancrée dans le tissu social. Tant et si bien que la tradition fait en sorte que plusieurs immeubles n'ont pas de 13e étage pour éviter des malchances potentielles. Ici encore, l'individu s'en remet à un discours qu'il a intériorisé sans nécessairement le remettre fondamentalement en question. C'est le raisonnement logique qui permettra, ultimement, de questionner ce qu'on tient d'emblée pour acquis.

Le raisonnement logique

Contrairement à l'intuition ou à la croyance, le raisonnement logique repose sur l'idée que des liens logiques de type cause à effet – des liens directs ou indirects – existent dans la réalité entre certains phénomènes. L'idée consiste alors à trouver les déterminants d'un phénomène observé, en partant du principe que ce dernier est déterminé par une ou plusieurs causes et non l'inverse.

Le raisonnement logique constitue le facteur structurant de toutes les disciplines scientifiques qui sont fondées sur l'idée que les phénomènes ne peuvent être compris et expliqués qu'au moyen de la raison. Au cours de l'histoire, le raisonnement logique s'est posé en contradiction avec l'intuition et la croyance par cette idée selon laquelle la connaissance « vraie » n'est possible que par le recours à des **arguments** agencés logiquement de telle façon qu'ils confirment l'hypothèse énoncée. Il suffira d'invalider certains arguments pour ainsi invalider l'hypothèse qui est soutenue (Paris et Bastarache, 1992).

La philosophie grecque demeure, de ce point de vue, d'une richesse énorme. Les philosophes grecs sont ceux qui sont reconnus comme les précurseurs de l'usage systématique de la raison dans l'élaboration d'une **argumentation** en vue de soutenir une hypothèse. À ce titre, nous devons noter le rôle des sophistes, spécialistes de l'art de convaincre par l'agencement logique d'arguments servant à en justifier d'autres et, au bout du compte, à valider l'hypothèse ou la thèse défendue (Paris et Bastarache, 1992 : 57 et suivantes). C'est aussi à cette époque que les philosophes de la lignée de Socrate et de Platon mettront en branle la maïeutique, c'est-à-dire le processus par lequel on fait « accoucher » les esprits. Cette méthode est mieux connue sous le nom de dialectique. Il s'agit ici de confronter les arguments qui militent en faveur d'une hypothèse ou d'une thèse défendue par un ou des individus aux arguments opposés soutenus par un autre ou par d'autres. Comme le montre la figure 1.1, cette méthode a ceci de particulier : elle s'attarde, notamment, à faire émerger des explications « nouvelles » qui sont en fait le résultat, la synthèse des arguments et des contre-arguments présentés par les protagonistes (ceux qui ont des argumentations divergentes au sujet d'un même phénomène).

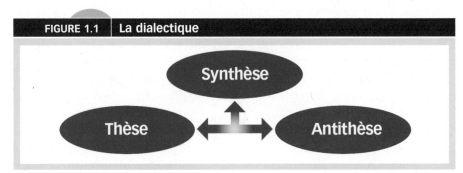

| FIGURE 1.1 | La dialectique |

La science

Dans l'histoire de l'humanité, la science, qui est fondée sur le raisonnement logique et l'observation, constitue la démarche la plus achevée pour comprendre la réalité qui nous entoure, dans une quête d'élaboration de connaissances fondées sur les **faits** tels qu'ils sont. En opposition aux modes de connaissance qui reposent sur l'intuition ou la croyance, la science cherche à mettre en lumière les causes des phénomènes au-delà des **apparences,** par conséquent au-delà du sens commun de ce qui est généralement admis par la société. Platon a expliqué ce principe d'appréhension de la réalité dans son VIIe livre de *La République* avec l'allégorie de la caverne (2002 – édition originale, environ 400 av. J.-C.). Il imagine un homme enchaîné depuis sa naissance au fond d'une caverne et qui observe certaines activités et certains mouvements sur un mur éloigné. Croyant ces objets réels, l'homme enchaîné n'arrive pas à **expliquer** ces activités, ces mouvements, qui sont en fait le reflet d'objets réels présents à l'extérieur de la caverne et dont l'ombre est projetée sur le mur par les rayons (ou la lumière) du soleil. Ce sont les apparences qui le trompent. L'homme enchaîné prend ici pour réel ce qui n'est pourtant qu'une apparence. Enchaîné, il n'a pas été en mesure d'observer avec des instruments efficaces, au-delà de sa perception, les fondements des images projetées. Platon voulait surtout montrer par ce récit qu'il est nécessaire, dans toute démarche d'appréhension de la réalité, d'adopter un esprit critique. C'est cet esprit qui permet d'aller au-delà des apparences, de ce qui semble évident à première vue.

Prenons un exemple en communication organisationnelle. Un gestionnaire souhaite résoudre un conflit qui perdure entre plusieurs employés. Pour ce faire, il doit identifier les causes du conflit et tenter de les comprendre. Pour en arriver à cerner les faits explicatifs, il doit adopter une démarche critique d'observation, suivant une procédure prédéterminée. Il peut, par exemple, poser comme hypothèse que le conflit en question trouve son origine dans des problèmes de communication interne au sein de l'organisation plus que dans des considérations non vérifiables ou non fondées telles que le mouvement des astres qui, selon certains astrologues, pourrait expliquer les conflits interpersonnels dans les organisations (!). La démarche scientifique, qui repose sur l'utilisation du raisonnement logique, empêche d'avoir recours à des explications *toutes faites*. Non seulement la science s'intéressera aux causes des phénomènes et aux liens entre ceux-ci, mais elle contiendra aussi dans sa démarche même un processus d'analyse et de compréhension du phénomène observé (dans ce cas-ci, les conflits dans une organisation donnée). Le scientifique, ou quiconque s'inscrit dans cette démarche, pourra avoir recours à des **théories** existantes sur le phénomène observé et vérifier sur le terrain, au moyen d'une méthodologie spécifique à son questionnement, ce qu'il en est, c'est-à-dire voir la réalité telle qu'elle se dévoile au-delà des apparences. Les théories, qui jouent un rôle central en sciences, sont précisément les modèles de pensée qui permettent d'interpréter la réalité à partir des phénomènes observés. Cette interprétation se fait à l'aide de concepts, de liens logiques et de connaissances acquises qui leur sont propres.

Les théories élaborées par les scientifiques peuvent éventuellement conduire à l'identification de **lois.** Cela est encore plus vrai lorsqu'on se situe en sciences de la nature ou en sciences exactes, compte tenu de leurs objets d'étude moins soumis à la contingence qu'en sciences humaines et sociales.

En résumé, par sa démarche, la science se structure autour des principaux objectifs suivants, complémentaires et intimement liés.

- Identifier, au moyen d'observations systématiques, les phénomènes qui se posent avec récurrence dans la réalité, tels que les phénomènes communicationnels.
- Décrire, c'est-à-dire représenter les phénomènes observés.
- Expliquer ou démontrer les phénomènes.
- Comprendre, saisir, les phénomènes observés en dégageant, par exemple, le sens de ceux-ci.
- Prédire les phénomènes observés, par conséquent être en mesure, autant que faire se peut, d'anticiper certaines actions ou certains comportements qui sont susceptibles de se poser dans tel ou tel contexte.
- Transformer, voire améliorer certains phénomènes observés, par conséquent agir sur ceux-ci de façon à (re)produire un effet souhaité ou souhaitable.

La science, fondée sur l'observation rigoureuse des faits, se distingue de la croyance, de l'intuition et du raisonnement logique quoique celui-ci fasse partie intégrante de la démarche scientifique proprement dite. Et compte tenu de sa spécificité et des principes qui la régissent, elle peut être vue comme le stade ultime d'appréhension de la réalité.

1.2.2 **La recherche de la vérité**

Quiconque cherche à connaître cherche aussi, par le fait même, la **vérité.** Celle-ci pourrait se définir comme ce qui existe *a priori,* avant toute observation, en soi, objectivement, indépendamment de celui qui observe. C'est ici une position philosophique qui pose la réalité comme préexistante à celui qui la perçoit, contrairement à une autre conception voulant que la réalité soit plutôt le résultat de l'interprétation que l'être humain en fait. Ainsi, comme le souligne Thiétart (2003 : 13), « tout travail de recherche repose sur une certaine vision du monde », une certaine vision de la réalité qui conduit le chercheur à mener une réflexion **épistémologique** à partir de trois grandes questions (et plusieurs sous-questions) :

a) « Quelle est la nature de la connaissance produite ? Est-elle objective, reflet d'une réalité qui existe indépendamment du chercheur ? Est-elle l'interprétation de la réalité du chercheur ? Est-elle une construction de la réalité ? »

b) « Comment la connaissance scientifique est-elle engendrée ? Par un processus d'explication ? De compréhension ? De construction ? »

c) « Quelle est la valeur et le statut de cette connaissance ? Scientifique ou non scientifique ? » (Thiétart, 2003 : 14)

Les réponses que donnera le chercheur à ces questions révèleront son positionnement épistémologique et le conduiront à opter pour des démarches de recherche différentes (voir les chapitres 4 et 6).

Nous n'entrerons pas dans les détails épistémologiques des différentes postures philosophiques. Mais puisqu'il est important de comprendre que la connaissance, c'est-à-dire la nature de la réalité connaissable, est saisie différemment selon qu'on est positiviste ou constructiviste, par exemple, nous proposerons tout de même une synthèse des principaux courants épistémologiques (voir le tableau 1.3). Ainsi, pour les positivistes, la réalité existe en soi et le chercheur peut chercher à connaître cette réalité qui lui est extérieure. Par contre, pour un constructiviste, la réalité ne peut être atteignable directement et elle demeure *inconnaissance* dans son **essence.**

TABLEAU 1.3	Les caractéristiques des principales écoles épistémologiques	
Écoles	**Représentants**	**Caractéristiques**
Rationalisme	Descartes (1596-1650) Gassendi (1592-1655)	Le rationalisme considère que toute connaissance valide provient de l'usage de la raison. Cette école épistémologique privilégie le **raisonnement déductif** comme mécanisme de production de connaissances.
Empirisme	Locke (1632-1704)	L'empirisme est une doctrine philosophique qui repose sur l'idée que toute connaissance est issue de l'expérience. Ainsi, pour cette école épistémologique, la science progresse en accumulant des observations dont on peut extraire des lois par un **raisonnement inductif.**
Positivisme	Comte (1798-1857)	La connaissance n'est possible que si elle repose sur la mesure des faits observables et l'expérience scientifique. Pour les positivistes, c'est uniquement ce qui est vérifiable scientifiquement qui a du sens. La science progresse en se fondant sur des faits mesurés dont elle extrait des modèles. Nous devons douter de nos sens (critique de l'empirisme sensualiste) et faire reposer la connaissance sur le raisonnement déductif.
Rationalisme critique	Popper (1902-1994)	L'objectif central de la démarche scientifique est de formuler des explications rationnelles de la réalité afin d'élaborer des théories qui devraient permettre l'interprétation et la prédiction de certains phénomènes. Une théorie est scientifique si elle peut être mise à l'épreuve, testée et donc

(suite ▶)

		invalidée ; par conséquent, si elle est falsifiable. Selon Popper, la falsifiabilité (ou réfutabilité) d'un énoncé, d'une hypothèse ou d'une théorie constitue le meilleur critère de démarcation entre science et non-science. Ainsi, la science progresse grâce à sa capacité à réfuter ses explications théoriques.
Révolutionnisme	Kuhn (1922-1996)	La science ne se développe pas par accumulations mais par **révolutions scientifiques** qui engendrent de nouveaux **paradigmes**. Le paradigme est une vision du monde qui naît d'un bouillonnement intellectuel et qui s'installe dans la science normale en suscitant des révolutions scientifiques. L'histoire de la science s'explique par les moments de crise qu'elle traverse au cours de son évolution et qui provoquent des révolutions scientifiques qui déplaceront les fondements de la science « normale ».
Constructivisme	Watzlawick (1921-) Morin (1921-)	Les constructivistes postulent l'existence non pas d'une réalité mais de réalités. En effet, pour les constructivistes, l'homme ne peut pas avoir accès à la réalité absolue, mais à des interprétations de cette réalité. Ainsi, l'épistémologie constructiviste est une épistémologie de l'invention, contrairement au positivisme qui est une épistémologie de la vérification, par exemple.

Source : Inspiré de Laramée et Vallée (2001).

(Re)chercher la vérité, c'est s'intéresser à l'essence même des choses, des objets, des phénomènes qui nous entourent. Dit autrement, c'est par la recherche de l'essence des choses qu'on s'intéressera à la cause première des phénomènes, à la vérité objective qui en ressort. Cela veut aussi dire qu'on s'intéressera aux causes réelles et objectives des phénomènes de façon à en dégager des faits observables, vérifiables et reproductibles. Ce sont ces faits, observés avec régularité et récurrence ou reproduits par **expérimentation,** qui permettront éventuellement d'élaborer des lois. Le développement de la mathématisation, tel qu'il a eu cours dans les sciences de la nature, contribuera justement à établir des liens et des **corrélations** permettant d'envisager différentes relations.

Cette recherche de relations ou de causes premières de la « vérité objective » propre à la démarche scientifique s'oppose à la « vérité » telle qu'elle est stipulée par les modes d'appréhension de la réalité que sont l'intuition et la croyance. Cette opposition trouve son origine dans la spécificité de la démarche scientifique qui est une démarche rationnelle fondée sur l'observation et l'expérimentation sur le terrain. Pour le philosophe Popper (1973 ; 1985), la vérité est l'aboutissement d'un ensemble de liens logiques et rationnels entre différents phénomènes observés. Cependant, pour Popper, cette vérité n'est jamais acquise une fois pour toutes. Elle est nécessairement sujette à de nouveaux faits, issus de nouvelles observations, qui sont des sources potentielles de remises en question de ce qu'on pense être vrai à un moment donné. C'est là le propre de l'épistémologie poppérienne : la vérité n'existe jamais de façon absolue, mais toujours de façon relative jusqu'au moment où elle sera invalidée par de nouveaux faits. La vérité est par conséquent le résultat de ce qui est observé par un groupe de scientifiques à un moment donné de l'histoire. C'est là le rôle central des théories des modèles d'explication de la réalité : ils sont « vrais » à partir du moment où ils n'ont pas été infirmés. Cependant, pour qu'une théorie soit valide, il faut qu'elle soit élaborée, structurée et formulée, bref, construite de façon qu'elle puisse éventuellement être confrontée à de nouveaux faits. Cela implique qu'elle puisse, par conséquent, être falsifiable. Ainsi, une théorie ne doit jamais être vraie une fois pour toutes, mais plutôt « non fausse » à un moment donné. Toute observation doit donc être considérée comme « vraie » (non fausse) tant qu'elle n'a pas été invalidée (falsifiée) par de nouveaux faits. Pour Popper, la science obéit à une logique de progression des connaissances. Celles-ci sont le résultat d'une construction systématique de faits « non faux », par conséquent momentanément vrais, qui donnent lieu aux « vérités » scientifiques.

Par ailleurs, pour le philosophe Kuhn, la vérité ne repose pas tant sur des critères de **falsification** que sur l'influence réciproque (effets de groupe) que certains scientifiques ont entre eux par rapport à ce qu'on considère collectivement comme étant « vrai » à un moment donné de l'histoire. Dans son ouvrage central, qui s'intitule *La structure des révolutions scientifiques* (1983), Kuhn évoque l'idée selon laquelle la vérité est le résultat d'un processus cyclique, de type sociohistorique complexe, marqué par plusieurs phases précises.

La première phase est celle de la « science normale ». Les scientifiques, qui s'entendent généralement sur un ensemble d'explications reliées concernant certains phénomènes spécifiques, confronteront leurs **théories dominantes** à leurs observations quotidiennes. Le but de l'exercice consistera à valider ce qu'on tient déjà pour acquis, en quelque sorte. Dans ce processus, les scientifiques, selon les disciplines, adopteront des façons de procéder qui leur sont propres et qui sont partagées par le plus grand nombre sans qu'il y ait immédiatement de remise en question.

Kuhn évoque à ce titre l'idée de l'adhésion à un paradigme, qui est en fait un modèle d'explication et de compréhension de la réalité observée à un moment donné. Le paradigme agit comme une ligne directrice ou une disposition mentale prédéterminée par la **communauté scientifique** ; il orientera, voire influencera les représentations, conceptions ou visions globales d'appréhension de la réalité dans une communauté de scientifiques. La « durée de vie » (ou horizon temporel) d'un paradigme est variable d'une discipline à l'autre et dépend de la capacité de celui-ci à répondre aux questionnements fournis par les observations qui ont cours dans le milieu de la recherche. Avec les années, au fur et à mesure que de nouveaux faits viennent, ou semblent, contredire le paradigme, les scientifiques vont ou bien tenter de les confronter à ce qui est connu et généralement admis, ou bien accepter que le paradigme comporte des **anomalies.** Dans cette deuxième phase, les nouveaux faits ne seront donc pas immédiatement considérés par les scientifiques comme des anomalies. Kuhn a précisé qu'il faut plusieurs anomalies fortes et qui restent pendant un certain temps pour que les scientifiques d'une discipline puissent en arriver à remettre en cause la validité de leur paradigme. Kuhn a d'ailleurs montré que les scientifiques pouvaient, dans plusieurs cas, être assez «conservateurs», voire réfractaires, intolérants et résistants en ce qui a trait aux anomalies susceptibles de remettre en question un paradigme. Or c'est là, comme dirait Bachelard, un des **obstacles épistémologiques** centraux du processus d'élaboration des connaissances :

> «Des habitudes intellectuelles qui furent utiles et saines peuvent, à la longue, entraver la recherche. [...] Parfois une idée dominante polarise un esprit dans sa totalité. Un épistémologue irrévérencieux disait, il y a quelque vingt ans, que les grands hommes sont utiles à la science dans la première moitié de leur vie, nuisibles dans la seconde moitié. [...] Il vient un temps où l'esprit aime mieux ce qui confirme son savoir que ce qui le contredit, où il aime mieux les réponses que les questions.» (Bachelard, 1993 : 14-15)

À partir du moment où les anomalies sont trop importantes et trop nombreuses pour être négligées, la science dite normale entre alors dans une autre phase : une phase de crise. Dès lors, des scientifiques innovants, souvent «ouverts d'esprit», tenteront d'ériger les fondements d'un nouveau modèle d'explication et de compréhension de la réalité, pour éventuellement contribuer à la construction d'un nouveau paradigme. C'est à ce moment qu'on entre dans une véritable révolution scientifique. Au cours de cette phase de rupture progressive avec l'ancien paradigme s'élaborera peu à peu un nouveau paradigme qui se substituera à l'ancien et auquel adhérera la très grande majorité des scientifiques.

Ainsi, le processus dont nous venons d'expliquer les grandes phases redémarrera, comme l'indique la figure 1.2.

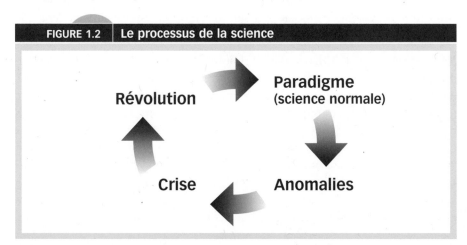

FIGURE 1.2 | **Le processus de la science**

Révolution → Paradigme (science normale)

Paradigme → Anomalies

Anomalies → Crise

Crise → Révolution

Cette figure illustre bien que la science constitue un processus cyclique où la vérité n'est jamais donnée une fois pour toutes, mais est toujours le résultat de tensions, de ruptures et d'évolutions entre façons de penser.

POUR EN SAVOIR PLUS

Sur les fondements de la recherche épistémologique

- ROSSI, J.-G. *Les grands courants de l'empirisme,* coll. Synthèse, Paris, Armand Colin, 1999.

- JARROSSON, B. *Invitation à la philosophie des sciences,* Paris, Seuil, 1992.

- KAHN, P. *Le positivisme,* Paris, Éditions Quintette, 1996.

- BOUVERESSE, R. *Karl Popper et le rationalisme critique,* 2e éd., Paris, Vrin, 2000.

- LE MOIGNE, J.-L. *Les épistémologies constructivistes*, coll. Que sais-je ?, Paris, PUF, 1995.

- WATZLAWICK, P. *L'invention de la réalité. Comment savons-nous ce que nous croyons savoir ?*, Paris, Éditions du Seuil, 1988.

1.2.3 L'esprit scientifique

La science n'est pas à proprement parler un savoir figé et immuable. Elle évolue dans le temps et dans l'espace, modelée par des moments de tensions, de ruptures et d'évolutions entre différentes manières de penser. En effet, la science relève d'un mouvement de la pensée structuré autour de règles et de normes propres aux êtres humains, qui inscrivent leur manière d'appréhender le réel autour de la raison. Cela suppose que ceux qui souhaitent *faire* de la science doivent avoir certaines attitudes clés qui se greffent autour de ce qu'on peut considérer comme l'*esprit scientifique.*

Pour voir en quoi consistent ces attitudes, nous nous inspirerons des travaux du sociologue Angers qui parle de dispositions mentales comme des « atouts permettant de mener avec succès une recherche scientifique » (1992 : 5). Parmi ces dispositions figurent l'observation, le questionnement, le raisonnement, la méthode, l'**ouverture d'esprit** et l'**objectivité.**

L'observation

La capacité d'observer demeure l'attitude clé que tout individu désireux de connaître un phénomène doit avoir. Il s'agit de l'attitude que possèdent la plupart des individus un tant soit peu intrigués par ce qui les entoure et désireux d'expliquer, ou du moins de comprendre, ce qui se prête à leur observation. Tout au long de sa vie, l'individu tente de comprendre tel ou tel phénomène observé en s'interrogeant comme suit : Comment ce phénomène est-il possible ? Pourquoi ce phénomène produit-il telle chose ?

Très tôt durant l'enfance, nous nous posons ces questions, ne serait-ce qu'en observant la pluie qui tombe. Par curiosité, le jeune enfant se demandera ce qu'est la pluie. Pourquoi tombe-t-elle ? et comment ? Pourquoi n'y a-t-il généralement pas de soleil lorsqu'il pleut ? De même, pour prendre un exemple issu de la communication, un individu pourra se demander, après avoir observé le comportement d'un certain nombre de travailleurs impliqués dans un conflit interpersonnel, pourquoi certains réussissent mieux que d'autres à demeurer calmes et sereins.

Le chercheur en communication pourra aussi soulever de nombreuses questions au regard de la concentration des médias. Par exemple, l'actualité canadienne en 2001 a traité de trois transactions importantes :

1) l'achat des journaux métropolitains de Hollinger par le groupe CanWest, propriétaire du réseau de télévision Global ;

2) l'alliance entre le groupe Thomson, propriétaire du *Globe and Mail*, et BellGlomedia, le nouveau propriétaire du réseau CTV ;

3) l'acquisition du groupe Vidéotron (TVA) par Quebecor.

Ces transactions ont modifié le paysage médiatique canadien et cette vague de convergences observée en 2001 a suscité de nombreuses interrogations, entre autres sur le risque possible pour la diversité de l'information. Ces faits permettront au chercheur d'interroger le phénomène sur lequel il se penche, en poussant plus loin son analyse de façon à confronter éventuellement ses hypothèses avec la réalité observée. C'est ici, précisément, qu'entrera en jeu la démarche scientifique, à partir du moment où l'individu recourra à une observation plus poussée sur le terrain comme moyen d'appréhender la réalité observée.

Selon le degré de curiosité de l'individu et de sa volonté d'aller au bout du processus dans sa quête de connaissance du phénomène sur lequel il se penche, l'observation peut être simple ou systématique. Simple à partir du moment où l'individu constate que tel phénomène se produit à un moment donné. Systématique à partir du moment où l'individu se concentre sur le phénomène observé pour dégager d'autres observations émanant de son observation initiale.

Bref, l'observation résulte d'un processus qui s'articule principalement autour de sept actions fondamentales, toutes reliées les unes aux autres : découvrir, noter, repérer, déceler, explorer, examiner et saisir.

L'application de ces différents principes propres à l'observation constitue le point de départ de la compréhension et de l'explication d'un phénomène. Mais pour véritablement mettre en lumière la nature même de ce qu'il observe avec un degré élevé de **rigueur** scientifique, l'individu devra être en mesure d'adopter d'autres attitudes et principes fondamentaux.

Le questionnement

L'observation s'articule autour d'une curiosité initiale qui, chez l'individu observateur, débouchera sur un ensemble de questionnements. Ces questionnements à la fois précèdent, accompagnent et suivent l'observation, à partir du moment où cette dernière suppose un intérêt pour un phénomène qu'on se prend à observer.

Pour l'esprit scientifique, à l'opposé de l'esprit non scientifique, le questionnement a ceci de particulier qu'il se construit largement sur la base d'une remise en question de ce qui semble à première vue évident. Il s'agit ainsi de questionner la réalité, au-delà des apparences. C'est là, d'ailleurs, le fondement de la philosophie qui préconisera l'usage de la raison dans l'élaboration de connaissances. Socrate a été un des premiers à traiter de la nécessité de se questionner en permanence en adoptant une attitude de doute vis-à-vis des apparences. L'esprit scientifique, en cela, est un esprit curieux, questionnant la réalité. C'est un esprit qui ne se contente pas des explications toutes faites, prédéterminées par certaines croyances, qu'elles soient fondées sur l'autorité ou la tradition. L'esprit scientifique s'interroge sur le fondement des phénomènes, leur essence, en faisant ressortir deux principales questions : pourquoi ? et comment ? Ce sont ces deux questions centrales qui fondent la compréhension (pourquoi) et l'explication (comment) en science, comme l'illustre la figure 1.3.

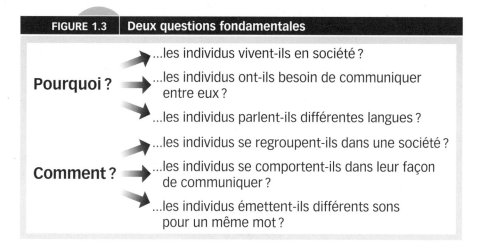

| FIGURE 1.3 | Deux questions fondamentales |

Pourquoi ?
...les individus vivent-ils en société ?
...les individus ont-ils besoin de communiquer entre eux ?
...les individus parlent-ils différentes langues ?

Comment ?
...les individus se regroupent-ils dans une société ?
...les individus se comportent-ils dans leur façon de communiquer ?
...les individus émettent-ils différents sons pour un même mot ?

Le pourquoi et le comment, complémentaires, s'encastrent l'un et l'autre dans un questionnement global sur la réalité observée. Soucieux de connaître la vérité telle qu'elle est, objectivement, l'esprit scientifique ne se contente jamais des réponses apportées au pourquoi et au comment, et essaie d'aller toujours plus loin dans sa quête d'analyse du réel. Pour l'esprit scientifique, les réponses ne peuvent être que provisoires et toujours soumises au crible de la pensée critique et au doute méthodique et systématique qui caractérisent justement la démarche scientifique en tant que telle. Il ne s'agit pas, néanmoins, comme nous pouvons le comprendre, de se poser des questions pour avoir un esprit scientifique. Il faut plutôt poser des questions qui puissent aller au-delà des constats que nous livrent nos observations, en orientant même nos questionnements de façon à faire des liens entre certaines observations et certains questionnements et certaines autres observations et certains autres questionnements. Comme l'indique de nouveau Bachelard, la connaissance scientifique constitue le résultat des questions qu'on se pose et vis-à-vis desquelles on tente d'apporter une réponse :

> « Pour un esprit scientifique, toute connaissance est une réponse à une question. S'il n'y a pas eu de question, il ne peut y avoir connaissance scientifique. Rien ne va de soi. Rien n'est donné. Tout est construit. » (Bachelard, 1993 : 14)

Il s'agit ainsi de questionner systématiquement la réalité qui nous entoure, même lorsqu'elle semble évidente à première vue. C'est là aussi qu'entre en jeu la capacité d'élaborer des questionnements construits sur la base de la raison.

Le raisonnement

L'esprit scientifique se caractérise fondamentalement, rappelons-le, contrairement aux croyances qui peuvent souvent être irrationnelles[5], par le recours à la raison, c'est-à-dire au raisonnement. Celui-ci peut relever de l'**induction** ou de la **déduction,** lesquelles structurent l'ensemble de la démarche scientifique.

L'induction repose sur l'idée centrale qu'il est possible de construire des faits généraux à partir d'observations limitées d'un phénomène. C'est la démarche logique qui permet de passer du particulier au général, de dire par exemple qu'il y a résistance globale au changement dans telle organisation à partir de la résistance active observée auprès d'un certain nombre de travailleurs rencontrés. Souvent qualifié de peu rigoureux, ce type de raisonnement a néanmoins la qualité de conduire à la mise en jeu d'hypothèses, du fait de la généralisation qui est effectuée. C'est cette généralisation qui impliquera la nécessité d'opter pour une démarche de vérification à l'aide d'outils méthodologiques particuliers.

La déduction, quant à elle, constitue le raisonnement inverse de l'induction : elle permet de passer du général au particulier. Elle consiste à poser l'objectivité de certains phénomènes à partir d'hypothèses, de théories ou de lois déjà formulées. À partir d'une cause, le chercheur postulera un certain nombre d'effets, de consé-

---

5. Par exemple, croire qu'un collègue de bureau est possédé par un quelconque démon, compte tenu de son comportement considéré comme étrange à la suite d'observations données, est une croyance irrationnelle.

quences, qui en découlent logiquement. Par exemple, il déduira de telle ou telle proposition une autre proposition qui en est la conséquence logique. Le syllogisme suivant, bien connu, est ici tout à fait pertinent : Tous les hommes sont mortels ; Socrate est un homme ; Socrate est donc mortel. Ainsi, de la première et de la deuxième proposition découle logiquement la troisième.

Le raisonnement est toutefois plus que cela. Du point de vue de l'esprit scientifique, le raisonnement est aussi la capacité qu'a un individu de conceptualiser ses idées concernant les phénomènes qu'il observe. La conceptualisation est cette capacité, par l'**abstraction,** de concevoir un phénomène dans une **perspective d'analyse** différente de celle qui est largement admise par un groupe ou une société, en mettant l'accent sur les structures sous-jacentes à ce même phénomène. La raison, dans ce processus, joue un rôle fondamental, car celle permet de faire le lien entre certaines dimensions d'un questionnement et une observation donnée.

La méthode

L'esprit scientifique se caractérise aussi, et c'est là une de ses spécificités par rapport à d'autres modes d'appréhension de la réalité, par le recours à des stratégies, des procédures, construites logiquement de façon à orienter le travail de recherche exigé par l'observation ou la vérification d'un phénomène. Les règles sont établies de façon rigoureuse et validées par l'ensemble de la communauté scientifique.

L'ouverture d'esprit

En adoptant certaines dispositions mentales clés caractéristiques de l'esprit scientifique telles que l'observation, le questionnement, le raisonnement et la méthode, le chercheur est nécessairement amené à adopter une ouverture d'esprit à l'égard de ce qu'il observe dans la réalité. L'ouverture d'esprit est cette attitude centrale qui consiste à ne jamais tenir pour acquis les apparences telles qu'elles nous semblent être (voir l'exemple de la caverne de Platon à la page 17). Celui qui est ouvert d'esprit a une attitude critique envers ce qui l'entoure en appliquant systématiquement la notion de doute. Mais grâce à l'ouverture d'esprit, il est capable d'envisager la réalité autrement que suivant les perceptions et les représentations qu'il a et qui sont souvent modelées par les intuitions, préjugés et stéréotypes existant sur cette même réalité. Ce sont justement ces obstacles épistémologiques qu'il faut surmonter d'abord et avant tout, comme l'a expliqué Bachelard (1993, chapitre 1).

Pour Bachelard, ces obstacles épistémologiques à l'élaboration de connaissances scientifiques sont des embûches que l'esprit scientifique doit reconnaître en adoptant une attitude fondée sur la **neutralité** de la réalité telle qu'elle est, non pas telle qu'on voudrait qu'elle soit. Ici, l'ouverture d'esprit rime avec le dépassement de nos opinions, sortes d'intuitions érigées en système d'explication. Comme l'indique Bachelard, l'esprit scientifique doit même s'inscrire en rupture avec l'opinion, en tentant le plus possible de la rejeter :

« La science, dans son besoin d'achèvement comme dans son principe, s'oppose absolument à l'opinion. S'il lui arrive, sur un point particulier, de légitimer l'opinion, c'est pour d'autres raisons que celles qui fondent l'opinion ; de sorte que l'opinion a, en droit, toujours tort. L'opinion *pense* mal ; elle ne *pense* pas : elle *traduit* des besoins en connaissances. [...] On ne peut rien fonder sur l'opinion : il faut d'abord la détruire. [...] L'esprit scientifique nous interdit d'avoir une opinion sur des questions que nous ne comprenons pas, sur des questions que nous ne savons pas formuler clairement. » (Bachelard, 1993 : 14)

L'opinion constitue non seulement un obstacle par rapport à l'ouverture d'esprit, dans la mesure où elle détermine la représentation que nous avons des phénomènes que nous observons, mais aussi un obstacle à la neutralité qui constitue une autre attitude clé de l'esprit scientifique. Cependant, il faut nuancer le propos de Bachelard, puisque l'opinion et plus spécifiquement certaines intuitions peuvent éventuellement conduire à des curiosités qu'on tentera de vérifier sur le terrain et qui se sont ainsi avérées une source d'imagination et de créativité, lesquelles sont souvent fondamentales même en science.

L'objectivité

L'objectivité se définit comme la capacité d'un individu, d'un chercheur, non seulement d'observer la réalité qui l'entoure avec neutralité, mais de l'interpréter suivant ce qu'elle suggère effectivement. Dans la subjectivité, par ailleurs, l'individu tient compte de son opinion dans la façon d'interpréter la réalité qui l'entoure. L'individu, le chercheur, qui est objectif doit être capable de se détacher complètement – même si cela n'est pas toujours aisé, surtout lorsqu'il analyse des humains – de ce qu'il observe.

L'objectivité, c'est regarder de haut ce que nous observons, tel un physicien qui regarde une pierre qui tombe sur le sol. Bien entendu, regarder une pierre tomber n'est pas comme regarder un individu entrer en conflit avec un autre individu dans une organisation. Même le chercheur le plus accompli aura tendance à interpréter le conflit dont il est question en fonction de sa propre expérience comme être humain ayant pu être impliqué lui-même dans un conflit. Il s'agit d'un piège éventuel, car notre observation et notre représentation du phénomène observé – le conflit – seront biaisés du fait d'une impartialité résultant de la projection de soi-même dans le conflit dont il est question.

Ainsi, l'objectivité se résume à l'attitude qui consiste à laisser de côté toute interprétation potentiellement intuitive d'une réalité qui nous apparaît comme relever de certaines évidences (voir la figure 1.4). Il faut, par conséquent, savoir reconnaître nos idées préconçues, inscrites dans notre mémoire et toujours présentes lorsque vient le temps d'expliquer ou de comprendre un phénomène particulier. Observer un phénomène avec objectivité revient donc à le découvrir *tel qu'il est*.

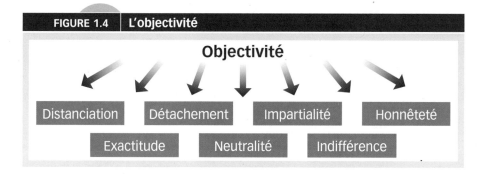

FIGURE 1.4 | L'objectivité

L'attitude clé qui se dégage de celles que nous venons d'identifier en nous inspirant d'Angers (1992) repose sur la pensée critique. Celle-ci se caractérise, d'abord et avant tout, par l'exercice de la réflexion systématique dans l'appréhension des phénomènes que nous observons ou dans la compréhension et l'explication de la réalité qui nous entoure. Devant toutes choses, il faut donc réfléchir en évitant le recours spontané, plus ou moins mécanique, à des explications toutes faites :

> « Réfléchir, c'est *suspendre temporairement son adhésion à une croyance pour fin d'évaluation*. La réflexion est un retour de la pensée sur ce que nous estimons connaître et sur ce que nous croyons être important, une pause avant d'accepter une idée ou de s'engager dans une action, pour en juger la valeur. On devine donc aisément que la réflexion est l'ennemi des réponses toutes faites, de l'acceptation aveugle des doctrines politiques, religieuses ou autres. » (Paris et Bastarache, 1992 : 27)

La pensée critique, la philosophie et les sciences comme discours s'opposent aux pièges de l'intuition, du recours à l'autorité ou à la tradition, par exemple. Ainsi, un esprit scientifique autant que critique est un esprit capable d'appliquer le principe de doute devant les phénomènes sur lesquels il se penche. Cela revient à dire, à la suite de Descartes, qu'il faut en permanence questionner ce qui nous apparaît, à première vue, comme relevant de l'évidence. Dans son *Discours de la méthode* (1966 : 47 – édition originale, 1637), Descartes énonce quatre règles que chaque individu doit garder à l'esprit dans sa quête de vérité : la certitude, l'analyse, la synthèse et l'énumération (voir le tableau 1.4).

La pensée critique, comme fondement de la démarche scientifique et rationnelle, s'exprime par la possibilité-nécessité d'aller au-delà des évidences non seulement en introduisant le principe de doute systématique, mais en réfléchissant à la mise à contribution d'un ensemble de moyens et de méthodes par lesquels on obtiendra réponse à nos questions. C'est ici qu'entre en jeu la recherche de nature scientifique, fondée sur l'idée, entre autres, que la plupart des phénomènes qui se posent dans la réalité ne sont accessibles qu'à certaines conditions spécifiques liées à la méthode utilisée pour les comprendre et les expliquer. La méthode est vue comme la clé d'accès à la réalité.

TABLEAU 1.4	Les règles de la méthode selon Descartes	
Première règle :	La certitude	« Ne recevoir jamais aucune chose pour vraie que je ne la connusse évidemment comme telle. »
Deuxième règle :	L'analyse	« Diviser chacune des difficultés que j'examinerais en autant de parcelles qu'il se pourrait et qu'il serait requis pour les mieux résoudre. »
Troisième règle :	La synthèse	« Conduire par ordre mes pensées, en commençant par les objets les plus simples et les plus aisés à connaître, pour monter peu à peu comme par degrés, jusques à la connaissance des plus composés ; et supposant même de l'ordre entre ceux qui ne se précèdent point naturellement les uns les autres. »
Quatrième règle :	L'énumération	« Faire partout des dénombrements si entiers, et des revues si générales, que je fusse assuré de ne rien omettre. »

1.2.4 **La recherche scientifique**

La recherche scientifique se veut un mode de connaissance du réel qui repose sur la mise à contribution d'un ensemble de dispositions mentales ou d'attitudes qui donnent lieu à la science proprement dite, en tant que discours fondé sur la raison et sur la vérification neutre d'un phénomène observé. Lorsqu'un chercheur décide de se pencher sur un phénomène particulier ou de répondre à une question, il a le choix d'orienter sa recherche dans plusieurs directions. C'est ce choix qui déterminera la nature des réponses qui seront obtenues.

Ainsi, la recherche peut se faire suivant deux principales perspectives : **fondamentale** ou **appliquée.**

La recherche fondamentale repose sur la volonté d'un chercheur d'apporter une contribution théorique à un ensemble de connaissances déjà établies et admises par la communauté scientifique. C'est pour cette raison qu'on dit qu'elle est fondamentale, dans la mesure où on cherchera à développer, par exemple, des concepts ou des principes qui solidifieront la base de telle discipline scientifique par la validation d'un certain nombre d'énoncés et d'idées contenus dans une ou plusieurs théories scientifiques. Il s'agit alors de peaufiner certaines connaissances, en les commentant, en les exposant au regard critique, en les confrontant avec de nouveaux faits, de nouveaux phénomènes observés et en ouvrant de nouvelles perspectives qui feront émerger de nouveaux questionnements.

De son côté, la recherche appliquée, qui n'est pas complètement opposée à la recherche fondamentale et vice-versa, comme l'indique la figure 1.5, repose sur

FIGURE 1.5 | L'interaction entre recherche fondamentale et recherche appliquée

Recherche fondamentale ⟷ Recherche appliquée

une nécessité, établie par le chercheur, de répondre à un problème qui se pose immédiatement à l'observation. Le chercheur doit trouver une solution à un problème qui fait suite à l'observation de ce qui semble être de nouveaux faits et de nouveaux phénomènes.

Qu'il fasse une recherche fondamentale ou une recherche appliquée, le chercheur doit effectuer plusieurs choix quant à l'orientation que sa recherche prendra, en n'oubliant jamais le problème sur lequel il se penche et son questionnement central. L'orientation de la recherche lui permettra de préciser ses choix au moment où il déterminera la méthodologie qu'il privilégiera.

Ainsi, il pourra opter pour une **recherche quantitative** ou **qualitative, synchronique** ou **diachronique,** locale, régionale, nationale, internationale ou comparative, de terrain ou en laboratoire, exploratoire, descriptive, évaluative, explicative ou compréhensive. Voyons, dans les tableaux 1.5 à 1.9, inspirés en partie de Fournier et Plamondon (1997 : 4-5), en quoi consistent ces types de recherches.

TABLEAU 1.5	**Recherche quantitative et recherche qualitative**
Quantitative	Travail effectué sur des données numériques ou chiffrables ou à partir de celles-ci.
Qualitative	Travail effectué sur des données essentiellement discursives ou à partir de celles-ci. Les **données discursives** sont, par exemple, des mots, des comportements, des attitudes indiquant le sens ou la signification d'une action.

TABLEAU 1.6	**Recherche synchronique et recherche diachronique**
Synchronique	Travail effectué sur un phénomène qui se pose à un moment précis dans le temps.
Diachronique	Travail effectué sur un phénomène à partir de son évolution dans le temps.

TABLEAU 1.7	Recherche locale, régionale, nationale, internationale et recherche comparative
Locale, régionale, nationale, internationale	Travail effectué dans un espace prédéterminé qui peut être local (par exemple, tel quartier de telle ville), régional (par exemple, la région de la Capitale nationale du Canada), national (par exemple, le Canada) ou international (par exemple, l'Amérique du Nord).
Comparative	Travail analytique de comparaison entre deux phénomènes similaires qui se posent dans deux endroits différents.

TABLEAU 1.8	Recherche sur le terrain et recherche en laboratoire
Terrain	Travail effectué là où les sujets ou les objets à l'étude se trouvent (un quartier, une montagne, un lac, une résidence, etc.).
Laboratoire	Travail effectué dans un espace particulier, contrôlé par le chercheur, organisé de façon à ce que les sujets ou les objets à l'étude puissent être observés sur place, souvent au moyen d'équipements technologiques particuliers.

TABLEAU 1.9	Recherche exploratoire, recherche descriptive, recherche évaluative, recherche explicative et recherche compréhensive
Exploratoire	Travail qui consiste à observer un phénomène pour lequel il n'y a pas eu, ou très peu, de recherches ou d'études antérieures.
Descriptive	Travail visant à décrire le plus fidèlement possible, le plus objectivement (au sens de neutralité) possible, un phénomène observé.
Évaluative	Travail effectué dans le but de porter un jugement (forcément normatif) sur un phénomène donné.
Explicative	Travail qui s'intéresse au *comment* d'un phénomène, en mettant en correspondance ou en relation des variables.
Compréhensive	Travail qui s'intéresse au *pourquoi* d'un phénomène, à partir des représentations et des significations accordées à ce dernier.

Au-delà du choix qui s'impose au chercheur lorsque celui-ci se penche sur un problème particulier se pose la question de l'orientation de la perspective d'analyse. S'agit-il de mener une recherche purement disciplinaire, par exemple essentiellement sociologique, ou de mener plutôt une recherche interdisciplinaire ? Dans ce dernier cas, la recherche implique plusieurs chercheurs provenant de diverses disciplines qui décident ensemble de se réunir pour analyser le phénomène ou le problème auquel ils décident de s'intéresser. Le chercheur peut aussi adopter une perspective de recherche multidisciplinaire, dans la mesure où il tiendra compte des constats effectués par d'autres chercheurs provenant d'autres disciplines sur le même **objet de recherche.** Sinon, il est aussi possible pour le chercheur, voire très souhaitable, d'adopter une perspective de recherche transdisciplinaire, fondée sur l'apport de plusieurs disciplines – sur le plan à la fois théorique et méthodologique – à un questionnement spécifique sur lequel il décide de se pencher.

Dans le contexte actuel de la recherche, du moins au Canada, la tendance est plutôt à la recherche multidisciplinaire et transdisciplinaire. Les objets de recherche sur lesquels travaillent un nombre grandissant de chercheurs se prêtent de plus en plus à la multidisciplinarité et à la transdisciplinarité. On n'a qu'à penser, par exemple, aux recherches portant sur la mondialisation, les organisations, le terrorisme, les relations internationales, les médias, la bioéthique, pour rapidement prendre conscience qu'un regard multi ou transdisciplinaire peut s'avérer hautement pertinent. La communication comme discipline scientifique n'échappe évidemment pas à cette tendance, elle qui s'est de toute façon construite sur la base de l'apport des sciences sociales et humaines au rang desquelles figurent la sociologie, l'anthropologie, la psychologie, la gestion, etc., tel que nous l'avons souligné plus haut.

Peu importe le type de recherche, appréhender la réalité à partir de la science, c'est s'inscrire dans un processus modelé par des étapes inhérentes à la recherche scientifique. Ces étapes, que sont globalement l'identification de l'objet de recherche, l'élaboration de la problématique, la mise en jeu d'une hypothèse, la construction de la méthodologie, la **collecte de données,** l'analyse des résultats et la diffusion de ceux-ci, structurent la démarche scientifique en précisant une certaine linéarité dans la façon de procéder, comme le montre la figure 1.6.

Ce processus demeure **itératif** en ce sens que le chercheur est toujours appelé à procéder de façon non nécessairement linéaire, surtout en fin de processus, dans la mesure où les premières étapes (identification de l'objet et problématique) nécessitent un peaufinage rigoureux avant que ne soit finalisée la recherche. Très souvent, en dernière étape, le chercheur doit reconceptualiser sa problématique, son hypothèse et sa méthodologie.

FIGURE 1.6 | Le processus de recherche scientifique

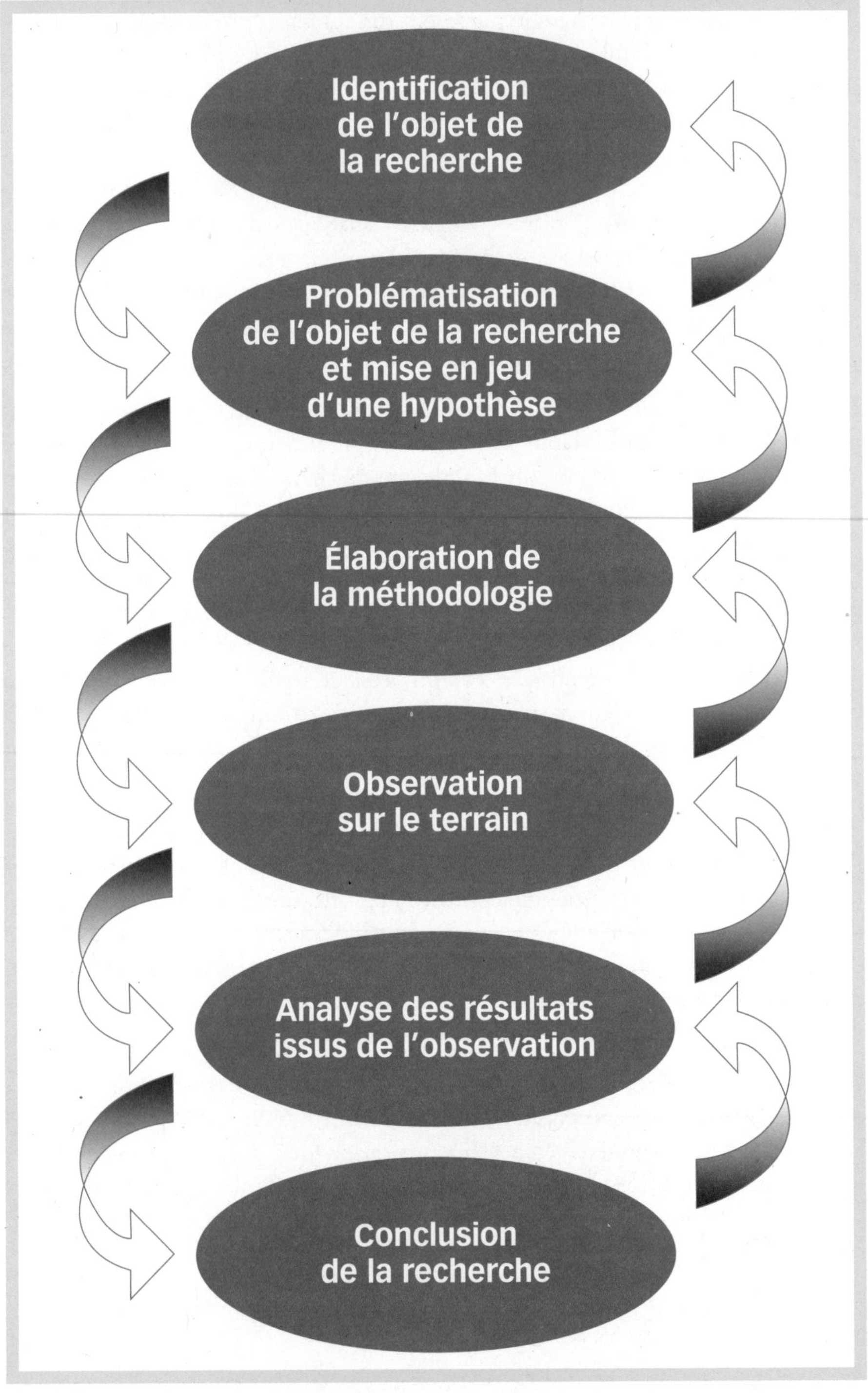

Identification
de l'objet de
la recherche

Problématisation
de l'objet de la recherche
et mise en jeu
d'une hypothèse

Élaboration de
la méthodologie

Observation
sur le terrain

Analyse des résultats
issus de l'observation

Conclusion
de la recherche

? EXERCICES D'INTÉGRATION

Exercice 1

Quel pourrait être le rôle de l'intuition dans une démarche de recherche scientifique ?

Exercice 2

Pourquoi la démarche scientifique doit-elle se méfier des croyances et du recours à la tradition ?

Exercice 3

Considérons les deux propositions suivantes :

L'inconscient est structuré comme un langage.

Le médicament X garde un effet thérapeutique même après avoir été hautement dilué.

Comment savoir laquelle de ces propositions est vraie ? Que répondrait un positiviste ?

Exercice 4

Quels exemples de recherches fondamentales et de recherches appliquées dans le domaine de la communication pouvez-vous citer ?

Exercice 5

Pourquoi, en science, a-t-on recours à une ou à des méthodes ?

Exercice 6

Quels sont les objectifs de la science ?

CHAPITRE 2

LE PROCESSUS D'UNE RECHERCHE SCIENTIFIQUE

OBJECTIFS DU CHAPITRE

- Comprendre, de façon générale et synthétique, en quoi consiste le processus de recherche en distinguant ses étapes clés.
- Se familiariser avec quelques notions fondamentales de la recherche.
- Comprendre la spécificité de la démarche propre à la recherche scientifique.
- S'initier aux principes fondamentaux de toute démarche scientifique.

Le travail de recherche scientifique exige la mise à contribution d'un certain nombre d'attitudes, comme nous l'avons vu au chapitre 1. Il exige aussi le respect d'un certain nombre d'étapes qui sont fondamentales dans tout le processus de recherche scientifique, des premiers questionnements à l'analyse des résultats de la recherche.

2.1 Les étapes d'une recherche

2.1.1 Du sujet de recherche à l'objet de recherche

D'entrée de jeu, le chercheur se trouve confronté à plusieurs questions qui s'articulent autour du sujet qui l'intéresse. Au cours de cette première étape, l'effort consistera à délimiter le sujet de recherche dans une dynamique de construction de ce qui deviendra un objet de recherche.

Le choix d'un sujet de recherche

Une recherche démarre avec une ou des questions, un sujet ou **thème de recherche.** Le chercheur observe un phénomène, à partir de curiosités particulières, pour ensuite l'interroger de façon à en « extraire » des connaissances.

L'identification d'un sujet ou thème de recherche peut se faire de quatre façons souvent intimement liées :

- à partir d'un ensemble d'intuitions à l'égard d'un phénomène particulier, voire de croyances personnelles qui débouchent souvent sur diverses opinions ;

- à partir d'un intérêt personnel, qui peut même être une passion, pour un phénomène particulier que la personne observe depuis longtemps ou même depuis tout récemment (exemples : l'influence des médias sur l'opinion publique ou l'utilisation de MSN chez les jeunes dans le cadre d'une recherche sur les usages sociaux des nouveaux médias) ;

- à la suite d'un questionnement qui émerge, par exemple, de la lecture d'une recherche et pour laquelle certaines questions plus spécifiques méritent d'être posées, ne serait-ce qu'à la lumière de faits nouveaux qui ajoutent à la complexité du phénomène analysé (exemples : la diversité de l'information dans le contexte de la concentration des industries culturelles et de la communication ou la gestion des communications au moment d'une crise dans le secteur de la santé publique) ;

- à la suite d'une volonté de résoudre un problème qui se pose relativement à des observations particulières (exemples : intervenir pour résoudre un conflit qui perdure dans une organisation ou comprendre les impacts d'une campagne publicitaire sur l'image d'une organisation).

Ainsi, le point de départ d'une recherche, peu importe la discipline, est l'intérêt personnel du chercheur. Cet intérêt joue un rôle fondamental dans tout le processus de recherche (Deshaies, 1992 : 29).

La délimitation d'un objet de recherche

À partir de cette première identification d'un sujet ou thème de recherche, le chercheur doit se documenter dans le but, d'une part, d'explorer ce qui a déjà été dit ou les recherches qui ont déjà été menées sur le phénomène observé et, d'autre part, de développer une réflexion qui se voudra de plus en plus approfondie sur la réalité questionnée. De là émerge un objet de recherche, c'est-à-dire une première délimitation d'un champ de questionnements pertinents à ce à quoi le chercheur veut répondre et à ce qui est approprié de répondre pour la communauté scientifique. L'objet de recherche peut être déterminé de trois principales manières :

- en concevant une des dimensions du sujet ou thème de recherche comme un problème spécifique qui n'a pas ou qui a très peu été abordé dans les travaux antérieurs (exemple : le pluralisme de l'information journalistique dans le contexte de la concentration des industries de la culture, de l'information et de la communication, George et Tremblay, 2004) ;

- en dégageant d'un sujet ou thème de recherche un problème particulier à résoudre (exemple : les conflits interindividuels issus de l'utilisation des technologies de l'information et de la communication dans les ministères fédéraux situés à Ottawa, de 1995 à 2005) ;

- en orientant les questionnements qui accompagnent le sujet ou thème de recherche dans une direction particulière pour faire émerger de nouvelles connaissances dans un domaine largement étudié mais pour lequel on a très peu de réponses (exemple : la relation médecin-patient dans le contexte du travail médical médiatisé par ordinateur).

Lorsque le chercheur identifie un objet de recherche, il ne se penche pas simplement sur un thème particulier (exemple : la communication dans les organisations), mais il voit plutôt celui-ci comme un problème qui émane d'un ensemble de réflexions construites sur la base de **lectures préliminaires** et d'observations courantes. Et c'est bien d'un problème dont il s'agit, duquel découlera un ensemble structuré de questions. Pour Bachelard, poser un problème, c'est déjà faire l'effort de poser une question à laquelle nous tenterons de répondre :

> « Avant tout, il faut savoir poser des problèmes. Et quoi qu'on dise, dans la vie scientifique, les problèmes ne se posent pas d'eux-mêmes. C'est précisément ce *sens du problème* qui donne la marque du véritable esprit scientifique. » (1993 : 14)

Ainsi, poser un **problème de recherche** consiste d'abord et avant tout à nous interroger sur une réalité qui fait émerger en nous une certaine ignorance :

> « Le problème s'exprime par un sentiment d'ignorance et par le désir de connaître, par la volonté d'en savoir plus en ce qui concerne le réel observable, par un questionnement ! » (Gauthier, 1984 : 53)

Or, c'est précisément pour combler cette ignorance que le chercheur mettra en branle une procédure ou une stratégie, qu'on appellera méthode. Celle-ci lui permettra d'expliquer ou de comprendre la réalité sur laquelle il se penche. Déjà, la transformation du sujet ou thème de recherche en objet de recherche constitue, tel qu'on peut le voir dans le tableau récapitulatif 2.1, une démarche intellectuelle spécifique qui demande temps et effort.

Ainsi, le chercheur identifie un sujet et un objet de recherche à partir de questionnements général et spécifique, le premier accompagnant l'identification d'un sujet ou thème de recherche et le deuxième se construisant en concomitance avec l'objet de recherche qui constituera le problème spécifique de la recherche. Il part d'un questionnement général (sujet de recherche) pour ensuite délimiter un questionnement plus précis (objet de recherche), un peu à la manière d'un entonnoir. L'adoption d'un fil conducteur à partir d'un questionnement spécifique permet ainsi de construire un objet de recherche.

TABLEAU 2.1	Le sujet et l'objet de recherche
Sujet de recherche	**Objet de recherche**
Le pluralisme de l'information	Le pluralisme de l'information journalistique dans le contexte de la concentration des industries de la culture, de l'information et de la communication, George et Tremblay, 2004.
L'influence des médias sur l'opinion publique	L'influence de la couverture médiatique du conflit syndical-patronal en 2004 au sein de la Société des alcools du Québec sur les consommateurs de vins et spiritueux.
Les conflits dans les organisations	Les conflits interindividuels issus de l'utilisation des technologies de l'information et de la communication dans les ministères fédéraux basés à Ottawa, de 1995 à 2005.

Pour contextualiser notre objet de recherche et justifier sa validité auprès de la communauté scientifique et, plus largement, auprès de l'ensemble de la population, il est par ailleurs pertinent d'essayer d'en dégager les enjeux. La science procède d'un mouvement complexe dont la richesse dépend des retombées directes ou indirectes de la recherche. C'est bien là l'importance, pour un chercheur, de mener une recherche, dans la mesure où il tente toujours de répondre à une ou à plusieurs questions spécifiques, et de se pencher sur un ou sur plusieurs problèmes particuliers. L'usage voudra, par conséquent, que ce chercheur soit en mesure d'évoquer d'entrée de jeu en quoi la recherche qu'il propose de mener aura des retombées par rapport à ses objectifs.

Les retombées de la recherche

Les retombées sociales et scientifiques d'une recherche représentent les impacts que cette dernière aura en fonction des objectifs que s'est donnés le chercheur. À chaque objet de recherche correspond des retombées sociales et scientifiques différentes.

Les retombées sociales sont les impacts anticipés d'une recherche sur la société prise de façon générale ou spécifique, sur le plan culturel, politique ou économique, par exemple. La recherche, en principe, dans une société qui se veut ouverte à la connaissance et au savoir tels qu'ils sont élaborés par les chercheurs, vise le plus objectivement possible à fournir aux êtres humains la possibilité de comprendre et d'expliquer différents phénomènes (recherche fondamentale) ou de résoudre des problèmes spécifiques auxquels certaines sociétés, certains groupes ou certains individus sont confrontés dans le temps et dans l'espace (recherche appliquée). Par exemple, les retombées sociales générales d'une recherche ayant pour sujet la communication en période de crise s'articuleront autour d'un projet d'amélioration de la gestion de la communication en moment de crise. De même, les retombées sociales générales d'une recherche qui a pour sujet les rapports intergénérationnels dans les entreprises reposeront sur la volonté, par exemple, d'harmoniser les interactions dans les entreprises en cause dans un souci de productivité ou de favoriser la transmission de connaissances des travailleurs chevronnés aux travailleurs plus jeunes. Les retombées sociales de ces recherches sont donc fort importantes pour la société et se mesurent largement aux impacts organisationnels, sociologiques, anthropologiques ou autres que ces mêmes recherches entraînent. En dégageant les retombées sociales de sa recherche, le chercheur sera en mesure de mieux articuler les objectifs inhérents à sa recherche (en termes de compréhension ou d'explication) avec ses bienfaits sur la société.

Dans le même ordre d'idées, en identifiant l'objet de recherche sur lequel il se penche, le chercheur sera invité à dégager les retombées scientifiques de son projet. Les retombées scientifiques d'une recherche, qui souvent peuvent être étroitement liées aux retombées sociales, s'articulent autour de la mise en évidence du problème qu'on veut résoudre (une question de recherche) suivant une démarche proprement scientifique. Le chercheur doit mettre en lumière, toujours en rapport avec les objectifs de sa recherche, en quoi celle-ci contribuera, même modestement, à l'avancement des connaissances dans un domaine particulier de la science. Par exemple, un chercheur pourrait vouloir voir en quoi une recherche menée sur l'influence des médias locaux sur l'opinion publique des autochtones du nord de l'Ontario (objet de recherche) contribuera à développer une nouvelle dimension jusque-là ignorée de la théorie générale des médias (recherche fondamentale). Les retombées scientifiques sont ici directement liées à la possibilité de faire avancer les connaissances, ou l'état du savoir dans une discipline particulière (la communication), sur un problème spécifique de recherche.

2.1.2. La construction de la problématique de recherche et du cadre théorique

Une des étapes cruciales du processus de recherche est celle de l'élaboration de la problématique, laquelle représente pour ainsi dire le squelette de l'ensemble de la recherche qu'un individu se propose de mener. Comme le soulignent Quivy et Campenhoudt, la problématique dresse le fondement même d'une recherche :

« La problématique est l'approche ou la perspective théorique qu'on décide d'adopter pour traiter le problème posé par la question de départ. Elle est une manière d'interroger les phénomènes étudiés. Elle constitue une étape charnière de la recherche, entre la rupture et la construction. » (1995 : 85)

La rupture constitue la démarche intellectuelle par laquelle un individu ou un chercheur a effectué un recul par rapport à son sujet ou thème de recherche de façon à identifier et à construire un objet de recherche. À l'étape de l'élaboration de la problématique, le chercheur doit rassembler ses réflexions, résultats d'observations et d'intuitions diverses toujours en lien avec ce qu'il trouve dans les écrits, pour déterminer les concepts qui formeront sa perspective d'analyse. Comme le souligne Gauthier,

> « [par] l'expression problématique de recherche, on réfère généralement à l'ensemble des éléments formant le problème, à la *structure d'informations dont la mise en relation engendre chez un chercheur un écart se traduisant par un effet de surprise ou de questionnement assez stimulant pour le motiver à faire une recherche.* On peut donc retrouver dans la problématique de recherche ce qui a poussé le chercheur à poser la question générale, en plus de la prise en considération des faits, des observations, des connaissances théoriques, des résultats d'autres recherches et d'autres questions se rapportant à la question générale ». (1984 : 56)

Ainsi, dans cette phase de la recherche, le chercheur devra faire un éventail critique, c'est-à-dire fondé sur une réflexion globale du problème sur lequel il se penche, des travaux en lien direct ou indirect avec son sujet ou thème de recherche. Par travaux, nous entendons tous les écrits publiés dans des ouvrages, dans des revues savantes, dans des rapports de recherche, dans des rapports **statistiques,** dans des rapports gouvernementaux, etc. Le chercheur doit voir comment le problème sur lequel il travaille, ou du moins un aspect ou une dimension de celui-ci, a été traité antérieurement par d'autres et comment il peut, à partir de là, faire émerger de nouveaux questionnements qui soient les plus originaux possible, comme l'explique de nouveau Gauthier :

> « [...] parler de problématique, c'est dire qu'un problème se rattache à un certain nombre de connaissances qui décrivent ou expliquent déjà une partie de la réalité et motivent l'étude d'une autre partie de cette réalité ». (1984 : 57)

Par exemple, si nous nous intéressons à la question du rôle de la communication dans la gestion des conflits dans les organisations publiques et privées – problème classique de communication organisationnelle –, nous devrons nous approprier les travaux portant sur tout ce qui touche à la communication dans la gestion des conflits dans les organisations publiques et privées : les relations interpersonnelles, les négociations, les rapports à l'autorité, la motivation des travailleurs, la dynamique régissant les communications, l'influence, etc. Ce sont là des phénomènes assurément analysés par d'autres chercheurs avant nous qui en sont arrivés à des conclusions particulières dont il faut nécessairement tenir compte. C'est précisément le contenu de ces travaux qui intéressera les chercheurs que nous sommes, désireux de se pencher sur le problème des conflits dans les organisations, pour reprendre cet exemple. Pour ce faire, il faudra explorer les travaux menés non seulement en communication organisationnelle, mais aussi en sociologie du travail et des organisations, en psychologie du travail et des organisations, en gestion, en management, en anthropologie des organisations, etc.

Une fois rassemblés de tels travaux au terme d'une recherche exhaustive en bibliothèque, le chercheur devra notamment répondre aux questions suivantes :

- Comment le problème de recherche a-t-il été formulé ?
- Comment a-t-il été abordé ?
- Dans quelle perspective ?
- Avec quelle approche ?
- Pourquoi ?
- Comment ?
- À l'aide de quelle(s) méthodologie(s) ?
- Quelles sont les conclusions ?
- Comment peut-on interpréter les constats effectués pour éventuellement en tirer des conclusions ?

La problématique représente une étape assez laborieuse du processus de recherche scientifique. Cependant, l'effort généralement exigé n'est pas le même si la personne mène une recherche dans le contexte d'un travail de premier cycle universitaire ou de troisième cycle universitaire (doctorat). C'est au chercheur de voir quelles sont les limites de sa recherche en ce qui concerne les moyens, le temps et les ressources dont il dispose. Nous en revenons à la portée de la recherche et à ses retombées.

Une fois toutes les ressources documentaires pertinentes colligées, lues et annotées, le chercheur devra, dans son effort de problématisation, faire ressortir les forces et les limites des travaux sélectionnés (voir le tableau 2.2). Le chercheur doit prendre position, d'où la dimension critique de la démarche, à l'égard des bases théoriques de ces mêmes travaux. Il doit comparer, entre autres, les différents résultats de recherche obtenus, les idées avancées, les conclusions retenues et l'interprétation de celles-ci pour se positionner lui-même en tant que chercheur. C'est de cette façon qu'il réussit à tracer les limites théoriques qui mettront en lumière la perspective dans laquelle s'inscrit sa recherche. Dès lors, inévitablement, à moins de faire une recherche exploratoire ou descriptive, le chercheur en arrivera à formuler, c'est-à-dire à mettre en jeu, une hypothèse qui orientera par la suite son travail de recherche sur le terrain.

Identification du sujet de la recherche :

L'implantation de dispositifs de téléapprentissage dans les organisations

---

Formulation du problème de recherche :

a) Que savons-nous sur le sujet ?

En lisant différentes enquêtes réalisées ces dernières années et en procédant à une **recension des écrits,** vous constatez que

- la formation en milieu de travail afin de soutenir la transmission des connaissances est un enjeu important pour les organisations qui doivent trouver des solutions nouvelles en termes de dispositifs de formation adaptés au milieu de travail et prenant appui sur les TIC ;
- des investissements financiers importants sont consentis dans de nombreuses organisations afin de favoriser l'apprentissage à l'aide des technologies. Cependant le taux d'échec de l'implantation de ces technologies est important ;
- de nombreux chercheurs critiquent la dominance de perspectives déterministes et « technocentrées » au moment de l'implantation de dispositifs de téléapprentissage dans les organisations. En effet, l'implantation de ces technologies se fait souvent en oubliant la vie organisationnelle ;
- les chercheurs rencontrent de nombreux obstacles lorsqu'il s'agit d'implanter un dispositif de téléapprentissage ;
- le Conference Board du Canada, dans une récente étude sur le téléapprentissage (2001), propose une démarche en quatre phases itératives et offre une trousse d'implantation pour l'intégration réussie de ce type d'apprentissage en milieu de travail.

En conclusion, l'analyse que vous faites des travaux parus dans le domaine fait ressortir qu'une véritable méthode d'implantation de dispositifs de téléapprentissage en milieu de travail doit être développée.

b) Que voulons-nous savoir sur le sujet ?

Connaître les conditions optimales d'implantation d'un dispositif de téléapprentissage dans les organisations qui permettra le développement des compétences chez les employés.

Formulation de la question générale de recherche :
Comment assurer une implantation efficace et efficiente d'un dispositif de téléapprentissage en milieu de travail ?

L'importance de la problématique se résume donc en quatre points fondamentaux. La problématique permet au chercheur de

- replacer dans son contexte l'objet de la recherche, en portant un regard critique sur les travaux antérieurs ;

- se positionner, sur le plan théorique, épistémologique et éventuellement méthodologique, par rapport aux conclusions des travaux antérieurs ;

- délimiter le cadre ou la perspective à partir desquels il travaillera pour analyser le problème qui l'intéresse ;
- construire une réflexion critique devant logiquement mener à la mise en jeu d'une hypothèse de travail.

Ainsi, à travers la problématique, le chercheur délimitera le **cadre théorique** qu'il utilisera pour analyser les phénomènes sur lesquels il se penchera ou les problèmes auxquels il s'attaquera. Le cadre théorique – qui peut soit être inclus dans la problématique même, soit être mis dans une section à part – est le ou les modèles ou la ou les perspectives théoriques que le chercheur utilisera pour observer ce qui l'intéresse après avoir argumenté sur la manière dont il procèdera. Par exemple, pour analyser les communications dans une organisation, nous pouvons utiliser l'approche sociologique des organisations telle qu'établie par les sociologues des organisations, ou encore l'approche fonctionnaliste telle qu'élaborée par certains chercheurs en gestion. Nous pouvons aussi utiliser l'approche systémique telle que construite par des chercheurs s'inscrivant dans le courant cybernétique des organisations. Bref, en fonction de notre façon de voir la réalité et de notre manière de problématiser notre objet de recherche, nous pouvons avoir recours à plusieurs approches ou théories pour analyser les phénomènes qui nous intéressent. Et c'est le propre du cadre théorique que d'expliquer, dans une recherche, les assises théoriques de notre conception des choses.

2.1.3. La mise en jeu d'une hypothèse

Maintenant que le chercheur s'est donné un objet de recherche qu'il a problématisé avec tout ce que cela suppose comme nous venons de le voir, il est maintenant en mesure de répondre à sa question centrale de recherche, d'où la mise en jeu d'une hypothèse de travail.

Le rôle d'une hypothèse dans une recherche

La mise en jeu d'une hypothèse de travail représente très souvent, pendant une recherche, une étape complexe sur le plan intellectuel. Rappelons-nous qu'au cours des premières étapes du processus de recherche scientifique le chercheur est confronté à plusieurs intuitions, observations et réflexions. Durant ce parcours intellectuel, il s'interrogera et élaborera des idées sur son objet de recherche. De là émergera une question centrale de recherche qui orientera la suite de la recherche. L'hypothèse constitue une réponse, qu'on pourrait qualifier de temporaire ou de provisoire, à cette question centrale de recherche. Comme le précise Grawitz, l'hypothèse est en fait une proposition :

> « L'hypothèse est une proposition de réponse à la question posée. Elle tend à formuler une relation entre des faits significatifs. Même plus ou moins précise, elle aide à *sélectionner* les faits observés. Ceux-ci rassemblés,

elle permet de les *interpréter,* de leur donner une signification qui, vérifiée, constituera un élément possible de théorie. » (1981 : 408)

Voilà pourquoi elle intervient à la fin de la problématique et juste avant la méthodologie, laquelle déterminera les moyens à mettre en œuvre par le chercheur pour vérifier la validité de son hypothèse. C'est là la démarche classique de recherche en science qui consiste à vérifier des hypothèses dans le but d'élaborer des théories. Ces dernières sont en quelque sorte des explications contenant plusieurs hypothèses cohérentes les unes vis-à-vis des autres (Grawitz, 1981 : 408).

Les conditions de validité d'une hypothèse

Pour qu'une hypothèse puisse être vérifiée, il faut qu'elle soit cohérente, plausible et par conséquent formulée de telle manière qu'il sera possible de la confirmer ou de l'infirmer. Nous ne pourrions pas, par exemple, expliquer l'opinion publique par le mouvement des galaxies dans l'univers (!) en mettant en jeu l'hypothèse selon laquelle l'opinion des individus varie en fonction du mouvement des galaxies. Nous avons là une hypothèse, mais elle ne se prête pas immédiatement à l'observation et à la vérification sur le terrain. Il est certes possible que les galaxies déterminent les opinions (ce dont les auteurs du présent ouvrage doutent fortement), mais encore faut-il être capable de le démontrer par des outils méthodologiques valables. Il serait ainsi beaucoup plus pertinent de mettre en jeu l'hypothèse selon laquelle les opinions des individus (l'opinion publique) varient en fonction de la position qu'ils occupent dans la société ou de leur âge. L'hypothèse, dans ce dernier cas, serait cohérente et, surtout, vérifiable. Pour qu'il en soit ainsi, le chercheur doit formuler une hypothèse en respectant un certain nombre de règles qui sont les conditions de validité de l'hypothèse elle-même :

> « Les conditions de validité de l'hypothèse sont importantes. Elle doit être vérifiable de façon **empirique** ou logique. La démarche scientifique implique que l'hypothèse soit formulée en des termes tels que l'observation et l'analyse, la conception de la recherche puissent fournir une réponse à la question posée. L'hypothèse *suggère* donc les procédures de recherche. » (Grawitz, 1981 : 408)

Dans le même esprit, Mace (1988 : 38-39) énonce quatre caractéristiques centrales que doit posséder une hypothèse :

- « *Une hypothèse doit être plausible,* c'est-à-dire qu'elle doit avoir un rapport étroit avec le phénomène qu'elle prétend expliquer.
- *Une hypothèse doit être vérifiable.*
- *Une hypothèse doit être précise.*
- *Une hypothèse doit être communicable.* »

Ce sont précisément ces caractéristiques, formulées autrement, que nous retrouvons dans les principales qualités d'une hypothèse énoncées par Guibert et Jumel (1997 : 4) :

- « une hypothèse doit être *vraisemblable,* c'est-à-dire qu'elle doit s'inscrire dans un ensemble de connaissances scientifiquement établies ;
- une hypothèse doit être *plausible,* elle doit pouvoir être *mise en relation* avec le phénomène étudié ;
- une hypothèse doit être *pertinente* et doit permettre d'explorer les différents aspects du phénomène étudié. En d'autres termes, l'hypothèse doit porter sur des *variables observables* ;
- une hypothèse doit être *précise* et doit éviter dans sa formulation toute imprécision, toute ambiguïté ;
- une hypothèse doit être *cohérente,* elle doit permettre *d'apporter une réponse* aux interrogations contenues dans la problématique ;
- une hypothèse doit être *vérifiable,* c'est-à-dire qu'elle doit pouvoir être *confrontée aux faits* ;
- une hypothèse doit être *univoque* pour être comprise de la même manière par d'autres chercheurs. »

Pour s'assurer que l'hypothèse est cohérente conformément aux règles, caractéristiques et qualités que nous venons d'évoquer, le chercheur doit aussi avoir en tête quelques principes clés qui aident à la formulation (Mace, 1988 : 41) :

- « s'assurer d'avoir posé une question spécifique pertinente reliée à l'objet d'étude (compte tenu de la formulation du problème) et avoir bien compris le sens de cette question ;
- se rappeler que l'hypothèse est la réponse anticipée à la question spécifique de recherche et qu'elle doit donc en découler logiquement ;
- formuler une proposition en s'assurant que le verbe utilisé [traduit] bien le sens de la proposition (une hypothèse n'est pas une question) ;
- déterminer les concepts opératoires ou termes clés de l'hypothèse qui seront transformés en variables. »

Bref, nous l'aurons compris, l'importance de la mise en jeu d'une hypothèse au cours d'une recherche se résume en trois points. L'hypothèse permet en effet

- d'apporter une réponse – provisoire certes – à la question centrale de recherche et d'envisager par le fait même sa validité au moyen d'une méthodologie appropriée ;

- d'orienter l'esprit même de la recherche que nous menons (qualitative ou quantitative, synchronique ou diachronique, locale, régionale, nationale, internationale ou comparative, etc.) en fonction de cet objectif central qui consistera à confirmer ou à infirmer l'hypothèse que nous mettons en jeu ;
- de faire avancer les connaissances par rapport à notre objet de recherche, en apportant des réponses à nos questions de recherche découlant de notre questionnement central.

C'est finalement en mettant en jeu une hypothèse que le chercheur sera conduit à développer des outils méthodologiques avant d'aller sur le terrain.

2.1.4 L'élaboration d'une stratégie de recherche

Une fois énoncée(s), la ou les hypothèses devront guider le chercheur dans son travail d'observation sur le terrain. Mais avant d'en arriver là, celui-ci devra élaborer la méthodologie qu'il entendra utiliser.

La précision des concepts et la définition de l'échantillon

Pour être en mesure de vérifier l'hypothèse, le chercheur doit d'abord être capable de préciser le plus possible non seulement ce qu'il veut observer sur le terrain, mais aussi ce qui est observable. C'est à ce moment qu'entre en jeu l'**opérationalisation.** Nous aborderons ici cette notion de manière générale afin de présenter les différentes étapes de ce processus et d'en exposer les principes fondamentaux (voir la figure 2.1). En effet, nous reviendrons ultérieurement (chapitres 4 et 6) sur les détails du processus d'opérationalisation dans les recherches quantitatives et qualitatives afin d'en souligner les spécificités pour chaque type de recherche.

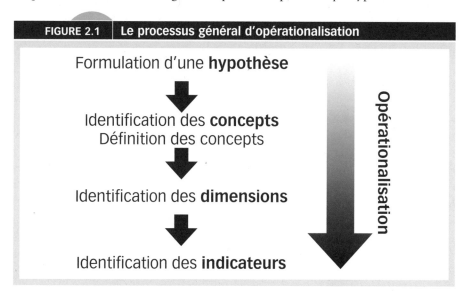

FIGURE 2.1 | Le processus général d'opérationalisation

Formulation d'une **hypothèse**

Identification des **concepts**
Définition des concepts

Identification des **dimensions**

Identification des **indicateurs**

Opérationalisation

Afin d'illustrer le processus d'opérationalisation, prenons l'exemple d'un chercheur qui, après la recension des écrits et en réponse à sa question de recherche, formule l'hypothèse suivante : le style de leadership des supérieurs hiérarchiques entraîne l'émergence de conflits interpersonnels. Cet énoncé contient trois concepts que le chercheur se devra de préciser : style de leadership, supérieurs hiérarchiques et conflits interpersonnels (voir le tableau 2.3). En définissant ces concepts, c'est-à-dire en affirmant clairement le sens qu'il leur donne, le chercheur apportera plus de précision à l'énoncé de son hypothèse.

TABLEAU 2.3	L'identification et la définition des concepts
Identification des concepts	[1] Style de leadership [2] Supérieurs hiérarchiques [3] Conflits interpersonnels
Définition des concepts	[1] Style de leadership : ensemble des comportements, habiletés et activités par lesquels une personne influence le comportement d'autres individus. [2] Supérieurs hiérarchiques : individus en autorité dans une organisation, compte tenu de leur statut et de leur légitimité par rapport à des individus qui leur sont subordonnés. [3] Conflits interpersonnels : conflits qui surviennent lorsque deux individus vivent une mésentente au sujet des buts à poursuivre, des moyens à prendre, des valeurs, des attitudes ou des comportements à adopter. (Dolan et autres, 1996)

Après avoir défini les concepts, le chercheur devra en identifier les dimensions constitutives. Dans l'exemple précédent, pour le concept *style de leadership,* le chercheur décide de retenir cinq dimensions : le comportement, les habiletés de communication, les habiletés sociales, les habiletés cognitives et la personnalité. Cependant, les dimensions de ce concept doivent être encore précisées et le chercheur doit identifier des **indicateurs** permettant d'observer concrètement certains phénomènes clés qui se posent dans la réalité et qui permettent ainsi de mieux observer l'objet sur lequel le chercheur se penche (voir le tableau 2.4). Autrement dit, les indicateurs peuvent être considérés comme des composantes observables de la réalité, telle qu'elle existe indépendamment de notre regard, sur lesquelles doit s'orienter notre observation de façon à mieux l'examiner dans toute sa spécificité. Un parallèle peut, par conséquent, être établi entre cette démarche de recherche et ce que préconisait Descartes, comme nous l'avons souligné dans le chapitre précédent, au sujet de la nécessité de diviser la réalité en parcelles pour mieux la comprendre, l'expliquer, l'évaluer, etc.

TABLEAU 2.4	L'identification des dimensions et des indicateurs pour le concept de leadership	
Identification des dimensions	**Identification des indicateurs**	
[1] Le comportement	Autoritaire Paternaliste etc.	
[2] Les habiletés de communication	Capacité d'écoute Capacité d'expliquer ses attentes Présentation claire des idées etc.	
[3] Les habiletés sociales	Encourage le respect mutuel Est chaleureux Crée un climat de travail harmonieux etc.	
[4] Les habiletés cognitives	Analyse et résolution de problèmes Prise de décision rapide etc.	
[5] La personnalité	A confiance en lui Est introverti/extraverti Est intègre etc.	

Une fois ce travail complété, le chercheur devra aussi penser, à partir d'une population précise (exemple : les cadres de tel ministère), à l'**échantillon** sur lequel portera sa recherche.

Un échantillon regroupe l'ensemble des individus ou des objets qui seront analysés et il constitue un sous-ensemble d'une population plus large. Par exemple, si le chercheur décide d'analyser le comportement des gestionnaires dans les organisations publiques, il devra sélectionner un certain nombre d'organisations publiques et de gestionnaires. Si le chercheur souhaite obtenir l'opinion des citoyens canadiens sur le cinéma étranger, il devra aussi sélectionner un certain nombre de citoyens canadiens. Pour des raisons de faisabilité liées, entre autres, au coût, le chercheur n'a souvent pas d'autres choix que de procéder par échantillonnage (voir le chapitre 3) pour sa recherche.

Le choix d'une méthode de recherche

Le chercheur, avant d'aller sur le terrain, sera confronté au choix d'une méthode de recherche. Dans la plupart des cas, à l'exception des recherches descriptives ou exploratoires, ce sera l'hypothèse mise en jeu par le chercheur qui déterminera la stratégie ou la méthode utilisée sur le terrain. En ce sens, la méthode peut se définir ainsi:

« La méthode scientifique est un ensemble d'opérations par lesquelles on cherche à obtenir des résultats valides et reproductibles. C'est la démarche logique d'une science, c'est-à-dire l'ensemble des moyens mis en œuvre afin de répondre à une question. Il s'agit d'un procédé explicite et reproductible d'une série de règles à observer lorsqu'on étudie un problème précis. L'utilisation d'une méthode est donc essentielle à la **crédibilité** des conclusions d'une recherche scientifique. » (Amyotte, 1996 : 4)

Cette définition fait ressortir un certain nombre de principes clés. Entre autres, la méthodologie constitue l'ensemble des moyens que le chercheur utilise pour répondre, le plus rigoureusement, le plus objectivement et le plus rationnellement possible, à la question centrale de sa recherche. Mais la méthodologie est aussi plus que cela ; c'est en effet par elle que le chercheur décidera des **techniques de recherche** (et par la suite des instruments ou **outils de collecte de données**) à utiliser sur le terrain. Méthodes et techniques vont de pair. Les premières représentent les stratégies globales que le chercheur utilisera pour expliquer ou comprendre un phénomène particulier. Les deuxièmes sont les outils qui seront utilisés pour mesurer, évaluer, décrire ou observer, par exemple, les différentes dimensions de ce que le chercheur veut comprendre ou expliquer conformément à son hypothèse. Ainsi, pour résumer, on peut dire que

« [toute] recherche ou application de caractère scientifique en sciences sociales comme dans les sciences en général doit comporter l'utilisation de procédés opératoires rigoureux, bien définis, transmissibles, susceptibles d'être appliqués à nouveau dans les mêmes conditions, adaptés au genre de problème et de phénomène en cause. Ce sont là des techniques. Le choix des techniques dépend de l'objectif poursuivi, lequel est lié lui-même à la méthode de travail. [...] La technique est, comme la méthode, une réponse à un « comment ? ». C'est un moyen d'atteindre un but, mais qui se situe au niveau des faits ou des étapes pratiques. [...] Ce que l'on peut dire, c'est que la *technique représente les étapes d'opérations limitées,* liées à des éléments pratiques, concrets, adaptées à un but défini, alors que la *méthode est une conception intellectuelle* coordonnant un ensemble d'opérations, en général plusieurs techniques ». (Grawitz, 1981 : 349)

Deux principales méthodes peuvent être distinguées : les méthodes qualitatives et les méthodes quantitatives. Nous verrons dans les prochains chapitres que ces méthodes possèdent des caractéristiques qui leur sont propres.

2.1.5 Le travail de terrain et la collecte de données

Nous avons précisé plus haut que l'observation est le propre de toute démarche d'appréhension de la réalité. Cela est particulièrement vrai en science, et la communication n'y fait pas exception, à partir du moment où l'on décide d'analyser un phénomène particulier. Mais l'observation sur le terrain se distingue de l'observation préliminaire qui, elle, contribuera à la formulation d'une question de recherche et à la formulation éventuelle d'une hypothèse de travail. L'observation sur le terrain, à cette étape-ci, découle directement de la nature des outils de collecte de données construits à l'étape de la justification de la méthodologie et est déterminée par ce que nous voulons vérifier. Ainsi, si le chercheur souhaite mettre en lumière les représentations des travailleurs de telle organisation et qu'il procède par entrevues, il observera le témoignage des travailleurs interrogés (clairement identifiés préalablement en tant qu'échantillon), à l'aide des indicateurs qui auront été déterminés à l'étape de l'opérationalisation des concepts.

Les types de données collectées

La collecte de données est une étape cruciale, car elle permettra au chercheur de rassembler le matériel empirique sur lequel il fondera ses analyses et les résultats de sa recherche. Pour constituer ce matériel sur lequel il travaillera, le chercheur peut utiliser soit des **données primaires,** soit des **données secondaires.**

Les données primaires sont des données que le chercheur recueillera lui-même sur le terrain. Il s'engagera dans la collecte de données s'il n'a pas accès à des données secondaires ou si celles-ci ne sont pas suffisantes pour sa recherche. La collecte de données directement sur le terrain pose évidemment la question des instruments avec lesquels le chercheur obtiendra les données empiriques nécessaires à sa recherche. Nous verrons plus tard que ces instruments seront différents selon qu'on choisit une méthode quantitative ou une méthode qualitative.

Les données secondaires sont des données qui existent déjà et qui ont été recueillies par quelqu'un d'autre et à d'autres fins. Un chercheur peut, par exemple, utiliser les données produites par Statistique Canada pour certaines enquêtes menées par cette organisation fédérale et les analyser à l'intérieur de sa recherche.

La collecte de données et les questions éthiques

Toute recherche est soumise au respect de règles éthiques qui s'imposent au chercheur avant, pendant et après la collecte de données.

Avant la collecte de données, le chercheur prend contact avec les personnes susceptibles d'accepter de collaborer à sa recherche. Il devra avant tout informer ces personnes du but de sa recherche, de l'importance de celle-ci, de tous les aspects du déroulement de la recherche (durée, nombre de rencontres, etc.) et du rôle que les volontaires pourraient jouer (voir le tableau 2.5). Ces informations sont essentielles afin que les personnes puissent donner un consentement libre et éclairé. On parle de consentement libre, car la personne ne doit subir aucune pression, et éclairé, car toutes les informations doivent lui être fournies de façon la plus précise possible.

TABLEAU 2.5	La lettre d'information (modèle)

Madame, Monsieur,

Nous sommes une équipe de chercheurs dans le domaine de la communication organisationnelle auprès de _____ (nom de l'institution de recherche). Nous menons actuellement une étude sur la gestion des conflits en milieu de travail. Il est à noter que cette étude est complètement indépendante de votre organisation de travail et est entièrement supervisée par notre équipe de recherche.

Nous sollicitons présentement la participation des travailleurs de votre organisation. Cette participation implique de répondre à un questionnaire qui prendra environ vingt minutes de votre temps et qui permettra de mieux comprendre la gestion des conflits en milieu de travail.

Cette étude est réalisée entièrement sur une base volontaire et les participants sont libres de se retirer de la recherche en tout temps ou de refuser de répondre à certaines questions sans encourir de préjudice sous aucune forme. L'anonymat et la confidentialité sont également assurés : ainsi, les données seront regroupées et aucun nom, ni le vôtre, ni celui de votre équipe ou organisation, n'apparaîtra dans les documents publiés pour cette étude. Seuls les membres de l'équipe de recherche auront accès à la liste des participants. Enfin, les données obtenues seront traitées sur ordinateur et conservées pendant au moins 5 ans.

Nous vous remercions de votre bienveillante attention et, dans l'attente de vos nouvelles, nous vous prions d'agréer l'expression de nos meilleurs sentiments.

_____ (signature de chacun des chercheurs)

Par la suite, pendant la collecte de données, le chercheur s'engage à protéger l'intégrité des participants (ne causer aucun tort physique ou moral) et leur intimité (respecter la vie privée) ainsi que la confidentialité des données collectées en garantissant notamment l'anonymat aux personnes prenant part à la recherche. Le chercheur devra assurer la protection de l'anonymat des personnes qu'il interroge ou observe et faire en sorte qu'il soit impossible de les identifier (voir le tableau 2.6). C'est par exemple pour cette raison que le nom des participants n'est jamais noté sur un questionnaire ou sur une fiche de retranscription d'entrevue.

TABLEAU 2.6 Le formulaire de consentement (modèle)

Remarque : Le formulaire de consentement ci-dessous est fourni par le Service de subvention de recherche et déontologie de l'Université d'Ottawa, à titre d'exemple uniquement, et devra être adapté afin de bien refléter le projet proposé par le chercheur.

Titre du projet : _____

Nom du chercheur* *(et du superviseur*, s'il y a lieu),* son affiliation *(Département, Faculté, Institut)* et ses coordonnées *(notamment, numéros de téléphone et adresses courriel).*

Invitation à participer : Je suis invité(e) à participer à la recherche nommée ci-dessus qui est menée par *(nom du chercheur, ou de l'étudiant et de son superviseur, le cas échéant). (S'il y a un commanditaire pour ce projet de recherche, veuillez l'indiquer.)*

_____

*Remarque : Il peut y avoir plusieurs chercheurs. Le singulier ainsi que le genre masculin ont été utilisés afin d'alléger le texte.

But de l'étude : Le but de l'étude est de *(précisez pourquoi la recherche est réalisée en expliquant clairement ses objectifs ; niveau de langue approprié – 8ᵉ année est recommandé).*

Participation : Ma participation consistera essentiellement à *(exemple : à participer à des séances) (nombre de séances et longueur de chaque séance/intervention)* pendant lesquelles *(description des tâches qui devront être exécutées par les participants). (Les séances)* sont prévues pour *(lieu, date et heure de chaque session).* On me demandera également de *(exemples : remplir des questionnaires, participer à des entrevues ou à des réunions de groupe, etc. ; soyez clair et veuillez préciser la durée de chaque tâche).*

Risques : Je comprends que, puisque ma participation à cette recherche *(exemple : implique que je donne de l'information personnelle),* il est possible qu'elle crée *(description des risques possibles d'inconfort émotionnel, psychologique, physique, social, économique ou autre).* J'ai reçu l'assurance du chercheur que tout se fera en vue de minimiser ces risques *(décrivez les mesures prises pour minimiser lesdits risques).*

Bienfaits : Ma participation à cette recherche aura pour effet de *(expliquez la nature des bienfaits pour le participant, autrui ou pour l'avancement du savoir).*

Confidentialité et anonymat : J'ai l'assurance du chercheur que l'information que je partagerai avec elle/lui restera strictement confidentielle. Je m'attends à ce que le contenu ne soit utilisé que pour *(précisez dans quel but les données recueillies seront utilisées)* et selon le respect de la confidentialité *(expliquez comment la confidentialité sera protégée). (Si la confidentialité ne peut être protégée en raison d'une obligation légale, veuillez le mentionner expressément et en donner la raison.)* L'anonymat est garanti de la façon suivante *(description de la façon dont vous assurerez l'anonymat des participants. Si l'anonymat ne peut être garanti, veuillez l'indiquer expressément, expliquer pourquoi et relater les risques que cela entraînera pour le participant, l'organisation, etc. ; de plus, veuillez expliquer si l'identité du participant sera révélée dans des publications).*

(suite ▶)

Conservation des données : Les données recueillies *(veuillez mentionner les données recueillies, soit celles sur papier et celles sur support électronique (exemples : bandes magnétiques, questionnaires, transcriptions sur des disques compacts, notes, etc.)* seront conservées de façon sécuritaire *(décrivez comment et où les données seront gardées, qui y aura accès et combien de temps elles seront conservées).*

Compensation : *(Mentionner s'il y a compensation : de l'argent, un cadeau d'usage [préciser ce qui sera offert], un coupon, etc. ; veuillez noter que la compensation ne doit pas être coercitive. Ce paragraphe peut être omis si aucune compensation n'est offerte.)*

Participation volontaire : Ma participation à la recherche est volontaire et je suis libre de me retirer en tout temps ou de refuser de répondre à certaines questions, sans subir de conséquences négatives *(préciser s'il peut y avoir perception de coercition, par exemple dans le cas où le chercheur est en position d'autorité envers le participant).* Si je choisis de me retirer de l'étude, les données recueillies jusqu'à ce moment-là seront *(veuillez préciser ce qui arrivera avec les données recueillies jusqu'au moment du retrait du participant).*

Acceptation : Je, *(nom du participant),* accepte de participer à cette recherche menée par *(nom du chercheur)* de *(nom du Département, Faculté, Institut), laquelle recherche est supervisée par (nom du professeur).*

Pour tout renseignement additionnel concernant cette étude, je peux communiquer avec le chercheur ou son superviseur.

Pour tout renseignement sur les aspects éthiques de cette recherche, je peux m'adresser au Responsable de l'éthique en recherche, Université d'Ottawa, Pavillon Tabaret, 550, rue Cumberland, bureau 159, 613 562-5841 ou ethics@uottawa.ca.

Il y a deux copies du formulaire de consentement, dont une copie que je peux garder.

Signature du participant : *(Signature)* _____ Date : *(Date)* _____

Signature du chercheur : *(Signature)* _____ Date : *(Date)* _____

Témoin *(nécessaire dans le cas où le participant serait illettré, aveugle, etc.) :*

(Signature) _____ Date : *(Date)* _____

Personne responsable pour le participant *(exemple : parent ou tuteur) :*

(Signature) _____ Date : *(Date)* _____

Une fois l'observation complétée, par conséquent une fois le travail de terrain achevé, le chercheur aura pour tâche de colliger toutes les données recueillies, c'est-à-dire de les ordonner de façon à en faciliter l'analyse.

2.1.6 L'analyse des résultats de la recherche

Après avoir terminé le travail de terrain et la collecte de données, le chercheur entre dans une phase d'analyse où il interprétera les résultats obtenus. C'est précisément à partir de cette interprétation qu'il dégagera des **constats de recherche,** c'est-à-dire des faits qui viennent confirmer ou infirmer l'hypothèse de travail. C'est aussi là, forcément, qu'il trouvera les réponses aux questionnements formulés d'entrée de jeu au moment de la recherche. Bien entendu, l'étape d'analyse ne veut pas dire que le chercheur ne revient plus sur les étapes précédentes de la recherche. Rappelons que le processus de recherche est d'abord et avant tout un processus qui, même s'il se caractérise par une certaine linéarité dans la succession d'étapes spécifiques, peut s'avérer très souvent itératif. C'est dire que, même durant l'analyse, le chercheur devra revoir, souvent même nuancer, les étapes précédentes comme l'identification de l'objet, la problématisation, voire, dans certains cas, la méthodologie.

2.2 La comunication des résultats de la recherche

Comme nous venons de l'évoquer, le travail de terrain permettra d'obtenir des résultats de recherche. Ces résultats n'ont toutefois pas de véritable valeur s'ils ne sont pas diffusés, c'est-à-dire s'ils demeurent dans la tête du chercheur uniquement. D'où l'importance de diffuser ses résultats de façon que la communauté scientifique, et même la société dans son ensemble, puissent en bénéficier.

2.2.1 La diffusion des résultats de la recherche

La richesse de l'élaboration des connaissances dans le domaine de la communication, et plus largement dans l'ensemble des sciences sociales et humaines, comme dans l'ensemble des sciences de la nature, ne serait pas la même sans l'étape cruciale de la diffusion des résultats de la recherche qui, en soi, représente à la fois la finalisation d'une recherche et le début d'une autre. En effet, comme nous l'avons souligné à maintes reprises dans le chapitre précédent, la connaissance et le savoir ne sont pas figés une fois pour toutes. Ils évoluent au cours de l'histoire, transformés, réarticulés, révolutionnés parfois, par les chercheurs, les scientifiques, les universitaires, etc. Pour ce faire, ceux-ci ont la responsabilité de faire connaître à leurs pairs, mais aussi parfois au grand public, les constats effectués au terme de leurs recherches. Cela peut se faire de différentes façons.

Le processus classique veut qu'un chercheur produise d'abord et avant tout un rapport de recherche à partir duquel il rédigera un certain nombre de textes, d'articles, de conférences, etc. Ceux-ci seront lus et entendus par la communauté scientifique dans un effort d'élargissement des connaissances dans un domaine particulier. D'autre part, la diffusion des connaissances se fait aussi à l'intérieur des cours de niveau universitaire où les professeurs doivent appuyer le plus possible leur enseignement sur les recherches produites par la communauté scientifique.

2.2.2 Les différentes formes d'expression et de diffusion des résultats

Les revues savantes, fort nombreuses, sont dirigées par des chercheurs qui constitueront des comités de lecture formés de plusieurs spécialistes et experts sur une question spécifique. Ce sont ces experts qui auront pour tâche de lire, d'analyser et surtout d'évaluer le texte soumis par un autre chercheur, dont l'identité est gardée secrète pour éviter d'influencer le jugement des membres du comité de lecture. Généralement, le comité de lecture rejettera ou recommandera le texte soumis à la publication. Le texte peut être recommandé dans sa version originale – ce qui est rare – ou avec l'ajout de modifications mineures ou majeures – ce qui est beaucoup plus fréquent. Le texte publié s'annonce généralement comme étant une diffusion de nouveaux constats de recherche apportant une contribution, même mineure, à l'avancement des connaissances dans un domaine particulier. Dans la francophonie, les revues savantes dans le domaine de la communication sont relativement nombreuses. Le tableau 2.7 en présente un échantillon.

TABLEAU 2.7	Un échantillon de revues savantes francophones en communication			
Nom de la revue	Pays	Année de fondation	Problématique générale	Adresse URL (Internet)
COMMposite – Revue des jeunes chercheurs en communication	Canada	1997	Communication de façon générale	http://commposite.org/
Communication	Canada	1975	Communication de façon générale	http://www.com.ulaval.ca/ publications_liens/revue_ communication/index.php
DiversCité Langues	Canada	1996	Dynamique des langues	http://www.teluq.uquebec.ca/ diverscite/entree.htm
Hermès : revue critique	Canada	1998	Information et communication Bibliothéconomie	http://pages.globetrotter.net/ charro/index.html
ISDM (Informations, Savoirs, Décisions et Médiations)	France	1997	Information et communication Technologies de l'information et de la communication (TIC) Prise de décision	http://isdm.univ-tln.fr/

(suite ▶)

La revue Communication et Organisation	France	1992	Communication organisationnelle	http://www.u-bordeaux3.fr/ GRECO/greco_comm&org.html
Les Enjeux de l'information et de la communication	France	1999	Information et communication	http://w3.u-grenoble3.fr/ les_enjeux/
Questions de communication	France	2002	Information et communication, de façon générale	http://ques2com.ciril.fr/
Recherches en communication	Belgique	1994	Communication de façon générale	http://www.comu.ucl.ac.be/ recherche/rec/
Réseaux	France	1983	Communication de façon générale Télécommunications	http://reseaux.revuesonline.com/ acceuil.jsp
Revue canadienne de communication (Canadian Journal of Communication) [bilingue]	Canada	1976	Communication de façon générale	http://www.cjc-online.ca/
Termina. Technologie de l'information, culture et société	France	1980	Nouvelles technologies de l'information et de la communication et questions sociales	http://www.terminal.sgdg.org/

Le chercheur opte aussi généralement pour la diffusion orale des résultats de ses recherches. À ce titre, nous devons noter l'organisation fréquente de colloques, congrès, symposiums ou ateliers sur des thèmes généraux ou spécialisés. Par exemple, chaque année, au Canada, a lieu le congrès de l'Association francophone pour le savoir (ACFAS) qui réunit plus de 3000 conférenciers provenant de toutes les disciplines. En communication, mentionnons le congrès annuel de la Société canadienne de communication. Au cours de ces activités, les chercheurs sont invités à présenter dans un court laps de temps, généralement 15 minutes, les résultats de leur(s) recherche(s). L'avantage de ce mode d'expression pour le chercheur est d'obtenir des questions et des commentaires de la part d'auditeurs intéressés par les mêmes questionnements que lui. C'est précisément de cette façon que le débat s'ouvre, que les critiques sont formulées et que des collaborations à la recherche peuvent être éventuellement créées.

2.3 L'illustration des différentes approches par trois recherches

2.3.1. Une recherche qualitative

SOURCE: S. Grosjean, D.J. Paré, M. Lagacé, K. Best et P. Hodgins (2005)

La mémoire organisationnelle en action. Développer une approche pragmatique de la mémoire organisationnelle. Projet Initiative de Développement de la recherche (IDR), Conseil de recherches en sciences humaines (CRSH), Canada, 2005-2007.

Type de recherche: Recherche qualitative, exploratoire, synchronique, locale et de terrain

Question générale de recherche: Quels sont les processus de communication mis en œuvre par une organisation et par ses membres pour permettre l'actualisation (la reconstruction dans l'action) d'une mémoire organisationnelle?

Cadre théorique:
- Théories de la cognition distribuée et de l'action située
- Théories pragmatiques de la communication

Hypothèses de recherche:
Pas d'hypothèse particulière puisqu'il s'agit d'une recherche exploratoire.

Méthode choisie:
Méthode ethnographique

Techniques (outils) de recherche:
- Analyse documentaire (rapports internes, manuels de formation, manuels de procédures, etc.)
- Observations directes
- Entrevues semi-dirigées

Plan d'échantillonnage:
- Échantillon de volontaires (non probabiliste)
- Taille de l'échantillon déterminée par saturation empirique

Méthode d'analyse des données qualitatives:
Analyse qualitative des données selon une approche inductive

2.3.2 Une recherche quantitative

SOURCE : M. Lagacé et F. Tougas (2006)

Les répercussions de la privation relative personnelle sur l'estime de soi. Une étude du rôle du désengagement psychologique auprès de travailleurs de la santé de plus de 45 ans, *Cahiers Internationaux de Psychologie Sociale, 69, p. 59-69.*

Type de recherche : Recherche quantitative, synchronique, locale, sur le terrain, descriptive, explicative et compréhensive

Question générale de recherche : Quelles sont les conséquences de la discrimination sur la base de l'âge en termes de désengagement psychologique et d'estime de soi sur les travailleurs avancés en âge ?

Cadre théorique :
- Théorie de la privation relative qui témoigne du sentiment de mécontentement éprouvé à la suite d'une comparaison désavantageuse.
- Théorie du désengagement psychologique selon laquelle, face à des situations difficiles, un individu mettrait en place des processus temporaires de protection de l'estime de soi ; ces processus sont le discrédit et la dévaluation.

Hypothèses de recherche :
[1] Plus un travailleur vieillissant éprouve de la privation relative en raison de disparités entre sa situation personnelle et celle des travailleurs plus jeunes, plus il discrédite la rétroaction reçue au travail.
[2] Plus un travailleur vieillissant discrédite la rétroaction reçue, plus il dévalue son domaine de travail.
[3] Plus un travailleur dévalue son domaine de travail, plus son estime de soi diminue.

Méthode choisie pour tester les hypothèses :
Sondage (questionnaire par courrier)

Instruments (outils) de mesure utilisés :
Quatre **échelles de mesure** par intervalles de type Likert
[1] Échelle de privation relative personnelle
[2] Échelle de discrédit
[3] Échelle de dévaluation
[4] Échelle d'estime de soi

Plan d'échantillonnage :
Échantillon de volontaires : 115 travailleurs de plus de 45 ans venant du domaine de la santé

Méthode d'analyse des données quantitatives :
Analyse statistique descriptive et analyse acheminatoire

2.3.3 Une recherche mixte

SOURCE : L. Bonneville (2003)

« La mise en place du virage ambulatoire informatisé comme solution à la crise de productivité du système sociosanitaire au Québec (1975 à 2000) », Thèse de doctorat en sociologie, Montréal, Université du Québec à Montréal, 2003.

Type de recherche : Recherche mixte, diachronique, régionale, sur le terrain, explicative et compréhensive

Question générale de recherche : Quelles étaient les conceptions de la productivité qui ont présidé à la mise en place du virage ambulatoire informatisé dans le secteur de la santé au Québec, de 1975 à 2000 ?

Cadre théorique :
• Sociologie critique (perspective sociohistorique)
• Sociologie économique (les nouvelles approches sur l'avènement des services et de l'information dans les services publics)
• Économie politique

Hypothèses de recherche :
[1] Le virage ambulatoire informatisé a été mis en place dans le seul but de réduire les coûts des services de soins assumés par le secteur public.
[2] Les conceptions qui sont sous-jacentes à cet objectif central du virage ambulatoire informatisé sont modelées par des conceptions économiques, néoclassiques, qui reposent sur des critères de contrôle administratifs de temps, de quantité, de coûts et d'optimum, incompatibles avec l'efficience clinique et thérapeutique des services de soins.
[3] Il y a assimilation des services de soins à des objets, des produits, voire des marchandises, qu'on veut transformer, dans le but d'en extraire des économies, indépendamment de l'impact que cette transformation a sur la qualité du travail médical et sur la qualité des services de soins offerts à la population québécoise.

Méthodes choisies :
• Méthode statistique
• Méthode d'analyse documentaire et d'entretiens

Techniques (outils) de recherche :
• Analyse de données statistiques secondaires
• Analyse documentaire (de contenu de documents)
• Entrevues semi-dirigées

Plan d'échantillonnage :
• Ensemble des annuaires statistiques concernant les dépenses publiques, privées et totales de santé ainsi que les effectifs médicaux et organisationnels, de 1975 à 2000 au Québec
• Ensemble des documents officiels sur la mise en place du virage ambulatoire informatisé, de 1975 à 2000 au Québec

(suite ▶)

- 25 informateurs clés sélectionnés parmi les promoteurs des nouvelles technologies, les professionnels de la santé, les hauts fonctionnaires du ministère de la Santé et des Services sociaux du Québec et les gestionnaires d'établissements de santé au Québec

Méthode d'analyse des données quantitatives et qualitatives :
Triple analyse statistique, documentaire (sens et signification des propos) et entrevue (sens et signification des propos)

EXERCICES D'INTÉGRATION

Exercice 1
Pourquoi dit-on que le processus de recherche scientifique est itératif ?

Exercice 2
Quel est le rôle de la méthodologie dans une recherche scientifique ?

Exercice 3
Pourquoi est-ce important, dans une recherche, de mettre en jeu une hypothèse de travail ?

Exercice 4
Qu'est-ce que la problématisation d'un objet de recherche ?

Exercice 5
Donnez une définition opérationnelle des concepts suivants, en choisissant des indicateurs appropriés : la discrimination, la collaboration, la compétition, le conflit.

LA RECHERCHE QUANTITATIVE EN COMMUNICATION

Les désarrois de la recherche publicitaire

Si on faisait l'épistémologie de la publicité, on serait peut-être surpris de découvrir que le praticien s'y classerait comme théoricien et le chercheur, comme empiriste. C'est que le monde de la publicité est encore fortement peuplé de personnalités dogmatiques et prescriptives pour qui les croyances ont plus de valeur que la réalité. Ce monde est progressivement marginalisé par des techniques plus disciplinées, tels la communication interactive, l'analyse média et le marketing direct, qui ont mieux intégré à leurs pratiques le souci de mesurer leurs résultats, de s'améliorer et d'ajuster constamment leurs campagnes aux données probantes. C'est pourquoi les praticiens du marketing direct, évoluant dans le contexte du marketing relationnel et des nouvelles technologies de l'information, prennent de plus en plus la direction de comptes traditionnellement dominés par les publicitaires. Rien n'oblige pourtant ces derniers à se laisser marginaliser, sinon leur propre attitude, nourrie, d'une part, de succès incontestables et spectaculaires (mais qu'ils peinent à expliquer) et, d'autre part, de la peur, de l'ignorance et du dédain des techniques d'analyse des données quantitatives et qualitatives.

Le potentiel mal exploité de l'analyse quantitative

Rares sont les clients qui disposent de la volonté et des moyens de se doter d'une banque de données suffisamment riche et stable pour faire de la planification marketing de sorte que le publicitaire, lorsqu'il a la possibilité d'avoir accès à une telle source de connaissances, ne devrait pas se priver de ce plaisir.

Chez Cossette, je me souviens de la plateforme créative d'une campagne publicitaire québécoise que nous avions menée avec une remarquable constance pour un de nos clients, le Service Goodwrench, qui est la division d'entretien de véhicules des concessionnaires General Motors. Les résultats étaient si puissants sur presque tous les indicateurs de performance publicitaire que non seulement nous avions réussi à imposer cette campagne au Canada anglais (où le compte publicitaire est géré par l'agence concurrente MacLaren), mais aussi que le siège social américain (qui ne faisait pas de publicité depuis plus de dix ans) s'est mis à l'étudier et à s'en inspirer pour créer une campagne de marque. Toutefois, malgré ces beaux succès, les ventes plafonnaient désespérément et le Service Goodwrench de GM a fini par sabrer dans ses budgets publicitaires. Avec raison. Croira-t-on que l'atteinte des objectifs de ventes ne faisait aucunement partie des indicateurs de performance utilisés pour évaluer la publicité et qu'il ne manquait pas de publicitaires pour approuver la sagesse de cette décision ? Ne voulant pas renoncer à l'idée fondatrice de la publicité (à l'effet qu'elle peut être un puissant stimulant pour la croissance des ventes), j'ai entrepris, avec mes clients, de revoir la planification stratégique de ce compte, depuis la compréhension du marché et des clientèles jusqu'à la plateforme créative, et ce, en examinant d'abord l'extraordinaire banque de données du Service Goodwrench de GM.

Je dois au pragmatisme de mes clients cette modeste épiphanie que l'étude d'une banque de données, quand elle est aussi riche que la leur, peut pousser le raisonnement marketing au-delà des limites fixées et défendues farouchement par les dogmes d'une industrie et par les objections intimidantes du gros bon sens. Grâce à elle, j'ai pu réfuter de nombreuses idées reçues sur le comportement des clients en matière d'entretien automobile. J'ai pu aussi modéliser la fuite de clientèle, modèle que l'analyse des offres de la compétition a ensuite confirmé. Mes clients et moi avons alors pu réaliser une refonte de la plateforme publicitaire et concevoir de nouveaux programmes de ventes et de nouvelles campagnes de communication multidisciplinaires. Cela a permis de freiner la fuite des ventes et de reconquérir les acheteurs les plus rentables, ceux-là même que toute l'expérience de l'industrie donnait pourtant comme définitivement perdus. C'est ainsi que le Service Goodwrench de GM a atteint et dépassé rapidement un objectif de ventes qu'il avait pourtant, de son propre aveu, fixé à un niveau jugé irréaliste mais propre à fouetter l'ardeur de ses troupes.

Les dysfonctions de l'analyse qualitative

L'analyse qualitative est connue des praticiens de la publicité par le pénible exercice de l'évaluation et de la sélection des concepts créatifs après l'examen des réactions des participants aux groupes de discussion. Si son maniement, apparemment plus flou et moins mathématique, séduit le publicitaire au premier abord, il devient à l'usage son outil le plus légitimement détesté ; les protocoles sont généralement déficients, les biais pullulent, les concepts sont présentés inégalement (et plusieurs demandent, pour être appréciés, des connaissances pointues en réalisation), les objectifs et les limites interprétatives sont peu, mal ou pas définies, le client est rarement entraîné à pondérer ce qu'il va entendre et il se contente d'un rapport verbal fait à chaud et

en moins d'une heure avant de quitter la salle d'observation après la dernière séance. En général, la méthode est demeurée inchangée depuis plus de trente ans et les vices méthodologiques sont si patents et si bien documentés que même les firmes qui s'y livrent admettront, confidentiellement, qu'on ne devrait peut-être plus la pratiquer ainsi. Une des preuves en a été donnée quand un de mes clients a fait *post-tester* les meilleures campagnes de sa catégorie par des groupes de discussion : elles ont toutes été rejetées par l'analyse qualitative !

On aurait pourtant tort de croire qu'il faut jeter le bébé avec l'eau du bain. Dans l'État de Victoria, en Australie, l'agence Grey a créé, tout au long des années 1990, une série de messages contre l'alcool au volant dont l'efficacité a été mondialement reconnue tant sur le plan créatif que sur celui des données probantes. On sait que l'inefficacité classique de ce type de message tient souvent à la difficulté pour les cibles de se reconnaître dans les comportements déviants qu'ils mettent en scène. C'est pourquoi l'agence Grey a relevé le défi de créer dans ce créneau des publicités efficaces et, pour résoudre le problème, a institué la dictature du groupe de discussion, dont elle a revu plusieurs méthodes au passage. Aucun concept n'a été tourné avant d'obtenir l'adhésion unanime et inconditionnelle de tous les membres de tous les groupes de discussion. Avec les résultats que j'ai mentionnés.

La nécessité d'une révolution des pratiques et des outils

Le fait qu'on consacre plus de temps à la collecte des données qu'à l'élaboration des questionnaires et à l'interprétation des résultats témoigne de la dégradation de l'analyse, dans l'industrie publicitaire, en un service standardisé, mal différencié et soumis à une guerre de prix, comme il arrive classiquement à un produit de fin de cycle. Trop souvent, le sondeur établit son questionnaire sans bien comprendre les opérations de son client et la dynamique de son marché, présente des données sans normes ni indications des niveaux significatifs pour baliser l'interprétation et se lance dans des déductions hautement spéculatives et mal ancrées. Il s'autorise alors à faire des prescriptions publicitaires farfelues qui nuisent autant à sa crédibilité qu'à celle du publicitaire lui-même. Trop souvent encore, l'analyse qualitative souffre de biais méthodologiques et se dégrade en art de la conjecture. Et trop souvent, le publicitaire se désintéresse de ces techniques qui pourraient devenir le fer de lance de son mode de persuasion et servir à la revalorisation de sa profession.

Les deux exemples que j'ai cités, entre mille, servent à plaider pour la nécessité d'une révolution des pratiques de l'analyse des données en publicité, dont le premier pas se fera lorsque les analystes et les praticiens sauront se donner la main pour repenser les moyens de travailler ensemble. Ils y gagneront sur leurs collègues et leurs compétiteurs un avantage déterminant pour le bien de leurs clients, de leurs carrières et de leurs affaires.

Christian Desîlets
Professeur en publicité sociale au Département d'information et de communication de l'Université Laval

LA CONCEPTION ET LES NOTIONS CENTRALES D'UNE RECHERCHE QUANTITATIVE EN COMMUNICATION

OBJECTIFS DU CHAPITRE

- Se sensibiliser à la pertinence de la recherche quantitative en communication.
- Connaître les particularités et les notions centrales d'un processus de recherche quantitative.

Les méthodes quantitatives visent à « expliquer » un phénomène et reposent essentiellement, comme le qualificatif *quantitatives* l'indique, sur le dénombrement, sur la quantification, sur la mesure des concepts relatifs au phénomène à l'étude. Ainsi, un chercheur qui opterait pour une démarche quantitative dans le but de déterminer à quel point un magazine semble attrayant pour les lecteurs pourrait « compter » le nombre d'exemplaires vendus au cours d'une période déterminée. Plus ce nombre serait élevé, plus le chercheur conclurait que ce magazine est attrayant. Ce chercheur pourrait aussi procéder à un sondage des opinions de ses lecteurs en demandant à ces derniers d'évaluer, sur une échelle de 1 à 10, à quel point le magazine leur semble attrayant. Dans les deux cas (nombre d'exemplaires vendus ou sondage d'opinions), le chercheur explique un phénomène (l'attrait du magazine pour ses lecteurs) en s'appuyant sur une démarche de quantification précise.

Les méthodes quantitatives de recherche reposent sur une démarche de raisonnement déductif et ont pour objectif l'explication d'un phénomène. Par exemple, le point de départ d'une recherche quantitative s'appuie sur la structuration d'énoncés et de propositions générales qui seront vérifiés dans un contexte particulier. Ce type de raisonnement influence l'ensemble du processus de recherche quantitative qui s'ensuit : la formulation d'une hypothèse, l'opérationalisation des concepts, l'identification des variables à mesurer et le choix d'un échantillon.

Dans ce chapitre, ce sont les particularités du processus d'une recherche quantitative que nous examinerons dans un premier temps. Par la suite, nous préciserons les notions centrales de la recherche quantitative, telles que l'hypothèse, l'opérationalisation, les variables, les instruments de mesure et l'échantillonnage.

3.1 La conception d'une recherche quantitative

3.1.1 La situation de la recherche quantitative

Les chiffres quantifient et mesurent, alors que les mots donnent un sens à ces mêmes chiffres. Voilà de quelle façon nous pourrions distinguer le processus d'une recherche quantitative de celui d'une recherche qualitative. Par ailleurs, il est important de noter que, quoique chacun de ces processus possède ses caractéristiques propres, ces types de recherche se complètent davantage qu'ils ne s'opposent. C'est pour cette raison que certains chercheurs combinent les deux processus en optant pour une recherche mixte (voir le chapitre 2).

La recherche quantitative découle du **paradigme positiviste** selon lequel la connaissance s'acquiert par l'observation et la mesure systématique de la réalité. Les positivistes soutiennent que la réalité est objective, qu'elle existe en tant qu'entité à part entière et que la tâche du chercheur est de l'observer, de la saisir et de la mesurer. Pour ce faire, il s'agit de traduire cette réalité en la dénombrant, en la catégorisant et en la classifiant à l'aide d'indicateurs précis et concrets.

La recherche quantitative vise ainsi à déterminer la *quantité relative* d'éléments les uns par rapport aux autres (objets, individus, attitudes, etc.). Par comparaison, la recherche qualitative n'implique pas de processus de quantification et s'appuie plutôt sur des indicateurs non numériques (tels que des mots) pour saisir le sens des phénomènes à l'étude. Par exemple, lorsqu'un chercheur en arrive à la conclusion qu'une station de radio rejoint 75 % de l'ensemble des jeunes de 18 à 24 ans habitant dans une région géographique particulière, cette conclusion relève d'une démarche de recherche quantitative. Par contre, affirmer que cette même station vise un auditoire plutôt « jeune » résulte d'une démarche qualitative. De la même manière, conclure que 80 % des travailleurs d'une entreprise s'absentent régulièrement relève plutôt d'une démarche de recherche quantitative alors qu'affirmer que cette même entreprise rencontre un problème d'absentéisme sérieux repose sur une démarche de recherche qualitative.

C'est parce qu'elle s'appuie sur la mesure mathématique des phénomènes que l'approche quantitative permet de lire et d'interpréter ces derniers dans une perspective différente de l'approche qualitative. L'approche quantitative, en comparaison avec l'approche qualitative, permet d'obtenir une lecture plus précise, plus pointue des phénomènes à l'étude et aussi de recueillir beaucoup d'informations dans une période de temps relativement courte. Songeons par exemple aux nombreux sondages effectués pendant les campagnes électorales sur la tendance de vote des électeurs canadiens. Plusieurs milliers d'électeurs sont simultanément invités à indiquer leur intention de vote en identifiant, par exemple, leur candidat favori. Par contre, ces mêmes sondages ne permettent pas de comprendre pourquoi un électeur vote pour un candidat plutôt que pour un autre, non plus que le ou les processus sous-jacents à ce même vote. Ces questions relèvent plutôt d'une démarche de recherche qualitative, laquelle s'appuie, entre autres, sur des techniques telles que l'entrevue, l'observation ou le groupe de discussion (voir le chapitre 7). Le nombre de participants est parfois plus limité lorsqu'une recherche qualitative est menée mais, du même coup, celle-ci permet de capter la signification et la symbolique des phénomènes à l'étude, et ce, au-delà des chiffres.

Ouellet (1989 : 3) suggère que la recherche quantitative (tout comme les méthodes sur lesquelles elle repose) est particulièrement utile pour

- « substituer des données objectives à des impressions subjectives » (exemple : si on veut vérifier l'hypothèse selon laquelle les technologies de l'information et de la communication sont nécessairement génératrices de conflits en milieu de travail) ;

- « comparer des situations qui peuvent s'exprimer par des aspects objectifs » (exemple : si on veut comparer le taux de participation entre deux provinces canadiennes pendant une campagne électorale fédérale) ;

- « formuler de manière objective certains concepts » (exemple : si on veut connaître le degré de satisfaction des employés d'une organisation quant à la mise en place d'une nouvelle technologie) ;

- « généraliser statistiquement certains résultats » (exemple : dans le cas d'un sondage où on applique à toute une **population** des résultats observés à partir d'un **échantillon représentatif** de cette population).

L'approche quantitative et l'approche qualitative de recherche, rappelons-le, ne sont pas mutuellement exclusives. Malheureusement, elles sont souvent mises en opposition, alors qu'elles se complètent davantage qu'elles ne se distinguent : d'où l'utilité et la pertinence de la recherche mixte.

3.1.2 Le processus d'une recherche quantitative

Nous avons vu, au chapitre 2, chacune des étapes d'un processus de recherche scientifique, que celui-ci soit de type qualitatif ou quantitatif. Cependant, ce qui caractérise le processus quantitatif, c'est son caractère fixe, même rigide, procédant d'un raisonnement déductif. Par exemple, le chercheur, après avoir délimité une problématique de recherche et un cadre théorique découlant d'une question de recherche, énonce des hypothèses très précises, c'est-à-dire quantifiables et vérifiables, qui ne seront pas modifiées au cours du processus. Ainsi, même si la recherche quantitative comporte un certain caractère itératif (comme tout processus de recherche scientifique d'ailleurs), celui-ci ne se révèle qu'en fin de processus, et ce, contrairement à la recherche qualitative, laquelle garde une grande flexibilité tout au long du processus. Dans une démarche quantitative, le chercheur énonce des hypothèses, qui sont des éléments de réponses à des questions, et il en vérifie la plausibilité dans un cadre particulier, mais sans possibilité de reformuler ces réponses en cours de processus. En d'autres termes, la recherche quantitative s'appuie sur un plan précis et prédéterminé dont les éléments ne sont pas modifiés en cours de route. Ce n'est qu'à la toute fin du processus, alors que les hypothèses sont confirmées ou infirmées, que le chercheur est appelé, par exemple, à reformuler de nouvelles questions de recherche, une nouvelle problématique et de nouvelles hypothèses.

Le caractère rigoureux et systématique du processus de recherche quantitative amène le chercheur à prendre une décision (accepter ou rejeter une hypothèse) en minimisant le risque d'erreurs. En fait, cette démarche est analogue au processus décisionnel sur lequel nous nous appuyons dans la vie de tous les jours, à la différence majeure qu'au quotidien nos décisions ne reposent pas toujours sur une démarche très scientifique et objective... Le tableau 3.1 résume le processus d'une recherche quantitative.

TABLEAU 3.1	Le processus d'une recherche quantitative

- Formuler une question générale de recherche.
- Construire une problématique de recherche et délimiter un cadre théorique.
- Formuler une hypothèse.
- Choisir l'outil de collecte de données le plus approprié pour mettre à l'épreuve l'hypothèse (exemples : sondage, **analyse quantitative de contenu,** expérimentation, etc.).
- Concevoir des instruments de mesure des variables à l'étude, et ce, en fonction de la méthode choisie.
- Concevoir un plan d'échantillonnage.
- Procéder à la collecte des données quantitatives.
- Analyser et interpréter les données quantitatives en fonction de l'hypothèse de départ.
- Reformuler de nouvelles questions de recherche.

Il est important de noter le caractère fixe et statique de chacune de ces étapes du processus de recherche quantitatif : une fois l'**hypothèse de recherche** formulée, celle-ci ne change pas en cours de route, pas plus que la méthode et les instruments de mesure élaborés pour mettre à l'épreuve cette hypothèse. Par exemple, au moment de l'élaboration d'un sondage (voir le chapitre 4), les énoncés et les questions sont préalablement formulés et, par la suite, administrés aux participants de manière systématique. En d'autres termes, ces questions et ces énoncés, dès lors qu'ils sont formulés, ne changent pas au cours du processus de recherche.

Rappelons que cette rigueur, voire cette rigidité dans le déroulement d'une démarche de recherche quantitative découle d'un raisonnement de type déductif qui conduit le chercheur à progresser du général vers le particulier. Ce type de raisonnement se traduit d'ailleurs clairement dès les premières étapes d'une démarche quantitative, par exemple dans la formulation de l'hypothèse de recherche.

Afin de permettre au lecteur de bien saisir chacune des étapes d'une recherche quantitative, nous lui suggérons de se référer à l'exemple du chapitre 2, à la page 59.

3.2 Les notions centrales d'une recherche quantitative

3.2.1 L'hypothèse de recherche

L'hypothèse de recherche est une proposition ou une tentative de réponse provisoire à une question initiale. Dans la recherche quantitative, la formulation de l'hypothèse est grandement influencée par le raisonnement déductif – du général au particulier – dans lequel s'inscrit ce type de recherche. Par exemple, dans un premier temps, un chercheur énonce, de manière générale, l'existence d'une relation entre des événements : *« Si les étudiants font des efforts, alors ils réussiront leurs cours »*, *« Plus les citoyens canadiens lisent les quotidiens, plus ils sont engagés pendant une campagne électorale »*. Chacun de ces énoncés est général en ce sens qu'il englobe tous les étudiants et tous les citoyens canadiens. Dans un deuxième temps, le chercheur vérifiera la plausibilité des hypothèses avec des cas particuliers, et ce, au moyen de tests statistiques.

L'hypothèse bilatérale et l'hypothèse unilatérale

Dans le domaine des communications, on distingue généralement deux types d'hypothèses de recherche quantitative : celles énonçant des différences entre des événements ou des faits et celles énonçant des liens de concomitance entre des événements ou des faits. Pour distinguer ces deux types d'hypothèses, prenons l'exemple d'un chercheur qui étudie la communication non verbale chez les hommes et les femmes. L'hypothèse de recherche qui suit (notée H_1) énonce une « différence » entre les hommes et les femmes.

H$_1$: Il existe une différence entre les hommes et les femmes quant à la communication au moyen des expressions faciales. (**Hypothèse bilatérale**)

Par ailleurs, ce même chercheur pourrait préciser davantage son hypothèse quant à la nature de cette différence de la façon suivante :

H$_1$: Les femmes utilisent davantage les expressions faciales pour communiquer que les hommes. (**Hypothèse unilatérale**)

De la même manière, une hypothèse énonçant des liens de concomitance pourrait se traduire de la façon suivante :

H$_1$: Il existe un lien entre l'âge et le degré d'ouverture personnelle. (Hypothèse bilatérale)

Dans le cas où le chercheur dispose davantage d'informations empiriques basées sur des études antérieures, l'hypothèse pourrait alors prendre la forme suivante :

H$_1$: Plus l'âge augmente, plus le degré d'ouverture personnelle augmente. (Hypothèse unilatérale)

En plus de la distinction quant au contenu (différence ou lien de concomitance), l'hypothèse varie également en fonction du degré de précision. Ainsi, lorsque le chercheur n'est pas en mesure de préciser la nature de la différence ou du lien de concomitance, il énonce uniquement la différence ou le lien de concomitance (hypothèse bilatérale). C'est le cas de la première hypothèse énoncée plus haut : le chercheur postule tout simplement qu'une différence existe entre les hommes et les femmes quant à la communication au moyen des expressions faciales, sans préciser si ce sont les hommes qui communiquent davantage de cette façon ou les femmes. De la même manière, l'hypothèse bilatérale d'un lien de concomitance entre l'âge et le degré d'ouverture personnelle ne permet pas de préciser si plus on vieillit, plus le degré d'ouverture personnelle augmente ou vice-versa. En revanche, le degré de précision est plus élevé dans les deux hypothèses unilatérales : ce sont les femmes, plus que les hommes, qui utilisent les expressions faciales pour communiquer ; et non seulement il existerait un lien entre l'âge et le degré d'ouverture personnelle, mais ce lien serait positif (plus l'âge augmente, plus le degré d'ouverture personnelle augmente).

En résumé, l'hypothèse de recherche quantitative en communication vise le plus souvent à établir une différence ou un lien de concomitance entre des événements ou des faits ; en outre, le degré de précision relatif à cette différence ou à ce lien de concomitance varie en fonction de l'unilatéralité ou de la bilatéralité de l'hypothèse. Le type d'hypothèse énoncée de même que son degré de précision orientent le type de test statistique à utiliser pour mettre à l'épreuve cette même hypothèse (voir la section sur la statistique inférentielle au chapitre 5).

L'hypothèse nulle

L'hypothèse de recherche se présente toujours accompagnée de son contraire, l'**hypothèse nulle** (notée H_0). Celle-ci énonce soit l'absence de différences, soit l'absence de liens de concomitance. Ainsi, les hypothèses nulles correspondant aux hypothèses de recherche énoncées précédemment seraient les suivantes :

> H_1 : Il existe une différence entre les femmes et les hommes quant à la communication au moyen des expressions faciales.
>
> H_0 : Il n'y a pas de différences entre les hommes et les femmes quant à la communication au moyen des expressions faciales.
>
> H_1 : Il existe un lien entre l'âge et le degré d'ouverture personnelle.
>
> H_0 : Il n'y a pas de lien entre l'âge et le degré d'ouverture personnelle.

L'hypothèse nulle est centrale dans une démarche de recherche quantitative, puisque toute la logique du test statistique d'hypothèse s'appuie sur celle-ci. En effet, comme nous le verrons au chapitre 5, le chercheur doit confronter la plausibilité de l'hypothèse nulle à l'hypothèse de recherche.

3.2.2 L'opérationalisation

Une démarche de recherche quantitative s'appuie sur l'obtention d'indicateurs numériques afin de « mesurer » la réalité. C'est par le processus d'opérationalisation des concepts à l'étude qu'on peut obtenir ces indicateurs. Pour bien comprendre, supposons qu'un chercheur veuille vérifier l'hypothèse bilatérale suivante : *Le style de communication utilisé par les patients d'un hôpital est en lien avec le taux de guérison.* Il effectue sa recherche et tire ensuite les deux conclusions suivantes : 1) 35 % des 200 patients d'un hôpital utilisent un style de communication axé sur l'humour ; 2) ces mêmes patients affichent un taux de guérison deux fois plus élevé que les patients n'ayant pas recours à l'humour pour communiquer.

Comment le chercheur a-t-il pu parvenir à de telles conclusions « quantifiées » ? C'est qu'il a préalablement traduit les concepts de son hypothèse en termes observables, de façon à pouvoir ensuite les mesurer. Précisément, pour conclure que 35 % des patients utilisent un style de communication axé sur l'humour et que celui-ci est en lien avec un taux deux fois plus élevé de guérison, le chercheur doit *a priori* avoir effectué le travail suivant :

a) avoir élaboré une définition opérationnelle des concepts à l'étude, c'est-à-dire une définition en fonction de laquelle les caractéristiques concrètes des concepts *styles de communication* et *guérison* pourront être observées et mesurées ;

b) avoir construit, en fonction de cette définition, des instruments de mesure qui lui permettront ensuite de mettre à l'épreuve son hypothèse quant au lien entre les concepts *styles de communication* et *guérison*.

Ce processus d'opérationalisation des concepts est fondamental dans une recherche quantitative, car il influence toutes les étapes ultérieures du processus. Le chercheur doit donc y consacrer le temps et les efforts nécessaires et éviter de se précipiter dans une collecte de données inexacte et inadéquate... qui aboutira, forcément, à des résultats tout aussi inexacts.

Le processus d'opérationalisation traduit le passage d'un langage abstrait vers un langage concret, le passage d'un monde théorique à un monde empirique. Thiétart (2003 : 170) explique que ce passage « consiste pour le chercheur à opérer une traduction de la définition conceptuelle qu'il a adoptée (monde théorique) afin de repérer les éléments du monde empirique qui illustrent le plus finement possible cette définition ».

Posons maintenant l'hypothèse suivante : *Plus la violence verbale est présente dans les médias, plus le taux de criminalité urbaine augmente.* Pour mettre à l'épreuve cette hypothèse unilatérale, un chercheur ne peut se limiter à définir le concept *violence verbale* en termes abstraits, c'est-à-dire relativement à d'autres termes similaires (agressivité, colère, etc.). Cette définition abstraite ne sera en fait que l'étape préalable du processus d'opérationalisation. Ainsi, supposons qu'en fonction d'un cadre théorique particulier et après un travail de recension de la littérature, le chercheur définisse le concept *violence verbale* comme ce « qui se manifeste verbalement, de façon extrême, avec brutalité et agressivité ». Quoique cette définition soit fort utile, elle demeure dans les limites d'un langage abstrait en ce qu'elle ne permet pas d'observer ou de mesurer des indicateurs concrets de la violence. L'étape suivante consiste à opérationnaliser le concept *violence verbale,* c'est-à-dire à préciser les caractéristiques observables de ce concept. Ainsi, à partir de la définition abstraite énoncée (« ce qui se manifeste verbalement, de façon extrême, avec brutalité et agressivité »), l'opérationalisation du concept *violence verbale* pourrait se traduire par les indicateurs concrets suivants : le blasphème ; le haussement du ton de la voix, la menace ; etc. (voir la figure 3.1). Dans son analyse, le chercheur pourrait, par exemple, calculer la fréquence d'apparition de ces indicateurs dans les médias.

| FIGURE 3.1 | Le processus d'opérationalisation du concept *violence verbale* |

Définition conceptuelle de la violence verbale dans les médias :
«Ce qui se manifeste verbalement, de façon extrême, avec brutalité et agressivité»

Définition opérationnelle de la violence verbale dans les médias :
• Le blasphème
• Le haussement du ton de la voix
• La menace, etc.

Cet exercice d'opérationalisation doit être effectué sur chacun des concepts à l'étude dans l'hypothèse. Ainsi, dans notre exemple, le chercheur élaborera aussi une définition opérationnelle du concept *criminalité urbaine.*

3.2.3 La notion de variable

De façon générale, en recherche, la notion de variable réfère à tout concept dont les propriétés, les caractéristiques peuvent varier. La couleur des cheveux (blonds, bruns, noirs, etc.), les différents types de messages qu'une personne utilise pour communiquer (verbaux, non verbaux, etc.), son statut civil (mariée, célibataire, etc.) sont tous des exemples de variables. De manière plus spécifique, on distingue les **variables qualitatives** des **variables quantitatives.** Ces dernières feront l'objet d'une analyse détaillée dans ce chapitre. Les variables qualitatives reposent sur des catégories, des modalités, des qualités qui, initialement, ne s'expriment pas en termes de nombre ou de grandeur quantifiable. Le sexe et le type de profession exercée en sont des exemples.

En revanche, les variables quantitatives expriment une «grandeur quantifiable, c'est-à-dire une grandeur mesurable à l'aide d'une unité» (Martin, 2005 : 47). Par exemple, l'âge s'exprime en années ou en mois ; le revenu des Canadiens, en dollars ; le temps passé sur Internet, en heures ou en minutes, etc. Bref, comme le souligne Martin (2005 : 47), «une variable quantitative s'exprime à l'aide de nombres et ses diverses valeurs peuvent être numériquement comparées».

Le chercheur dont l'objectif est de mesurer des phénomènes quantifiables travaille principalement avec des variables quantitatives. Par contre, il est important de noter qu'il est possible d'assigner des nombres aux catégories d'une variable qualitative. Par exemple, la couleur des yeux pourrait correspondre aux catégories numériques suivantes : bleus = 1 ; verts = 2 ; bruns = 3, etc. Cependant, ces nombres n'ont aucune signification mathématique comme telle, en ce sens qu'ils n'expriment pas un ordre de grandeur particulier. Dans ce cas, pour le chercheur, il s'agit tout simplement de distinguer les catégories les unes des autres en leur assignant des nombres, et ce, pour permettre, ultérieurement, une analyse quantitative de ces variables. Dans les paragraphes qui suivent, nous distinguerons les différents types de variables quantitatives.

Les variables quantitatives discrète et continue

La **variable discrète** repose sur un nombre limité de valeurs numériques qui sont isolées les unes des autres. C'est le cas du nombre d'enfants dans une famille ou du nombre de magazines qu'une personne lit au cours d'une année. Par contre, la **variable continue** peut prendre un nombre infini de valeurs. L'âge en est l'exemple le plus typique : une personne de 24 ans a, en réalité, un âge compris entre 24 ans et 0 jour et entre 24 ans et 364 jours. Il y a donc une infinité de valeurs possibles dans cet intervalle.

Les variables quantitatives indépendante et dépendante

Les **variables** quantitatives **indépendante** et **dépendante** peuvent également être distinguées. La variable indépendante réfère à la variable que le chercheur observe ou manipule en ce sens qu'il peut lui imposer différentes valeurs numériques et en évaluer ensuite l'impact sur la seconde, la variable dépendante. Cette dernière n'est donc jamais manipulée par le chercheur mais strictement observée. De fait, la variable dépendante est précisément ce que le chercheur tente d'expliquer par l'influence de la variable indépendante.

Pour mieux comprendre cette distinction, prenons l'exemple d'un chercheur qui émet l'hypothèse suivante : *Plus un étudiant passe de temps (mesuré en termes d'heures et de minutes) à regarder la télévision, plus ses résultats scolaires sont faibles.* Dans ce cas, le chercheur s'intéresse à l'influence de la télévision (la variable indépendante) sur la performance scolaire (la variable dépendante). Pour vérifier son hypothèse, le chercheur pourrait constituer trois groupes d'étudiants qui regarderont la télévision au cours d'une semaine prédéterminée : le 1er groupe la regardera deux heures, le 2e, quatre heures et le 3e, six heures. Le chercheur évaluera ensuite si ces groupes sont différents quant aux résultats scolaires. Autre exemple : un chercheur émet l'hypothèse qu'un style de communication axé sur l'humour augmente les chances de guérison d'un patient ; dans ce cas, la variable indépendante est le style de communication et la variable dépendante, les chances de guérison. Ainsi, le chercheur veut vérifier si les chances de guérison dépendent (ce qui explique le terme *dépendante*) du style de communication.

Enfin, notons que ce qui permet de distinguer une variable dépendante d'une variable indépendante, c'est la façon dont l'hypothèse de recherche est formulée. Ainsi, une même variable peut être à la fois indépendante et dépendante. Nous illustrerons cette situation en regardant deux hypothèses. Prenons d'abord l'hypothèse suivante : *Le nombre d'heures quotidiennes passées devant la télévision explique les résultats scolaires d'un étudiant.* Dans cette hypothèse, la variable indépendante réfère au *nombre d'heures quotidiennes passées devant la télévision* alors que la variable dépendante renvoie aux *résultats scolaires.* Prenons maintenant cette hypothèse : *La langue maternelle utilisée à la maison détermine le nombre d'heures quotidiennes passées devant la télévision, lequel explique les résultats scolaires d'un étudiant.* Cette dernière hypothèse, illustrée à la figure 3.2, montre que, dans ce cas, la variable *nombre d'heures quotidiennes passées devant la télévision* est tout autant indépendante que dépendante.

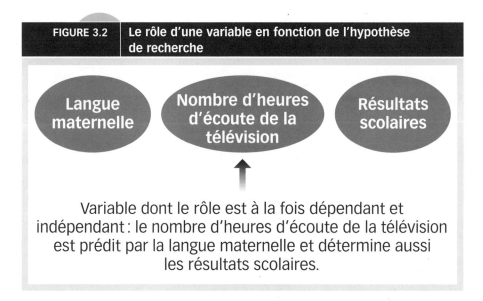

FIGURE 3.2	Le rôle d'une variable en fonction de l'hypothèse de recherche

Variable dont le rôle est à la fois dépendant et indépendant : le nombre d'heures d'écoute de la télévision est prédit par la langue maternelle et détermine aussi les résultats scolaires.

Les relations de causalité entre les variables

Lorsque le chercheur évalue les répercussions d'une variable indépendante sur une variable dépendante, il tente d'établir s'il existe une relation de cause à effet entre ces mêmes variables. Autrement dit, il tente de vérifier si les changements observés dans la variable dépendante s'expliquent par les changements observés dans la variable indépendante. Pour reprendre la dernière hypothèse formulée, la relation de causalité entre variable dépendante et variable indépendante pourrait se traduire comme suit : la diminution des résultats scolaires (variable dépendante) s'explique ou est causée par l'augmentation du nombre d'heures passées à regarder la télévision (variable indépendante).

Dans le langage quotidien, les personnes réfèrent souvent à des explications causales : « J'ai fait cela parce que... » ; « Si j'avais disposé de cette information, je n'aurais pas ... ». Cependant, dans le langage de la recherche, particulièrement celle ayant pour objet l'étude des humains, la notion de causalité est complexe et surtout difficile à démontrer. Cela s'explique par le fait qu'il est difficile de cerner « tous » les facteurs qui sont en lien avec les croyances, les attitudes et les comportements d'un individu et de déterminer ensuite lesquels, parmi ces facteurs, exercent un rôle causal. Par exemple, il est plausible de penser que le taux d'utilisation des TIC (variable indépendante) influence la façon dont les gens communiquent en mode oral (variable dépendante). Peut-on pour autant parler d'un lien de cause à effet entre ces deux variables ? Il serait difficile de le démontrer, puisque la façon de communiquer en mode oral est probablement influencée par bien d'autres facteurs que celui du taux d'utilisation des TIC.

Bouchard et Cyr (1998) rappellent les quatre conditions à satisfaire pour démontrer un lien de causalité entre deux variables :

- la 1re condition impose que la variable indépendante précède la variable dépendante ; en d'autres termes, que la cause précède l'effet ;
- la 2e condition réfère à la covariance entre variable indépendante et variable dépendante, précisément que la cause et l'effet varient de façon concomitante ;
- la 3e condition exige qu'un lien logique existe entre la cause et l'effet (exemple : il est logique de penser qu'une dynamique de discussion positive dans un groupe de travail est en lien avec un processus de prise de décision tout aussi positif, plutôt que de postuler que cette prise de décision est en lien avec le temps qu'il fait...) ;
- la 4e condition est de démontrer que les changements de la variable dépendante ne résultent que des changements se produisant dans la variable indépendante et d'aucune autre variable. Cela implique que le chercheur a éliminé ou, à tout le moins, a contrôlé toutes les sources d'influence possible sur la variable dépendante, excluant bien sûr la variable indépendante à l'étude. La tâche du chercheur est alors colossale ! C'est probablement la condition la plus exigeante.

De fait, mis à part l'expérimentation maximisant le contrôle sur les variables alternatives (voir le chapitre 4), rares sont les plans de recherche qui permettent d'établir des liens de causalité entre les variables. Le chercheur doit donc faire preuve de prudence quant à l'interprétation de ses résultats : il pourra souligner l'influence d'une variable indépendante sur une variable dépendante ou évoquer l'existence d'un lien, d'une relation entre ces mêmes variables, sans pour autant conclure à la causalité, à moins, bien sûr, d'avoir rempli les quatre conditions énoncées plus haut.

3.2.4 Les instruments de mesure

Pour mesurer les variables qu'il souhaite étudier, le chercheur devra s'appuyer sur des instruments tels que des échelles. Les échelles de mesure sont des outils qui permettent d'organiser et d'ordonner les valeurs relatives à une variable quantitative, et ce, en fonction de règles précises (Williams, 1986). On distingue quatre types d'échelles de mesure : **nominale, ordinale, par intervalles** et **de rapports.** Chaque type représente différentes façons d'organiser les valeurs relatives à une variable, et cela, avec un degré de précision croissant, de l'échelle nominale à l'échelle de rapports.

Le choix de l'une ou l'autre des échelles dépend du type de variable à l'étude (exemple : discrète ou continue) ainsi que de l'objectif de la recherche (exemple : s'agit-il tout simplement de distinguer les différentes valeurs d'une variable ou plutôt d'ordonner ces mêmes valeurs le long d'un continuum ?). Ainsi, la variable *appartenance sexuelle* inclut les valeurs possibles suivantes : 1 = femme et 2 = homme. Cependant, les nombres 1 et 2 n'ont pour seule fonction que celle de distinguer les catégories sans pour autant traduire un ordre de grandeur précis. L'échelle de type nominal serait, dans ce cas, la plus adéquate. Par ailleurs, si l'objectif de la recherche est d'évaluer le revenu annuel moyen (variable continue) d'un groupe de travailleurs, l'ordre de grandeur des valeurs revêt alors une signification particulière : la valeur 1 pourrait traduire un revenu annuel moyen s'échelonnant de 21 000 $ à 30 000 $ alors que la valeur 2 référerait à un revenu annuel moyen de 31 000 $ à 40 000 $, et ainsi de suite. Dans ce cas, une échelle de type ordinal serait beaucoup plus utile. Dans les paragraphes qui suivent, nous définirons en détail chacune de ces échelles ainsi que leurs propriétés.

L'échelle de mesure nominale

L'échelle de mesure nominale fournit peu d'information quand on la compare aux autres types d'échelles. Elle permet simplement d'organiser les valeurs d'une variable en fonction de différentes catégories numériques. Rappelons-nous cependant que ces catégories, même si elles sont numériques, n'ont aucune signification mathématique comme telle, en ce sens qu'elles ne font pas référence à un ordre de grandeur quelconque ; il s'agit simplement d'un système permettant de distinguer les catégories les unes des autres. Conséquemment, aucune opération mathématique ne peut être effectuée sur ces nombres. Par exemple, une recherche dont l'objectif est simplement de catégoriser les participants en fonction du type de lecture qu'ils préfèrent pourrait reposer sur l'échelle nominale suivante : 1 = romans ; 2 = **biographies** ; 3 = essais, etc. Les catégories 1, 2 et 3 délimitent le type de lecture préférée sans pour autant sous-entendre que les essais ont une plus grande valeur littéraire que les biographies et les romans.

Les catégories de l'échelle de mesure nominale, tout comme celles de tous les types d'échelles d'ailleurs, possèdent trois propriétés :

1) elles sont équivalentes, c'est-à-dire qu'elles sont comparables les unes aux autres. Par exemple, si on veut distinguer des participants selon leur « âge », leurs catégories relatives doivent être similaires (à savoir que l'âge est catégorisé soit en nombre d'années, soit en nombre de mois, soit en nombre de jours) ;

2) elles sont mutuellement exclusives. Ainsi, les catégories « homme » et « femme » relatives à la variable *appartenance sexuelle* sont mutuellement exclusives : il n'y a pas de recoupement entre elles puisqu'une personne ne peut simultanément appartenir à l'une *et* à l'autre ;

3) enfin, les catégories sont exhaustives, c'est-à-dire qu'elles englobent toutes les options possibles. Ainsi, les catégories relatives à l'âge doivent inclure tous les intervalles d'âge possibles (exemples : 21-30 ; 31-40 ; 41-50, etc.), et ce, en fonction de l'échantillon ciblé.

L'échelle de mesure ordinale

L'échelle de mesure ordinale permet aussi de distinguer les catégories les unes des autres, mais elle offre un degré de précision plus élevé que celui de l'échelle nominale : elle traduit, le long d'un continuum, un ordre de grandeur significatif entre ces catégories. Par exemple, supposons que, dans une salle de nouvelles, le poste de directeur des programmes soit de niveau plus élevé que celui du poste de journaliste et que ce dernier soit, à son tour, de niveau plus élevé que le poste de secrétaire. Dans ce cas, la catégorie 1, liée au poste de directeur, est quantitativement différente des catégories 2 et 3, respectivement liées aux postes de journaliste et de secrétaire. L'échelle de mesure ordinale indique un ordre ou une hiérarchie dans le classement, mais elle ne nous indique pas que la différence de niveau entre le poste de directeur et le poste de journaliste est équivalente à la différence de niveau entre le poste de journaliste et celui de secrétaire. Cette information découle plutôt de l'échelle de mesure par intervalles.

L'échelle de mesure par intervalles

Tout comme l'échelle de mesure ordinale, l'échelle de mesure par intervalles permet de distinguer et d'ordonner des catégories le long d'un continuum. Cependant, elle offre un degré de précision plus élevé en ce que la différence entre chacune des catégories (en l'occurrence les intervalles) est mathématiquement équivalente. Les échelles de température Celsius et Fahrenheit sont de bons exemples de mesure par intervalles, puisque l'écart entre 30 et 40 degrés est exactement le même qu'entre 50 et 60 degrés. Conséquemment, ces intervalles peuvent être comparés et manipulés mathématiquement. Par contre, le zéro absolu, le vrai point zéro n'existe pas dans l'échelle de mesure par intervalles. En d'autres termes, il n'y a pas de point sur le continuum de l'échelle où rien n'existe, où rien ne se produit. Ainsi, une température de zéro Celsius ne signifie pas l'absence de température. De la même façon, on ne peut concevoir que l'intelligence, la personnalité, les croyances et les opinions d'un individu se situent au point zéro, en terme absolu. Cette absence d'un vrai point zéro a pour conséquence que l'échelle de mesure par intervalles ne permet pas de parler de rapports. Une température de 20° degrés n'est pas deux fois plus élevée qu'une température de 10° degrés, tout comme un score d'intelligence de 60 sur 100 n'est pas trois fois plus élevé qu'un score de 20 sur 100.

L'échelle de mesure par intervalles de type Likert

Des échelles de mesure par intervalles spécifiques ont été conçues pour mesurer des concepts complexes et multidimensionnels, tels les sentiments, les croyances, les valeurs, les opinions ou les attitudes d'une personne. Ainsi, l'échelle de type Likert (voir le tableau 3.2), développée dans les années 1930 par le psychologue Rensis Likert, vise à évaluer, par exemple, jusqu'à quel point une personne est « tout à fait en accord », « en accord », « ni en accord, ni en désaccord », « en désaccord » ou « tout à fait en désaccord » avec une série d'énoncés. Le nombre de catégories du continuum de l'échelle (comme leur appellation d'ailleurs) peut varier en fonction des objectifs de recherche et du type de questions posées. Prenons l'exemple d'un chercheur qui s'intéresse au degré de satisfaction qu'un employé éprouve au regard du type de communication utilisé par son superviseur. Dans ce cas, les cinq catégories de l'échelle pourraient être les suivantes : 1 = très satisfait ; 2 = satisfait ; 3 = ni satisfait, ni insatisfait ; 4 = insatisfait ; 5 = très insatisfait. Dans cet exemple, le lecteur remarquera que l'échelle de Likert contient une catégorie neutre (3), puisqu'il est possible qu'une personne n'éprouve ni satisfaction ni insatisfaction ou encore qu'elle soit confuse par rapport à ses sentiments. Cependant, l'inclusion d'un point neutre risque de faire augmenter le taux de réponses neutres, ce qui peut réduire considérablement le degré de précision quant à l'information récoltée. Pour éviter ce genre de situation, certains chercheurs omettent simplement d'inclure un point neutre (exemples : 1 = tout à fait en désaccord ; 2 = en désaccord ; 3 = légèrement en désaccord ; 4 = légèrement en accord ; 5 = en accord ; 6 = tout à fait en accord), imposant ainsi au participant de se situer par rapport à ses sentiments, ses valeurs, ses attitudes, etc.

TABLEAU 3.2	L'échelle par intervalles de type Likert

Directives : En utilisant l'échelle ci-dessous, nous vous demandons d'indiquer jusqu'à quel point vous êtes en accord ou en désaccord avec les énoncés qui suivent. Inscrivez votre réponse de 1 à 5 dans l'espace réservé à cet effet.

Tout à fait en accord	En accord	Ni en accord ni en désaccord	En désaccord	Tout à fait en désaccord
1	2	3	4	5

1. Le gouvernement devrait légiférer l'accès aux contenus des sites Internet à caractère haineux. _____

2. La propagande haineuse sur Internet incite aux comportements violents. _____

L'échelle de mesure par intervalles de type différentiel sémantique

Dans le langage de tous les jours, nous utilisons fréquemment des qualificatifs pour exprimer ce que nous éprouvons à l'égard d'un produit publicitaire, d'une personne, d'un concept, d'une idée, etc. Nous dirons de tel politicien qu'il est un bon plutôt qu'un mauvais orateur, qu'il est progressiste plutôt que conservateur ou encore que tel ami révèle une personnalité extravertie plutôt qu'introvertie. De fait, les gens communiquent souvent en utilisant des qualificatifs opposés les uns aux autres. C'est cette logique de bipolarité qui a guidé, dans les années 1950, la construction des échelles de mesure par intervalles de type différentiel **sémantique.** Celles-ci, tout comme les échelles de type Likert, permettent de mesurer des concepts complexes et abstraits, tels que les attitudes, les croyances, les sentiments ou les valeurs d'une personne, mais en utilisant un pairage d'adjectifs opposés. Ces adjectifs s'échelonnent aux extrêmes d'un continuum (voir le tableau 3.3).

TABLEAU 3.3	L'échelle par intervalles de type différentiel sémantique

Directives : Indiquez la façon dont vous décririez les référents ci-dessous en inscrivant un « X » à chacun des énoncés.

Musique classique

| Agréable | ____ : ____ : ____ : ____ : ____ : ____ : ____ : ____ | Désagréable |
| Calme | ____ : ____ : ____ : ____ : ____ : ____ : ____ : ____ | Bruyante |

Musique rock

| Agréable | ____ : ____ : ____ : ____ : ____ : ____ : ____ : ____ | Désagréable |
| Calme | ____ : ____ : ____ : ____ : ____ : ____ : ____ : ____ | Bruyante |

D'autres échelles, telles celles de Guttman et de Thurstone, visent aussi à mesurer des variables complexes et multidimensionnelles. L'objectif de ce chapitre n'est cependant pas de les recenser en détail ni d'en expliquer leur construction (pour plus de détails à ce sujet, voir les références à la page 88).

L'échelle de mesure de rapports

Le degré de précision de l'échelle de mesure de rapports est plus élevé que les échelles par intervalles, ordinale et nominale. En effet, non seulement les intervalles des catégories numériques sont équivalents, mais l'échelle de mesure de rapports inclut un vrai point zéro et permet ainsi de parler de rapports entre les intervalles. Par exemple, nous pouvons affirmer, avec une échelle de mesure de rapports, qu'une vitesse de 100 km/h est bel et bien deux fois plus élevée qu'une vitesse de 50 km/h. Les échelles de poids ou de mesure de la masse sont d'autres exemples d'échelles de mesure de rapports. En communication, un chercheur pourrait utiliser une échelle de mesure de rapports afin d'évaluer, par exemple, le nombre d'heures passées sur Internet. Notons cependant que les échelles de rapports sont davantage utilisées dans le domaine des sciences de la nature que dans celui des sciences sociales.

En résumé, l'échelle de mesure nominale vise simplement à distinguer les catégories relatives à une variable alors que l'échelle de mesure ordinale permet d'établir un ordre de grandeur entre ces mêmes catégories. Dans l'échelle de mesure par intervalles, la différence entre chacune des catégories est équivalente. Enfin, l'échelle de mesure de rapports intègre chacune des caractéristiques précédentes en y ajoutant celle d'un zéro absolu. Les exemples du tableau 3.4 illustrent les quatre types d'échelles.

TABLEAU 3.4	L'illustration des quatre types d'échelles de mesure						
Échelle de mesure nominale : appartenance sexuelle	1 = homme 2 = femme						
Échelle de mesure ordinale : les catégories de postes (en fonction du salaire) dans une entreprise	1 = secrétaire 2 = directeur 3 = directeur général						
Échelle de mesure par intervalles : la température en Celsius	−15°	−10°	−5°	0°	5°	10°	15°
Échelle de mesure de rapports : la vitesse	0 km/h	20 km/h	30 km/h	40 km/h	50 km/h		

3.2.5 La fidélité et la validité des instruments de mesure

Quel que soit le type d'échelle utilisée et les énoncés qui l'accompagnent, le chercheur doit s'assurer que l'ensemble de son instrument de mesure répond à deux critères essentiels : la validité et la fidélité. De façon générale, la **validité d'un instrument de mesure** soulève la question suivante : Cet instrument permet-il de mesurer véritablement ce qui doit être mesuré ? Alors que la **fidélité d'un instrument de mesure** repose sur la question suivante : Cet instrument génère-t-il des résultats constants d'une mesure à l'autre ? Par exemple, une échelle de mesure du poids indiquant constamment, c'est-à-dire à chaque mesure, un surplus de 10 kilos est une mesure fidèle, car elle génère des résultats stables et constants. Par ailleurs, ce n'est certainement pas une mesure valide. En effet, il ne faudrait pas vous y fier pour composer votre garde-robe ! De la même façon, une échelle mesurant les aptitudes à communiquer devant un auditoire est un instrument fidèle si elle génère des résultats stables à chaque mesure, mais elle n'est pas pour autant valide si l'objectif du chercheur est de mesurer l'intelligence! De fait, la fidélité est une condition préalable, mais non suffisante, à la validité d'un instrument de mesure. En effet, à quoi bon s'assurer qu'un instrument capte bien les attributs d'une variable si les résultats qu'il génère fluctuent constamment d'une mesure à l'autre!

La fidélité des instruments de mesure

Un ami fidèle est un ami sur qui on peut compter, un ami dont les comportements à notre égard sont relativement stables et prévisibles. Par exemple, si celui-ci vous donne rendez-vous à telle heure, tel jour et à tel endroit, vous assumez que ce rendez-vous aura lieu tel que prévu... à quelques différences près (comme quelques minutes de retard à cause de la circulation). Cette stabilité et cette constance dans les résultats escomptés sont également ce que vise le chercheur quant aux instruments de mesure qu'il utilise. Ainsi, un instrument de mesure portant sur la qualité de communication entre employeurs et employés est fidèle s'il génère des résultats similaires d'une mesure à l'autre, auprès du même groupe d'employeurs ou d'employés. Remarquons cependant que la variable *qualité de communication* est une variable complexe et, comme c'est le cas pour plusieurs variables dans le domaine de la communication, et plus généralement en sciences humaines et sociales, il est difficile, sinon impossible d'en développer une mesure d'une parfaite fidélité. Néanmoins, quelles que soient les variables à l'étude, un chercheur doit aspirer à utiliser (voire à développer) des instruments qui soient le plus fidèles possible quant à la mesure de ces variables, cela afin de ne pas mettre en péril la qualité et la justesse de l'ensemble du processus de recherche.

La fidélité d'un instrument de mesure est quantifiable au moyen d'un indice, c'est-à-dire un coefficient. La valeur d'un **coefficient de fidélité** varie de 0 à 1 (ou de 0 % à 100 %): plus sa valeur est élevée, c'est-à-dire que celle-ci se rapproche de la valeur 1, plus la mesure est fidèle. L'objectif d'un chercheur est bien sûr de maximiser la fidélité d'un instrument de mesure et, du même coup, de maximiser la valeur du coefficient. De manière générale, un coefficient de 0,70 (ou 70 %) et plus s'avère acceptable. En d'autres termes, dans l'exemple précédent, un coefficient de 0,70 indique que, lorsqu'une personne répond à dix reprises à l'échelle de «qualité de communication» et obtient des résultats similaires à sept reprises, on peut en conclure qu'il s'agit là d'un instrument de mesure dont le niveau de fidélité est acceptable.

Plusieurs techniques servent à évaluer la stabilité et la constance des résultats d'un instrument de mesure exprimées au moyen du coefficient de fidélité. Parmi celles-ci, nous retenons la technique test-retest et le calcul de la cohérence interne.

Avec la technique test-retest, un chercheur administre le même instrument aux mêmes participants à deux (ou plusieurs) moments différents; s'il obtient des résultats similaires d'une administration à une autre, du même coup, le coefficient de fidélité sera élevé. Par contre, même si ce coefficient est faible (exemple : 0,48 par rapport à 1), le chercheur ne peut pas systématiquement conclure que son instrument de mesure n'est pas fidèle. Le délai entre les deux moments de l'administration peut, en effet, avoir influencé les résultats. Ainsi, un long délai entre deux passations introduit la possibilité que des événements aléatoires, c'est-à-dire des événements que le chercheur ne peut contrôler, aient fait fluctuer les résultats d'une passation à une autre. Prenons l'exemple d'un chercheur qui veut évaluer jusqu'à quel point un groupe de personnes préfère voir des films tristes plutôt que des comédies. Il rédige une série d'énoncés et de questions et il demande aux participants, à deux moments différents, d'indiquer dans quelle mesure ils sont en accord ou en désaccord avec ces énoncés en se servant d'une échelle par intervalles de type Likert. Si le délai entre les deux moments où il administre son instrument est très long (exemple : six mois), il est fort possible qu'au cours de ce délai des événements aléatoires se soient produits dans la vie des participants et aient influencé les résultats lors de la deuxième passation. Ainsi, des événements tristes se produisant dans l'intervalle des deux passations (comme un chagrin amoureux, la perte d'un être cher, etc.) risquent fort de générer des résultats très différents au moment de la deuxième passation, sans que la fidélité de l'instrument de mesure soit remise en cause pour autant. Pour éviter ce genre de fluctuations aléatoires, Wimmer et Dominick (2006) suggèrent qu'il y ait un délai maximal d'un mois entre deux passations d'un instrument de mesure.

Administrer un instrument de mesure à deux ou à plusieurs reprises n'est pas toujours possible et, comme nous venons de le voir, le délai entre les passations risque d'influencer la stabilité des résultats. Afin de contrer en partie ce problème, le chercheur peut alors choisir une autre technique en procédant, par exemple, au calcul du coefficient de fidélité de cohérence interne de l'instrument de mesure. Ce coefficient reflète jusqu'à quel point les questions ou les énoncés relatifs à une échelle sont semblables les uns aux autres. En principe, ces énoncés devraient tous mesurer la même variable et, si tel est le cas, la réponse des participants à un énoncé devrait permettre de prédire sa réponse à un autre énoncé de l'échelle. Plus cette prédiction est exacte, plus la valeur du coefficient de fidélité est élevée.

Nous présenterons deux techniques pour déterminer la cohérence interne d'un instrument de mesure : la **méthode des moitiés** et l'**alpha de Cronbach.** Dans le cas de la méthode des moitiés, le nombre total des énoncés relatifs à une échelle est divisé de manière aléatoire en deux parties à peu près équivalentes et le chercheur évalue ensuite (au moyen du coefficient de fidélité) s'il existe une correspondance mathématique entre l'ensemble des réponses de la première et de la seconde partie. Plus la correspondance est élevée, plus la valeur du coefficient de fidélité se rapproche de 1.

Prenons l'exemple d'une échelle visant à mesurer le degré d'anxiété de communication en public et incluant dix énoncés. Si le degré de correspondance mathématique (en termes de valeurs numériques) entre l'ensemble des réponses à cinq des énoncés de l'échelle (choisis aléatoirement) et l'ensemble des réponses aux cinq autres énoncés (également choisis de manière aléatoire) est élevé (exemple : 0,80 par rapport à 1), on peut en conclure que l'échelle affiche un degré de cohérence interne satisfaisant. En d'autres termes, on peut affirmer que les énoncés de l'échelle mesurent véritablement et uniquement le concept *anxiété de communication en public*. La méthode des moitiés comporte cependant certains désavantages, notamment lorsque les réponses à la deuxième partie d'énoncés sont influencées par celles de la première partie.

Une autre technique très utilisée pour mesurer la cohérence interne d'un instrument de mesure et qui pallie la faiblesse de la méthode des moitiés est celle de l'alpha de Cronbach. Ce coefficient de fidélité reflète jusqu'à quel point chaque énoncé d'un instrument de mesure (et non plus seulement deux ensembles d'énoncés) est en lien l'un avec l'autre. Comme pour tout coefficient de fidélité, sa valeur peut varier entre 0 et 1. Plus cette valeur se rapproche de 1, plus l'instrument de mesure reflète un degré élevé de fidélité, en ce sens qu'il existe une correspondance, un lien de concomitance entre chacun des énoncés de l'instrument de mesure. Par conséquent, le chercheur peut en déduire que ces énoncés évaluent tous le même concept.

La validité des instruments de mesure

Contrairement à la fidélité, la validité d'un instrument de mesure ne se rattache pas toujours à une valeur numérique. Rappelons-le, la validité sous-tend la question suivante : L'instrument mesure-t-il ce qu'il est censé mesurer ? En d'autres mots, l'instrument mesure-t-il adéquatement et uniquement la variable à laquelle s'intéresse le chercheur ? Par exemple, une échelle composée d'énoncés mesurant la perception de qualité de la communication ne sera pas nécessairement valide pour mesurer la perception de satisfaction par rapport à la communication, quoique ces deux concepts puissent être reliés.

La validité d'un instrument de mesure peut être évaluée, entre autres, en termes de **validité de contenu, de critère** et **de concept.** La validité de contenu sert de base aux questions suivantes : Les énoncés de l'échelle sont-ils représentatifs de la variable que le chercheur veut mesurer ? Ces énoncés reflètent-ils adéquatement l'ensemble des facettes de cette variable tout en excluant des facettes d'autres variables ? Autrement dit, ces énoncés sont-ils pertinents et inclusifs tout en étant spécifiques à la variable ciblée ? Ainsi, une échelle mesurant la satisfaction du patient quant à la communication avec son médecin doit inclure un ensemble d'énoncés qui englobent toutes les facettes de la variable *satisfaction* mais qui sont aussi uniquement centrés sur cette dernière et non pas, par exemple, sur la personnalité du patient ou du médecin.

L'instrument de mesure permet-il de prédire les résultats qui seront obtenus à l'aide d'une autre mesure utilisée comme critère ? Cette question a trait à la validité de critère. Ce critère peut ou non avoir une valeur prédictive. Par exemple, on pourrait prédire que les étudiants qui obtiennent un score très élevé à une échelle mesurant l'anxiété de communication en public seront également ceux qui afficheront une plus grande nervosité durant les exposés oraux en classe. S'il existe un lien entre ces deux éléments, c'est que l'échelle affiche une bonne validité prédictive, en fonction du critère *nervosité durant les exposés oraux en classe*. Le lecteur notera que le critère de prédiction utilisé doit forcément refléter les dimensions de la variable que le chercheur désire initialement mesurer (dans l'exemple précédent, le critère *nervosité durant les exposés oraux en classe* témoigne de l'anxiété de communication en public).

Par ailleurs, un chercheur peut aussi référer à un critère de validité qui soit non pas prédictif, mais déjà existant. C'est le cas lorsque ce critère est un instrument de mesure déjà validé. Supposons qu'un chercheur développe une échelle comportant cinq énoncés évaluant l'anxiété de communication en public. Il compare ensuite les résultats obtenus à partir de son échelle avec ceux d'une autre échelle d'anxiété de communication en public déjà validée. Si les résultats des deux échelles sont similaires, le chercheur pourra en conclure que son instrument est valide par rapport au critère de comparaison utilisé.

Enfin, la validité de concept sous-tend la question suivante : Jusqu'à quel point l'instrument de mesure reflète-t-il le modèle théorique sous-jacent à sa construction ? Tout instrument repose en effet sur une théorie ou un modèle abstrait de la réalité : les énoncés de l'instrument de mesure traduisent-ils adéquatement ce modèle théorique et non un autre modèle ? Dans l'affirmative, le chercheur peut conclure que son instrument de mesure est valide en termes de concept. Une des méthodes de validation de concept consiste à comparer les résultats d'un instrument de mesure avec ce que soutiennent les experts du modèle théorique sous-jacent à cet instrument.

La validité et la fidélité des instruments de mesure sont des éléments essentiels à la qualité de toute démarche de recherche quantitative. Le chercheur doit en effet s'efforcer de maximiser l'exactitude et la stabilité des résultats, tout en sachant qu'il est impossible d'obtenir une note parfaite à cet égard, particulièrement lorsqu'il mesure des variables telles que les attitudes, les croyances, les valeurs. Néanmoins, le chercheur doit faire l'effort d'utiliser et, dans certains cas, de développer des instruments de mesure qui soient fidèles *et* valides. Enfin, notons que la fidélité et la validité d'une recherche quantitative ne sont pas seulement tributaires des instruments de mesure utilisés. La façon dont les participants ou les éléments d'une étude sont choisis est aussi un facteur qui influence grandement la validité et la fidélité d'une recherche. C'est ce dont nous discuterons dans les prochains paragraphes.

3.2.6 **La représentativité de l'échantillon**

Pour mettre à l'épreuve son hypothèse, le chercheur a rarement accès à une liste complète de tous les individus ou éléments d'une population. Celle-ci se définit comme un ensemble d'individus ou d'éléments qui ont des caractéristiques communes et auxquels s'intéresse un chercheur. Le chercheur a plutôt accès à une partie de cette population, à moins qu'il ne s'agisse d'un recensement au cours duquel tous les éléments d'une population sont étudiés. Ainsi, l'ensemble des étudiants en communication d'une université pourrait constituer une population à laquelle s'intéresse un chercheur alors qu'un certain pourcentage (exemple : 30 %) d'étudiants en communication de cette même université serait son échantillon. Ce dernier se définit comme un ensemble de cas ou d'éléments choisis à partir d'un ensemble plus large, la population. En d'autres termes, tel qu'il est illustré à la figure 3.3, l'échantillon est tout simplement un sous-groupe, un « morceau » de population, voire une mini population.

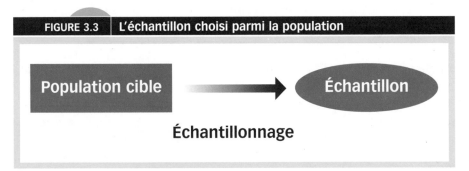

| FIGURE 3.3 | L'échantillon choisi parmi la population |

L'élément central à retenir quant au choix d'un échantillon est le suivant : si les caractéristiques d'un échantillon reflètent adéquatement les caractéristiques (aussi appelées paramètres) de la population à laquelle il appartient, les résultats obtenus à partir de l'échantillon pourront être généralisés à l'ensemble de cette population. En d'autres termes, la généralisation des résultats d'un échantillon à la population n'est possible que si et seulement si cet échantillon est représentatif de la population.

Un échantillon représentatif possède la même structure que la population cible. Supposons l'exemple d'une directrice des communications au sein de la Fonction publique du Canada qui souhaite connaître les habitudes des citoyens canadiens quant à la fréquence d'utilisation d'Internet. Pour que son échantillon soit représentatif, il devra refléter adéquatement les caractéristiques de la population canadienne en termes d'âge, d'origine ethnique, de sexe, etc. Autrement, s'il n'y a pas de similarité entre les caractéristiques de la population canadienne et les caractéristiques de l'échantillon étudié, les résultats obtenus ne pourront être généralisés à l'ensemble de la population canadienne.

Dans une démarche de recherche quantitative, la généralisation des résultats de l'échantillon à la population est bien souvent un objectif clé. Pour bien saisir l'importance de cet objectif, rappelons au lecteur le raisonnement déductif qui guide la recherche quantitative : dans un premier temps, le chercheur énonce une hypothèse générale relative aux paramètres d'une population et, dans un deuxième temps, il vérifie l'exactitude de cette hypothèse auprès d'un échantillon de cette même population. Cependant, cette vérification n'est possible et plausible que si l'échantillon est représentatif de la population. Dans ce cas, le chercheur réduit l'**erreur d'échantillonnage.** Cette dernière traduit dans quelle mesure les caractéristiques de l'échantillon sont différentes de celles de la population. En résumé, *représentativité de l'échantillon* et *généralisation des résultats à la population* sont des concepts indissociables dans une démarche de recherche quantitative.

Comment obtenir un échantillon représentatif de la population ? Le meilleur moyen consiste à choisir cet échantillon de manière aléatoire, c'est-à-dire au hasard, au moyen de **plans d'échantillonnage probabiliste.** Cependant, il est important de noter que la représentativité d'un échantillon n'est pas toujours possible ni essentielle. Elle n'est pas possible si le chercheur qui effectue une recherche quantitative ne dispose pas des éléments nécessaires à la mise en place d'un échantillon représentatif, faute de temps et de ressources, par exemple. Ainsi, le chercheur pourrait ne pas être en mesure d'avoir une liste de tous les éléments de la population à l'étude. La représentativité n'est pas essentielle dans le cas de la recherche qualitative, car ce type de recherche n'a pas pour objectif de généraliser des résultats à l'ensemble d'une population. Dans ces deux cas, le chercheur optera alors pour la mise en place de **plans d'échantillonnage non probabiliste.**

3.2.7 Les plans d'échantillonnage probabiliste

Pour mettre en place des plans d'échantillonnage probabiliste, le chercheur prélève un échantillon selon une démarche aléatoire. Cette démarche implique que chacun des éléments de la population cible a, au départ, une probabilité égale (et donc connue) d'être sélectionné. Par exemple, la probabilité de sélectionner au hasard le nom d'une personne parmi une population de dix personnes dont le nom est différent est de : 1/10 = 0,1 (ou 10 %). Mais comment choisir au hasard les éléments ou individus d'une population ? Nous avons retenu quatre façons de procéder découlant de plans d'échantillonnage probabiliste : l'**échantillonnage aléatoire simple, l'échantillonnage systématique, l'échantillonnage stratifié** et l'**échantillonnage en grappes.**

L'échantillonnage aléatoire simple

L'échantillonnage aléatoire simple implique, dans une première étape, qu'un numéro est assigné à chacun des éléments de la population ciblée. Ainsi, si la population contient entre 1 et 99 éléments, le chercheur débute par 01 jusqu'à 99 ; si la population contient entre 100 et 999 éléments, le chercheur débute par 001 ; si elle contient entre 1000 et 9999 éléments, il débute par 0001, etc. Par la suite, le chercheur doit procéder de manière à s'assurer que chacun des éléments de la population a une chance égale et indépendante d'être sélectionné. Par exemple, le chercheur pourrait inscrire les numéros correspondant aux éléments de la population sur des bouts de papier, mettre ces derniers dans un chapeau et en tirer, au hasard, 10, 20, 30, en fonction de la taille de l'échantillon qui l'intéresse. Bien sûr, il devra s'assurer que tous les bouts de papier sont similaires en termes de taille, de couleur et de forme afin de respecter le principe de base de l'échantillonnage aléatoire simple : une probabilité égale et indépendante de sélection pour chacun des éléments de la population. Le chercheur pourrait aussi utiliser une liste de numéros aléatoires générés par ordinateur. Ces numéros, n'ayant aucune corrélation prédéterminée entre eux, peuvent donc servir à choisir au hasard les éléments de l'échantillon.

Pour illustrer de nouveau la procédure d'échantillonnage aléatoire simple, prenons l'exemple suivant. Vous effectuez une étude sur le contenu publicitaire des magazines de mode francophones au Canada. Vous dressez d'abord la liste de tous ces magazines. Supposons qu'il en existe 10 au total. Vous numérotez les éléments (les magazines) de votre population cible de la façon suivante : 0, 1, 2, 3, 4, 5, 6, 7, 8, 9. Vous souhaitez en sélectionner un total de 5 sur les 10 répertoriés selon une méthode aléatoire simple. Pour ce faire, vous pourriez alors vous servir d'une liste de numéros aléatoires générés par ordinateur (voir le tableau 3.5) et, en fermant les yeux, pointer votre crayon sur un numéro de cette liste. Ce numéro correspondra au premier élément de votre échantillon. Les quatre autres numéros à la droite du premier de cette liste aléatoire pourraient ensuite constituer le reste de l'échantillon. L'essentiel est de s'assurer que la procédure est formelle et systématique. Dans notre exemple, le chercheur décide de choisir systématiquement les numéros à la droite du premier sur lequel il a pointé le crayon.

TABLEAU 3.5		Un exemple d'échantillonnage aléatoire simple							
2357	05545	14871	38976	97312	11742	43361	93806	49540	36768

- Le magazine numéroté « 5 » sera donc le premier élément de l'échantillon.
- Le nombre suivant étant « 5 » – déjà choisi –, il est ignoré.
- Le magazine numéroté « 4 » sera donc le second élément de l'échantillon, et ainsi de suite.

L'échantillonnage systématique

Tout comme l'échantillonnage aléatoire simple, l'échantillonnage systématique nécessite l'utilisation d'une liste numérotée complète des éléments de la population ciblée. Cependant, il s'en distingue par la façon de choisir ces éléments : le premier est choisi aléatoirement et, par la suite, les autres éléments sont choisis en fonction d'un intervalle précis (aussi appelé pas d'échantillonnage).

Prenons deux exemples pour illustrer cela. Un chercheur pourrait choisir chaque quatrième élément d'une liste, suivant un point de départ déterminé au hasard. Ainsi, si ce point de départ correspond au numéro 11, l'échantillon sera composé des éléments numérotés 15, 19, 23, etc. Imaginons maintenant que vous travailliez pour le service des communications de la Ville de Montréal et que vous ayez la charge d'effectuer un sondage auprès des citoyens de cette ville sur leurs pratiques de recyclage. Pour sélectionner votre échantillon (de taille 1000), vous décidez de mettre en œuvre un processus d'échantillonnage systématique. Vous avez accès à la liste des citoyens de la Ville de Montréal (par le bottin téléphonique, par exemple) et vous décidez d'attribuer un numéro à chaque nom. Vous établissez votre pas d'échantillonnage à 200 et procédez ensuite à la sélection de votre échantillon. Votre procédure implique qu'à partir du premier numéro choisi au hasard chaque 200e numéro sera inclus dans votre échantillon.

L'intervalle ou pas d'échantillonnage est défini par le ratio de la taille de la population (N) sur la taille souhaitée de l'échantillon (n), c'est-à-dire N/n. Par exemple, si vous choisissez 10 personnes parmi une liste de cinquante, votre pas d'échantillonnage est alors de 5 (soit 50/10). La procédure d'échantillonnage systématique est plus rapide et plus pratique que celle de l'échantillonnage aléatoire simple ; par contre, elle risque de générer un biais important si la liste initiale de la population est ordonnée de façon telle que certains éléments ont un lien systématique entre eux. Ce serait le cas, par exemple, si chaque énième élément choisi à partir de la liste de la population comportait une caractéristique particulière que les autres éléments ne reflèteraient pas.

L'échantillonnage stratifié

Lorsqu'un chercheur veut étudier des caractéristiques particulières de la population, il peut alors faire appel à une procédure d'échantillonnage stratifié. Pensons à l'influence des magazines de mode sur les habitudes d'achat en fonction du sexe ; dans ce cas, la caractéristique à laquelle s'intéresse le chercheur est le sexe. Pour créer un échantillon stratifié, le chercheur divisera d'abord la population en strates ou en sous-groupes homogènes, et ce, en fonction de la ou des caractéristiques d'intérêt. Par la suite, il choisira un échantillon aléatoire dans chacune des strates. Chaque strate est représentée dans l'échantillon proportionnellement à son importance dans la population. Notons que l'échantillonnage stratifié est fréquemment utilisé dans le domaine des sciences sociales et humaines parce qu'il permet de s'assurer que tous les sous-groupes de la population possédant les caractéristiques d'intérêt pour le chercheur seront intégrés à l'échantillon.

L'échantillonnage en grappes

Contrairement à l'ensemble des méthodes d'échantillonnage probabiliste expliquées précédemment, celle de l'échantillonnage en grappes n'exige pas du chercheur qu'il obtienne au préalable une liste exhaustive de tous les éléments d'une population, d'où sa grande popularité dans la recherche en sciences sociales. Dans un premier temps, le chercheur choisit aléatoirement des groupes ou grappes d'éléments puis, dans un deuxième temps, il procède à l'analyse de tous les éléments à l'intérieur de ces grappes. Cette méthode est fréquemment utilisée au cours de grandes enquêtes géographiques où, par exemple, pour obtenir les éléments composant un échantillon, le chercheur choisit aléatoirement des provinces, puis des villes à l'intérieur de ces mêmes provinces, puis des quartiers, puis des rues, puis des adresses précises sur ces mêmes rues, toujours de manière aléatoire. Ultimement, ce sont les gens qui habitent à ces adresses précises qui composeront l'échantillon de la recherche. On constate, bien sûr, qu'une procédure d'échantillonnage en grappes permet une économie de temps et de ressources. Cependant, l'échantillonnage en grappes comporte certains risques, comme celui relatif au choix initial des premières grappes. Par exemple, supposons que certaines villes canadiennes affichent une forte concentration démographique de résidents dont le statut socio-économique est faible. Lorsqu'un chercheur choisit initialement et uniquement ces grappes de villes, son échantillon n'est alors pas représentatif de l'ensemble des villes canadiennes, du moins en ce qui concerne le statut socio-économique des résidents. Pour pallier cette limite, le chercheur pourrait, par exemple, initialement choisir davantage de grappes mais réduire ensuite le nombre d'éléments à l'intérieur de celles-ci. En d'autres mots, il pourrait observer un grand nombre de petites grappes.

3.2.8 Les plans d'échantillonnage non probabiliste

Les plans d'échantillonnage non probabiliste sont très différents des plans d'échantillonnage probabiliste en ce qu'ils ne s'appuient pas sur un processus de sélection aléatoire. Les plans d'échantillonnage non probabiliste sont fréquemment associés à une démarche qualitative de recherche, celle-ci n'ayant pas nécessairement pour objectif la généralisation des résultats d'un échantillon à une population ; conséquemment, le critère de représentativité d'un échantillon ne s'avère plus essentiel.

Nous retenons quatre types d'échantillons découlant de plans d'échantillonnage non probabiliste : l'**échantillonnage de commodité**, l'**échantillonnage de volontaires**, l'**échantillonnage par quotas** ainsi que l'**échantillonnage par choix raisonné**. Auparavant, il importe de préciser que si, en principe, la démarche qualitative de recherche est plutôt liée aux plans d'échantillonnage non probabiliste et la démarche quantitative aux plans d'échantillonnage probabiliste, en réalité, ce n'est pas toujours le cas. Rappelons-nous que les plans d'échantillonnage probabiliste présument certaines conditions auxquelles le chercheur ne peut pas toujours se soumettre, comme avoir accès à une liste complète des éléments de la population. Lorsque de telles contraintes s'imposent, auxquelles s'ajoutent parfois d'autres contraintes de ressources et de temps, un chercheur peut faire le compromis de travailler à partir d'un plan d'échantillonnage non probabiliste. Forcément, le type d'échantillon que ce chercheur obtiendra ne sera pas représentatif de la population ciblée et, par conséquent, ne permettra pas une généralisation des résultats. Par contre, il ne devrait pas constituer un frein majeur à la recherche. En d'autres termes, entre n'effectuer aucune recherche faute d'un échantillon probabiliste et effectuer une recherche dont la portée est limitée, c'est-à-dire dont les résultats ne seront pas généralisés, mieux vaut choisir la seconde option. Ce qui importe surtout, c'est que le chercheur justifie son plan d'échantillonnage et qu'il en précise les limites.

L'échantillonnage de commodité

Vous travaillez pour le service du marketing d'un grand magasin et êtes chargé d'effectuer un sondage sur les attentes de vos clients en termes de produits culturels (livres, CD, vidéo, etc.). Pour ce faire, vous vous installez dans le hall d'entrée de votre magasin, microphone en main et, muni d'une liste de brèves questions, vous posez celles-ci à chaque personne qui franchit le seuil du magasin. Vous procédez ainsi jusqu'à ce qu'une centaine de personnes ait accepté de répondre à vos questions (cent personnes est la taille que vous souhaitez pour votre échantillon : n = 100). Il s'agit là d'un exemple d'échantillonnage de commodité (également appelé échantillonnage accidentel), puisqu'il est entièrement basé sur la disponibilité des répondants.

Ce type d'échantillonnage est fréquemment utilisé pour des études de marché visant à déterminer la satisfaction des clients au regard d'un produit. L'inconvénient majeur de ce type d'échantillonnage, comme d'ailleurs tous les échantillons non probabilistes, c'est que les caractéristiques des participants ne représentent pas nécessairement les caractéristiques de l'ensemble de la population, à moins que celles-ci soient très homogènes. En effet, les personnes disponibles pour répondre à vos questions à l'entrée du magasin sont peut-être uniquement celles qui font partie d'un groupe d'âge précis ou d'une classe socio-économique particulière, d'où la non-représentativité de l'échantillon accidentel.

L'échantillonnage de volontaires

L'échantillonnage de volontaires repose, comme son nom l'indique, sur la participation volontaire des individus. Ainsi, un chercheur peut faire parvenir par courrier un questionnaire sur la satisfaction en ce qui a trait à la communication au travail, en sollicitant la participation des médecins, infirmiers et infirmières d'un centre hospitalier. Forcément, ces professionnels sont tout à fait libres de répondre ou de ne pas répondre à ce questionnaire. Pour favoriser cette participation volontaire et, par conséquent, augmenter le nombre de participants, les chercheurs offrent parfois de récompenser, voire de rémunérer ces derniers. Comme dans le cas de l'échantillon de commodité, les participants qui acceptent de remplir un questionnaire ne reflètent probablement pas de façon adéquate les caractéristiques de la population. Ceux qui ont refusé de participer pourraient posséder des caractéristiques très différentes de celles des participants. D'où, encore une fois, l'impossibilité de généraliser les résultats.

L'échantillonnage par quotas

Comme avec le plan d'échantillonnage aléatoire stratifié, le chercheur qui utilise l'échantillonnage par quotas choisit les participants en fonction de caractéristiques particulières (sexe, âge, scolarité, etc.) auxquelles il s'intéresse. Le nombre des participants doit refléter proportionnellement leur nombre total ou réel dans la population. Par exemple, un chercheur en communication interculturelle peut s'intéresser à l'étude de certains groupes ethniques et, par conséquent, ne solliciter que la participation d'individus membres de ces groupes, et ce, en fonction de leur représentation dans la population. Ainsi, si les personnes d'origine hispanique représentent 10 % d'une population cible et qu'il s'agit d'un groupe d'intérêt pour le chercheur, alors un échantillon par quotas de 200 personnes devra compter 20 personnes d'origine hispanique. Plusieurs études dans le domaine de la publicité sont basées sur un plan d'échantillonnage par quotas : seuls des consommateurs utilisant un produit en particulier sont sollicités dans l'objectif d'une comparaison avec un produit concurrent. Contrairement à l'échantillon aléatoire stratifié, les strates de l'échantillon par quotas ne sont pas choisies au hasard. Conséquemment, comme pour les ensembles des plans d'échantillonnage non probabiliste, les résultats ne peuvent être interprétés que dans les limites de l'échantillon ciblé et non au-delà.

L'échantillonnage par choix raisonné

Ce type d'échantillonnage est fréquemment utilisé dans les recherches qualitatives. Le postulat fondamental sur lequel repose l'échantillonnage par choix raisonné est que le chercheur peut faire le tri des cas à inclure dans l'échantillon et ainsi composer un échantillon qui réponde de façon satisfaisante aux besoins de sa recherche. Le chercheur doit faire preuve de jugement et établir des critères sur lesquels reposera sa stratégie d'échantillonnage (voir le tableau 3.6). Une tactique courante utilisée par le chercheur consiste à choisir des cas typiques de la population à laquelle il s'intéresse en fonction de critères spécifiques qu'il juge importants pour son étude.

TABLEAU 3.6	La sélection d'un échantillon par choix raisonné

Objectif de la recherche
Identifier les impacts organisationnels liés à l'utilisation des applications Groupware (notamment la messagerie et les forums de discussion)

Type de recherche
Recherche qualitative à visée descriptive

Contexte empirique de la recherche
Une grande entreprise industrielle française

Plan d'échantillonnage
Sélection par choix raisonné de 20 salariés sur la base de deux critères
1) La variété des niveaux de responsabilité (niveaux hiérarchiques)
2) Une utilisation des applications Groupware pendant au moins un an

Le chercheur qui utilise un échantillonnage par choix raisonné doit expliciter et justifier clairement les critères de sélection de son échantillon afin d'en souligner la pertinence pour sa recherche. D'une manière générale, plusieurs critères de sélection peuvent être retenus par le chercheur. Voici quelques exemples de sélection :

- *La sélection d'éléments ou de cas typiques :* Elle permet de sélectionner des cas représentatifs de l'ensemble, car les éléments sélectionnés correspondent à des éléments de la population que le chercheur considère comme « normaux » et « fréquents ».

- *La sélection des éléments ou cas atypiques (cas extrêmes) :* Elle permet d'obtenir des informations sur des phénomènes inhabituels ou peu visibles dans une situation ordinaire.

- *La sélection d'éléments ou de cas homogènes:* Elle permet de recueillir des données auprès de personnes ou de groupes relativement homogènes (même profession, même âge, même formation, etc.).

- *La sélection d'éléments ou de cas hétérogènes:* Elle permet de recueillir des données à partir d'un échantillon composé d'éléments différents ou de cas variés.

3.2.9 La taille de l'échantillon

Quelle devrait être la taille d'un échantillon[1]? Un échantillon de 2000 personnes est-il plus adéquat qu'un échantillon de 500 personnes? La question relative à la taille de l'échantillon est parmi les plus controversées, particulièrement dans le contexte de recherches quantitatives, d'autant plus qu'il n'existe pas une seule réponse à cette question. D'une manière générale cependant, nous pouvons affirmer qu'un chercheur adoptant une démarche quantitative préférera un échantillon de grande taille à un échantillon de petite taille si et seulement si cet échantillon de grande taille est choisi de manière aléatoire. Rappelons que c'est d'abord et avant tout la représentativité d'un échantillon qui sous-tend toute la logique de la généralisation des résultats à la population et qui permet de réduire l'erreur d'échantillonnage au cours d'un processus de recherche quantitative. Ainsi, un échantillon de 2000 personnes choisies de manière non aléatoire n'est pas représentatif de la population comparativement à un échantillon aléatoire de 500 personnes, qui reflète plus adéquatement les caractéristiques de la population. À titre d'illustration de ce principe, Martin (2005 : 16) rappelle un cas célèbre dans l'histoire des sondages:

> « Lors des élections présidentielles américaines de 1936, Georges Gallup a utilisé un échantillon de 5000 personnes pour prévoir le vote tandis qu'un journal a sollicité 2 millions de personnes mais sans contrôler leur représentativité en espérant que la très grande taille de l'échantillon serait le garant de la qualité des résultats. La prédiction de Gallup (victoire de Roosevelt) s'est avérée juste alors que le journal s'est trompé. »

Morale de l'histoire : le souci de la représentativité doit primer sur celui de la taille d'un échantillon. En outre, Frey et autres (2000) rappellent que même si un échantillon de grande taille contribue à réduire l'erreur d'échantillonnage, cette relation n'est pas incrémentielle. En effet, la réduction de l'erreur est beaucoup plus marquée lorsqu'on augmente la taille d'un petit échantillon que lorsqu'on augmente celle d'un échantillon plus imposant.

Ajoutons que lorsqu'un échantillon n'est pas représentatif, il est parfois possible pour le chercheur de le redresser pour le rendre plus représentatif. Les procédures

---

1. Il existe des formules mathématiques pour calculer la taille précise d'un échantillon ainsi que la marge d'erreur qui en découle. Pour le lecteur qui souhaite approfondir ses connaissances à ce sujet, nous lui suggérons les ouvrages de Ouellet (1989), Robert (1993), Thiétart (2003) et Hayes (2005).

de redressement visent à pondérer les individus ou les éléments d'un échantillon de façon à respecter, voire à refléter le véritable poids de ces derniers dans les sous-populations respectives. Martin (2005 : 24) offre l'exemple de redressement suivant :

« Un échantillon comportant 50 % d'hommes et 50 % de femmes, alors que la représentativité impose respectivement 48 % et 52 %, peut être redressé en affectant un poids de 48/50e (soit 0,96) à chaque homme et un poids de 52/50e (1,04) aux femmes de l'échantillon. Tous les calculs statistiques doivent ensuite se faire en tenant compte de ces pondérations. »

Soulignons cependant que le redressement ne devrait être effectué que si le poids des éléments constituant l'échantillon n'est pas très (ou trop) différent de leur véritable poids dans la population.

Lorsqu'il s'agit de recherches qualitatives, la taille précise de l'échantillon est difficilement déterminable à l'avance, car elle est liée à l'évolution de la recherche (Deslaurier, 1991) qui, rappelons-le, n'a pas pour objectif la généralisation des résultats d'un échantillon à une population. En général, dans une recherche qualitative, la constitution de l'échantillon est soumise à un principe de **saturation empirique** qui désigne :

« le phénomène par lequel le chercheur juge que les derniers documents, entrevues ou observations [qu'il a consultés ou effectués] n'apportent plus d'informations suffisamment nouvelles ou différentes pour justifier une augmentation du matériel empirique [donc de son échantillon] ». (Pires, 1997 : 157)

Autrement dit, la saturation empirique permet d'indiquer au chercheur à quel moment il peut cesser la collecte de données, car la dernière entrevue, la dernière observation, le dernier document analysé n'apporte aucun élément nouveau à sa recherche.

POUR EN SAVOIR PLUS

Sur les plans d'échantillonnage

- HOWELL, D.C. *Méthodes statistiques en sciences humaines,* Bruxelles, Belgique, De Boeck Université, 1998.

- JENSEN, K.B. *A Handbook of Media and Communication Research – Qualitative and Quantitative Methodologies,* Routledge, UK, Taylor & Francis Group, 2003.

- WIMMER, R.D. et DOMINICK J.R. *Mass Media Research : an Introduction,* Belmont, USA, Thomson Wadsworth, 20006.

- MARTIN, O. *L'enquête et ses méthodes. L'analyse de données quantitatives,* Paris, Armand Colin, 2005.

? EXERCICES D'INTÉGRATION

Exercice 1

Dans les énoncés suivants, déterminez s'il s'agit d'une hypothèse unilatérale ou bilatérale et trouvez le nombre et le type de variables (continue ou discrète) à l'étude.

a) Il existe un lien entre la longueur (secondes) d'un message d'accueil sur une boîte vocale et la longueur (secondes) d'un message laissé par l'appelant.

b) Les personnes âgées sont plus satisfaites* de la communication avec les amis proches qu'avec les membres de leur famille.

*La satisfaction est mesurée selon une échelle de type Likert.

Exercice 2

En quoi consiste le processus d'opérationalisation d'un concept ? Donnez un exemple.

Exercice 3

Distinguez les quatre types d'échelles de mesure.

Exercice 4

Quelles sont les trois caractéristiques que toute catégorie relative à une échelle de mesure doit posséder ?

Exercice 5

Comment un chercheur peut-il vérifier la fidélité de son instrument de mesure ?

Exercice 6

Nommez les principaux types d'échantillons découlant d'un plan d'échantillonnage probabiliste.

Exercice 7

Dans un échantillonnage systématique, à quoi correspond l'intervalle ou le pas d'échantillonnage ?

Exercice 8

Nommez les principaux types d'échantillons découlant d'un plan d'échantillonnage non probabiliste.

Exercice 9

Quelle est la qualité la plus importante d'un échantillon ?

CHAPITRE 4

LES MÉTHODES ET LES OUTILS DE COLLECTE DE DONNÉES EN RECHERCHE QUANTITATIVE

OBJECTIFS DU CHAPITRE

- Connaître les principales méthodes privilégiées de recherche quantitative en communication, telles que l'analyse quantitative de contenu, le sondage et l'expérimentation.
- Construire des outils de collecte de données découlant des méthodes de recherche quantitative.

I l existe de nombreuses méthodes de recherche quantitative ainsi que plusieurs outils découlant de ces méthodes. Dans ce chapitre, nous présenterons certaines des méthodes les plus utilisées dans le domaine de la communication : l'analyse quantitative de contenu, l'expérimentation et le sondage. Rappelons que la pertinence de l'une ou l'autre de ces méthodes est tributaire des questions et de l'hypothèse de recherche postulée. Ainsi, l'analyse quantitative de contenu se prête bien à une recherche dont l'objectif est de décrire un phénomène alors que le sondage analytique permet de déterminer, par exemple, s'il existe des liens de concomitance entre des phénomènes. Enfin, l'expérimentation, parce qu'elle permet d'exercer un plus grand contrôle sur les variables, est pertinente pour les recherches visant à établir des liens de causalité entre des phénomènes. Cependant, il est important de souligner que, quelle que soit la méthode utilisée, le souci d'un échantillon représentatif (et donc probabiliste) tout autant que d'instruments de mesure valides et fidèles (voir le chapitre 3) pour mettre en place cette méthode doivent demeurer une constante du processus global de recherche.

4.1 L'analyse de contenu

Vous êtes employé dans un ministère gouvernemental et, à titre d'analyste des médias, vous souhaitez vérifier l'hypothèse suivante : *La presse écrite francophone s'est davantage intéressée aux questions de politique étrangère canadienne durant la décennie des années 1990 que durant celle des années 1970.* Pour ce faire, vous répertoriez les pages titres de trois quotidiens francophones parus durant les périodes qui vous intéressent ; vous procédez ensuite à un comptage systématique de celles traitant de questions de politique étrangère canadienne ; enfin, vous compilez et comparez les résultats pour chacune des décennies. En procédant ainsi, vous avez effectué une analyse quantitative de contenu.

L'**analyse de contenu** est un terme générique souvent utilisé pour désigner l'ensemble des méthodes d'analyse de documents. Ici, le terme *documents* renvoie à différentes sources d'information et de communication qui existent déjà et auxquelles le chercheur peut avoir accès. Il peut s'agir de documents visuels (affiches publicitaires, photographies, films, etc.), de documents écrits (rapports d'activité, journaux, périodiques, etc.) ou de documents sonores (enregistrements radio, musicaux, etc.).

Pour atteindre son objectif de recherche, le chercheur peut décider d'analyser divers documents, comme le montrent les exemples suivants. Dans une recherche sur la communication en situation de crise portant sur la gestion par Hydro-Québec de la crise du verglas, Chartier (1999) a choisi d'analyser les couvertures de presse de manière à en révéler les attitudes positives ou négatives. Dans une recherche thématique sur le contenu de dessins animés, Bachand et Turcotte (1989), eux, ont choisi d'analyser des films (séries) diffusés par le réseau de télévision de langue française de la région de l'Outaouais québécois. Comme nous le verrons plus loin, quel que soit le type de documents utilisés, leur analyse repose sur des règles claires et uniformes.

On distingue généralement deux types d'analyse de contenu :

a) les analyses qualitatives, qui visent à saisir la signification sous-jacente du ou des documents (voir le chapitre 7) ;

b) les analyses quantitatives, qui visent à saisir le contenu manifeste des documents grâce à des techniques de décomposition, de **codage,** de comptage, de dénombrement, etc. C'est ce type d'analyse ainsi que les étapes qu'elle sous-tend que nous décrirons dans ce chapitre.

4.1.1 La formulation d'une question et d'une hypothèse de recherche

Comme pour toute méthode quantitative de recherche, l'analyse quantitative de contenu doit d'abord être guidée par une question et une hypothèse de départ. En d'autres termes, le chercheur doit éviter de tomber dans le piège d'un comptage systématique sans but précis. Quelle est, par exemple, l'utilité de savoir que les textes de la page titre d'un quotidien francophone affichent 33 % plus de verbes conjugués au présent qu'un quotidien anglophone ? À eux seuls, ces résultats sont pauvres en information pour le chercheur puisque sans objectifs précis. Par contre, si l'objectif de celui-ci est de vérifier l'hypothèse selon laquelle les médias écrits francophones reflètent un mode linguistique plus actif que les médias écrits anglophones, les résultats prennent alors un tout autre sens.

4.1.2 La définition d'une population cible et le choix d'un échantillon

À la deuxième étape, le chercheur définit et choisit une population cible. Imaginons que vous vouliez déterminer la fréquence d'apparition des personnes membres de groupes de minorités visibles à la télévision et que vous optiez pour une méthode d'analyse quantitative de contenu. En fonction de votre objectif de recherche, vous devrez ensuite identifier les éléments de votre population. Pour cela, vous devrez élaborer une définition opérationnelle des variables qui vous intéressent. Vous vous poserez alors certaines questions : Comment définir le terme télévision ? Les chaînes ciblées seront-elles publiques ou privées ? Choisirez-vous les bulletins de nouvelles ou les émissions de divertissement ? Et ainsi de suite. De la même façon, il vous faudra élaborer une définition opérationnelle de la variable *personnes membres de groupes de minorités visibles.* Vous vous demanderez alors quels groupes de minorités visibles vous ciblerez. En bref, la définition de la population sert à établir les paramètres de l'analyse de contenu.

Les caractéristiques de l'échantillon doivent refléter autant que possible celles de la population, surtout si l'objectif est la généralisation des résultats (voir le chapitre 3). Reprenons l'exemple précédent et supposons que les éléments de la population ciblée soient les suivants : les personnes membres de quatre groupes de minorités visibles apparaissant dans les scènes de téléromans diffusés aux heures de grande écoute à la télévision publique. En fonction de cette population, notre échantillon (sélectionné, dans la mesure du possible, de manière aléatoire) pourrait être constitué de cinq épisodes de trois téléromans quotidiens d'une durée d'une demi-heure que vous analyserez à des périodes précises (par exemple du 3 au 9 janvier de l'année courante).

4.1.3 Le choix d'une unité d'analyse

La prochaine étape consiste à choisir le plus petit élément sur lequel portera l'analyse de contenu mais aussi l'un des plus importants : l'**unité d'analyse.** Il pourra s'agir d'un mot, d'un symbole, d'une image, d'un thème, d'un personnage, d'une scène, etc. En fait, l'unité d'analyse est l'élément de l'échantillon qui sera systématiquement observé et analysé. Ainsi, dans l'exemple précédent, chaque scène des téléromans ciblés constituera l'unité d'analyse. Cette étape peut sembler fort simple, mais elle s'avère beaucoup plus complexe dans certains cas, comme l'illustre l'exemple suivant. Il s'agit d'une analyse de contenu portant sur la fréquence des scènes de comportements violents diffusés à la télévision à heure de grande écoute. Chaque scène des émissions ciblées devient alors l'unité d'analyse. Mais que fera le chercheur si une bagarre éclate entre deux personnages et qu'un troisième personnage entre dans cette bagarre quelques minutes plus tard? Comptabilisera-t-il un seul ou deux comportements violents? Cet exemple traduit de nouveau l'importance du processus d'opérationalisation des concepts à l'étude.

4.1.4 L'élaboration des catégories quantifiables

Après avoir choisi son unité d'analyse, le chercheur doit construire un système de classement, c'est-à-dire qu'il devra élaborer des catégories lui permettant de décrire quantitativement cette même unité. Il s'agit par conséquent d'une étape essentielle de l'analyse quantitative de contenu, puisqu'elle permet de faire le pont entre l'hypothèse de départ et les résultats. En d'autres termes, les résultats d'une analyse quantitative de contenu ne sont valables que si les catégories relatives à l'unité d'analyse sont construites de façon adéquate. Ces catégories devront posséder les trois propriétés énoncées dans la section portant sur la mesure (voir le chapitre 3): l'équivalence, l'exhaustivité et l'exclusivité. En outre, elles devraient afficher un haut niveau de **fidélité intercodeurs,** à savoir que différents analystes devraient en arriver à un classement similaire du même matériel, du moins dans la grande majorité des cas. Tentons l'exercice d'élaborer un système de catégories toujours à partir de notre exemple du téléroman. Chaque unité d'analyse (chaque scène) pourrait être analysée en fonction de la fréquence d'apparition d'un personnage, membre d'un groupe d'une des minorités visibles à l'étude. Le chercheur pourrait alors construire un ensemble de catégories traduisant cette fréquence d'apparition (voir le tableau 4.1).

TABLEAU 4.1	Catégorisation de chaque scène en fonction de la fréquence d'apparition

Téléroman nº 1: épisode du 3 janvier

Entre 1 seconde et moins de 1 minute	✔✔✔*
Entre 1 minute et moins de 5 minutes	✔
Entre 5 minutes et moins de 15 minutes	
Entre 15 minutes et moins de 25 minutes	
Entre 25 minutes et moins de 35 minutes	
Entre 35 minutes et moins de 45 minutes	
Entre 45 minutes et moins de 55 minutes	
55 minutes et plus	

*Chaque crochet équivaut à l'analyse d'une scène spécifique.

4.1.5 La codification du contenu

L'étape suivante est celle de la **codification** du contenu en fonction des catégories préalablement définies. Par exemple, pour chaque scène dans laquelle apparaît un personnage de l'échantillon ciblé, l'analyste devra en déterminer la durée en inscrivant un crochet correspondant à la catégorie adéquate (voir le tableau 4.1). Rappelons que la validité des catégories (en termes de précision, de clarté, etc.) est déterminante pour le bon déroulement de l'étape de codification du contenu et, par le fait même, pour la fidélité intercodeurs.

4.1.6 La description, l'analyse et l'interprétation des résultats

Finalement, l'analyste procède à la compilation des données résultant de la codification. Cette compilation peut se faire en inscrivant les données sur ordinateur et en appliquant des techniques d'analyse statistique permettant de décrire les données. Dans l'exemple du tableau 4.1, l'analyste pourrait tout simplement comptabiliser la fréquence des catégories cochées. Ainsi, dans l'épisode du 3 janvier, il pourrait conclure que, sur quatre scènes où apparaît un personnage de l'échantillon ciblé, 75 % (ou trois scènes sur quatre) sont d'une durée de moins d'une minute.

Une fois les données décrites, l'analyste tente de comprendre la signification des résultats en fonction de sa question de recherche ou de son hypothèse. Cette dernière étape en est une de mise en contexte, de mise en perspective des résultats. Par exemple, que peut-on conclure à partir de résultats indiquant que 75 % des scènes de l'épisode du 3 janvier (dans lesquelles apparaît un personnage membre d'un groupe de minorités visibles) sont d'une durée de moins d'une minute ? Une réponse nuancée devrait inclure une dimension comparative, soit avec des données relatives à la durée des scènes d'autres personnages, soit avec les résultats d'études antérieures. Sans quoi, comment pourrait-on conclure que ce résultat de 75 % traduit peu ou beaucoup de temps consacré à un personnage ?

4.1.7 Les avantages et les limites de l'analyse de contenu

L'analyse quantitative de contenu est une méthode de collecte de données fort utilisée dans le domaine de la recherche en communication, notamment dans les études de médias de masse (voir le tableau 4.2). Comparativement au sondage et à l'expérimentation, l'analyse quantitative de contenu sous-tend que le chercheur travaille avec des données, avec des informations qui existent déjà et sur lesquelles, forcément, il n'aura aucune influence initiale. Ce n'est pas le cas pour le sondage ou encore l'expérimentation au cours desquels les réponses du participant peuvent parfois être biaisées par la simple prise de conscience d'être l'objet d'une étude. De plus, ces données déjà existantes, utilisées dans le contexte d'une analyse de contenu, évitent au chercheur la tâche de devoir amorcer entièrement une nouvelle collecte de données, dans le cas où une erreur d'analyse aurait été commise en cours de route.

Comme pour toute méthode de recherche cependant, l'analyse quantitative de contenu comporte certaines limites. Par exemple, le travail de **catégorisation** et de codage peut être long et fastidieux, sans compter qu'il peut sous-tendre une grande part de subjectivité, car la perception et la compréhension du chercheur y exercent un rôle majeur. Enfin, une mise en garde s'impose quant aux conclusions tirées à partir de ce type de méthode : celles-ci ne devraient pas porter au-delà du contenu analysé. Ainsi, dans notre exemple sur les téléromans, les résultats obtenus quant au contenu télévisuel analysé ne permettent aucunement d'inférer sur l'impact que ce même contenu pourrait avoir sur l'auditoire : le fait de conclure que les personnes membres de groupes de minorités visibles sont stéréotypées dans certaines émissions de télévision ne permet pas, pour autant, de conclure que les téléspectateurs de ces émissions développeront une conception stéréotypée de ces mêmes personnes. Pour parvenir à une telle conclusion, le chercheur devrait plutôt opter pour la méthode de l'expérimentation qui permet d'établir des liens de causalité entre des phénomènes. Le tableau 4.3, à la page 106, résume les étapes de réalisation d'une analyse quantitative de contenu.

| TABLEAU 4.2 | Une recherche sur la diversité culturelle à la télévision par le Conseil de la radiodiffusion et des télécommunications canadiennes (CRTC) |

La Loi sur la radiodiffusion précise que «[l]es titulaires de radiodiffusion ont tous la responsabilité de refléter et de représenter la diversité culturelle du Canada» [1]. «En 2001, afin d'assurer la réalisation de ces objectifs à la télévision "grand public", le Conseil (CRTC) a entrepris d'inscrire dans ses décisions de radiodiffusion qu'il s'attend à ce que les titulaires déposent un plan d'entreprise sur la diversité culturelle. Il exige dorénavant que les radiodiffuseurs élaborent des stratégies adaptées à leur entreprise et qu'ils décrivent en détail les mesures qu'ils appliquent et les procédures qu'ils suivent pour remplir leur obligation de refléter et de représenter la diversité culturelle» [4]. Un groupe de travail a été mis sur pied par le CRTC et a été chargé de mener une recherche afin «d'identifier des "pratiques exemplaires", de cerner les problèmes et de trouver des mesures pratiques destinées à assurer le reflet et la représentation équitables des divers groupes desservis par les radiodiffuseurs» [5].

«La recherche a été menée par Solutions Research Group Consultants Inc., de Toronto, et Johnson & Buchan LLP, d'Ottawa. Elle s'est faite en cinq phases : (1) recherche de fond ; (2) examen des pratiques exemplaires ; (3) entrevues individuelles avec les parties intéressées ; (4) consultations de groupe avec les intéressés ; et (5) analyse qualitative et quantitative du contenu à l'écran» [13].

Nous allons nous attarder sur l'analyse quantitative du contenu à l'écran. Mais comme le souligne le plan de recherche, on peut voir que les chercheurs ont privilégié une recherche

(suite ▶)

mixte et que l'analyse qualitative et quantitative du contenu à l'écran a constitué la cinquième et dernière phase de la recherche. « Elle a porté sur 329,5 heures d'émissions de télévision canadiennes (193,9 heures en anglais, 135,6 en français) diffusées par 73 services privés anglophones et francophones (27 services de télévision traditionnelle, 45 services spécialisés, plus le service autochtone APTN). Au total, 6123 rôles parlants ont été scrutés. L'analyse visait des personnes ou des personnages qu'on puisse rattacher à une minorité visible ou une origine autochtone » [21].

« Le diagramme qui suit montre les résultats quantitatifs de l'analyse du contenu des émissions de langue anglaise. Les résultats sont répartis en six catégories d'émissions : actualités, autres émissions d'information, émissions dramatiques, autres émissions de divertissement, émissions dramatiques pour enfants et autres émissions pour enfants. Comme le démontre le graphique, la présence de membres des minorités visibles et d'autochtones est inférieure au repère statistique de 19,3 % dans les six catégories » [23].

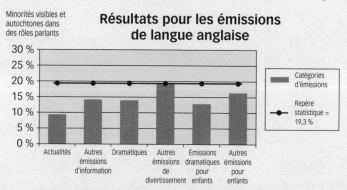

« Le diagramme qui suit montre les résultats quantitatifs de l'analyse du contenu des émissions de langue française. Les résultats sont répartis en cinq catégories d'émissions : actualités, autres émissions d'information, émissions dramatiques, autres émissions de divertissement, émissions dramatiques pour enfants. Comme le démontre le diagramme, la présence de minorités visibles et d'autochtones est inférieure au repère statistique de 8 % dans trois des cinq catégories » [25].

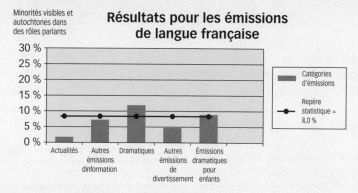

Source : Les extraits qui précèdent sont tirés du rapport du CRTC : http://www.crtc.gc.ca/archive/FRN/Notices/2005/pb2005-24.htm ?Print=True (page consultée le 22 juillet 2006). Pour en savoir plus sur cette recherche, nous invitons le lecteur à consulter cette adresse.

TABLEAU 4.3	Les étapes d'une analyse quantitative de contenu

[1] Formuler une question et une hypothèse de recherche

[2] Choisir un échantillon

[3] Choisir une unité d'analyse

[4] Élaborer des catégories quantifiables

[5] Codifier le contenu

[6] Décrire et analyser les résultats

[7] Interpréter les résultats

POUR EN SAVOIR PLUS

Sur l'analyse quantitative de contenu

- BARDIN, L. *L'analyse de contenu,* 10e éd., Paris, Presses Universitaires de France, 2003.

- DE BONVILLE, J. *L'analyse de contenu des médias. De la problématique au traitement statistique,* Bruxelles, De Boek Université, 2000.

- ROBERT, A.D. et BOUILLAGUET, A. *L'analyse de contenu,* 2e éd., coll. Que sais-je ?, Paris, Presses Universitaires de France, 2002.

4.2 Le sondage

Alors que l'analyse de contenu repose principalement sur des documents tangibles, tels les archives de journaux, le sondage a plutôt pour objectif de recueillir de l'information auprès d'une fraction d'une population d'individus, auprès d'un groupe de personnes – pour saisir ce qu'ils pensent, ce qu'ils ressentent, ce qu'ils croient, ce qu'ils font, ce qu'ils planifient, etc. Un sondage permet, par exemple, au directeur d'une salle de nouvelles d'une station de télévision de mieux connaître les habitudes d'écoute et les préférences de ses téléspectateurs ; au politicien, il permet de préciser les enjeux importants pour les électeurs, enjeux qui orienteront les grands axes de sa campagne électorale.

Le sondage requiert une planification rigoureuse, notamment en ce qui a trait à la construction des outils, tel le questionnaire, et à la sélection de l'échantillon. Cette planification est parfois négligée ou escamotée, ce qui conduit à des conclusions hâtives, voire erronées, et surtout nuit à la crédibilité de cette méthode de recherche. Qu'il suffise de mentionner qu'un sondage n'est pas valide s'il repose sur des énoncés et des questions biaisées, pas plus qu'il n'est généralisable s'il a été mené à partir d'un échantillon non probabiliste.

De façon générale, le sondage vise à analyser de l'information (de nature sociale, économique, psychosociale, culturelle, etc.) obtenue à partir de questionnaires ou d'entrevues dirigées auprès d'un sous-groupe d'individus représentatifs d'une population cible. Il existe deux types de sondages : le sondage descriptif et le sondage analytique. Le premier, comme son nom l'indique, a pour but de décrire les caractéristiques de l'échantillon de personnes à l'étude. Il pourra s'agir d'un sondage visant à récolter de l'information sociodémographique (exemple : le taux de chômage dans un secteur professionnel précis) ou encore visant à connaître l'opinion des citoyens sur un sujet en particulier (voir le tableau 4.5 à la page 118).

Pour sa part, le sondage de type analytique permet de déterminer, au-delà de la description, s'il existe des liens de concomitance ou des relations entre les opinions, les valeurs, les croyances, les attitudes, les comportements affichés par les individus sondés. Par exemple, les questions de recherche suivantes pourraient constituer le point de départ de sondages analytiques : Le visionnement d'émissions de télévision à caractère sexiste est-il en lien avec les comportements discriminatoires sur la base du sexe ? Existe-t-il un lien entre la diversité de la main-d'œuvre sur le plan culturel et la perception de la qualité de la communication interculturelle en milieu de travail ?

Ces questions de recherche visent à permettre au chercheur d'établir des liens de concomitance et non des liens de causalité entre des variables (voir le chapitre 3). En effet, la méthode du sondage ne se prête pas à la « manipulation » des variables, contrairement à la méthode de l'expérimentation. Ce faisant, les conclusions d'un sondage ne permettent pas de déterminer que des changements dans une variable x soient la cause des changements dans une variable y, puisque l'inverse pourrait aussi être vrai. En reprenant une de nos questions de recherche précédentes, supposons que les résultats montrent qu'une plus grande diversité de la main-d'œuvre sur le plan culturel soit en lien avec la perception d'une plus grande qualité de communication interculturelle. Ces résultats ne permettraient pas pour autant de déterminer avec certitude que les changements observés dans la variable *diversité* soit la cause des changements observés dans la variable *perception*. De fait, la conclusion inverse pourrait s'avérer tout aussi probable : c'est la perception d'une plus grande qualité de communication interculturelle qui explique une plus grande diversité de la main-d'œuvre. Bref, la méthode du sondage permet de vérifier l'existence de liens de corrélation entre des variables, c'est-à-dire de vérifier si un changement dans une variable x s'accompagne d'un changement similaire dans une variable y, sans pour autant qu'il soit possible de déterminer l'ordre de ces changements (voir l'analyse statistiques des données au chapitre 5).

Bien que le sondage ne fasse ressortir que la nature corrélationnelle des données, il comporte l'avantage majeur de fournir beaucoup d'informations sur plusieurs variables, de façon peu coûteuse et dans une période de temps relativement courte. Ainsi, un seul questionnaire portant sur la mesure de différentes variables peut être envoyé simultanément à de nombreux participants. C'est ce qui explique que son utilisation soit très répandue non seulement dans le domaine des communications mais aussi dans d'autres disciplines des sciences sociales et humaines, telles que la psychologie et la sociologie.

4.2.1 Les étapes de réalisation du sondage

De façon générale, le processus d'élaboration d'un sondage démarre, comme pour tout processus de recherche d'ailleurs, avec une question initiale à partir de laquelle seront délimités une problématique, un cadre théorique ainsi qu'une hypothèse de recherche. Les étapes suivantes consistent à cibler une population à partir de laquelle sera extrait un échantillon représentatif de cette dernière (de préférence, un échantillon de type probabiliste) ainsi qu'à élaborer un outil de collecte de données pour réaliser le sondage : le questionnaire. Puis, le chercheur devra déterminer comment sera administré ce questionnaire (exemples : par téléphone, par courrier postal, par Internet). Enfin, une fois le questionnaire administré, le chercheur procédera à la description, à l'analyse et à l'interprétation des résultats.

Dans les paragraphes qui suivent, nous nous pencherons sur les différents modes d'administration d'un questionnaire ainsi que sur la façon de construire ce dernier. Nous insisterons notamment sur la formulation des énoncés/questions, lesquels sont particulièrement déterminants quant à la fidélité et à la validité d'un sondage. Rappelons-nous que la fidélité réfère à la constance et à la stabilité des résultats. Dans le cas d'un sondage, il s'agira de la constance et de la stabilité des réponses des participants aux énoncés ; par ailleurs, la validité a trait à la pertinence des énoncés quant à la mesure du ou des concepts à l'étude. En d'autres termes, la validité d'un questionnaire sous-tend la question suivante : Les énoncés mesurent-ils ce qu'ils doivent mesurer ?

4.2.2 Les modes d'administration d'un sondage

Il existe différents modes d'administration d'un sondage et, en fonction de sa question ou de son hypothèse de recherche, le chercheur déterminera lequel est le plus pertinent. D'autres facteurs, comme le temps et les ressources dont il dispose, orienteront également son choix. Chacun de ces modes d'administration possède ses caractéristiques et ses exigences particulières. Par exemple, lorsque le questionnaire est envoyé par courrier postal ou par voie électronique, le chercheur n'est pas sur place. Il doit donc s'assurer que les énoncés ou les questions sont clairs et faciles à comprendre pour le participant. Par ailleurs, la seule présence physique du chercheur dans une entrevue en face à face risque de biaiser les réponses du participant. Le chercheur doit alors faire preuve de tact pour aborder des sujets délicats. En outre, le **taux de réponse** relatif à un sondage est également influencé par la façon dont est administré le questionnaire. Le taux de réponse réfère au nombre de questionnaires remplis par rapport au nombre total de questionnaires initialement administrés (Frey et autres, 2000). Prenons l'exemple suivant : Sur 300 participants qui ont reçu un questionnaire,

- 87 ont refusé d'y répondre,

- 67 ne l'ont rempli que très partiellement,

- 16 ont été exclus de l'analyse parce qu'ils ne répondaient pas à certains des critères de la recherche.

Le taux de réponse est alors de 43 % (130/300 = 0,43). Comme nous le verrons sous peu, le questionnaire par courrier postal génère un plus faible taux de réponse que les autres modes d'administration.

Le sondage peut être administré par la poste, par téléphone ou au moyen d'entrevues en face à face. Avec le développement rapide des nouvelles technologies, l'administration d'un sondage par courrier électronique et par Internet gagne aussi en popularité. Voyons les avantages et les inconvénients de quelques-uns de ces modes d'administration (Santé Canada, http://www.hc-sc.gc.ca/ahc-asc/pubs/public-consult/2000decision/2-tech-survey-sondage_f.html).

Le questionnaire postal

Avantages	Inconvénients
• La procédure liée au questionnaire postal est plus anonyme, contrairement à celle reliée au questionnaire téléphonique ou à l'entrevue en face à face.	• Les questions formulées doivent être simples et faciles à comprendre, l'intervieweur n'étant pas sur place.
• Les biais (ou risques d'erreurs) associés aux aptitudes de l'interviewer sont réduits.	• Le participant ne peut pas approfondir ou préciser sa réponse, l'intervieweur n'étant pas sur place.
• Le questionnaire postal permet au participant un temps de réponse plus long et plus réfléchi.	• Le questionnaire postal génère un taux de réponse faible (entre 20 et 40 %).
• Il permet l'accès à un échantillon de plus grande taille à peu de frais, comparativement au questionnaire téléphonique ou à l'entrevue sur place.	

L'entrevue téléphonique

Avantages	Inconvénients
• Le processus est rapide, comparativement à celui du questionnaire postal.	• Les répondants ne sont parfois pas à l'aise à l'idée de divulguer certains renseignements au téléphone.
• Les entrevues téléphoniques génèrent souvent un taux de réponse plus élevé que les entrevues porte-à-porte.	• La durée de l'entrevue doit être limitée, car les répondants pourraient ne pas vouloir la terminer.

L'entrevue en face à face

Avantages	Inconvénients
• Elle permet de demander aux participants de préciser leurs commentaires ou leurs réponses.	• Le processus n'étant pas anonyme, le participant pourrait hésiter à fournir des renseignements confidentiels.
• Elle augmente la chance que les participants remplissent le questionnaire dans sa totalité.	• Le biais (ou risque d'erreurs) associé aux aptitudes de l'interviewer est plus élevé que dans le cas du questionnaire postal.
• Elle est plus appropriée que l'entrevue téléphonique pour la présentation de longs questionnaires.	• Les caractéristiques de l'interviewer pourraient influencer les réponses fournies.

4.2.3 La construction d'un questionnaire

Quel que soit le mode d'administration du questionnaire, le chercheur doit au préalable accorder une attention toute particulière à la construction de ce questionnaire, particulièrement à la formulation des énoncés qui le composent. Des énoncés mal formulés ou impertinents influencent tout autant à la baisse le taux de réponse que le choix d'un mode d'administration inapproprié.

Les types et les qualités des énoncés/questions

Il existe deux principaux types d'énoncés/questions : les **énoncés/questions ouverts** et les **énoncés/questions fermés.** Les premiers permettent l'expression de réponses dans les propres termes du participant alors que les seconds lui fournissent un ensemble de réponses prédéterminées. Ainsi, les énoncés/questions à choix multiple, les énoncés/questions accompagnés d'échelles de type Likert ou d'échelles différentielles sémantiques (voir le chapitre 3) sont des énoncés/questions de type fermé. Ceux-ci sont fréquemment utilisés dans une démarche de recherche quantitative, puisqu'ils s'appuient sur des indicateurs numériques qui se prêtent bien, par la suite, à l'analyse statistique. Prenons l'exemple d'un chercheur qui s'intéresse à la thématique de la communication interpersonnelle entre les hommes et les femmes. Une question fermée accompagnée d'une échelle de type Likert pourrait être la suivante :

Jusqu'à quel point êtes-vous d'accord avec l'énoncé suivant : Au cours d'une communication interpersonnelle, les femmes se révèlent davantage que les hommes ?

_____ Tout à fait d'accord (codé 1)

_____ D'accord (codé 2)

_____ Ni en accord ni en désaccord (codé 3)

_____ En désaccord (codé 4)

_____ Tout à fait en désaccord (codé 5)

La version ouverte de cette question exclurait tout simplement les réponses prédéterminées. De fait, la procédure d'analyse des réponses aux questions ouvertes s'apparente à celle de l'analyse quantitative de contenu. Il s'agit de regrouper les réponses similaires en catégories pour pouvoir ensuite les codifier. Par exemple, la réponse *Je crois que les hommes comme les femmes se révèlent également* ou *Il n'y a pas de différence quant à la communication interpersonnelle* pourrait être codée 4 comme donnée chiffrée, et ce, pour une analyse statistique ultérieure.

Le schème de réponses prédéterminées, à savoir l'échelle qui accompagne les énoncés/questions fermés, doit refléter le niveau de mesure lié au type de variables à l'étude (voir le chapitre 3) et, par extension, la définition opérationnelle de ces mêmes variables. Par exemple, une échelle de mesure nominale convient à une variable discrète telle que l'appartenance sexuelle, alors qu'une échelle de mesure par intervalles est plus appropriée dans le cas de variables continues, tels les sentiments, les attitudes, les croyances, les valeurs. Le chercheur doit donc s'assurer qu'il existe une étroite correspondance entre le type de variable et le niveau de mesure de l'échelle utilisée pour chacun des énoncés. Voici quelques exemples de questions fermées.

Exemple 1 :

> Jusqu'à quel point êtes-vous à l'aise pour communiquer en public ?
>
> _____ Très à l'aise
>
> _____ À l'aise
>
> _____ Ni à l'aise ni mal à l'aise
>
> _____ Mal à l'aise
>
> _____ Très mal à l'aise

Exemple 2 :

> Que représentent pour vous les technologies de l'information et de la communication (TIC) ?
>
> | | (1) | (2) | (3) | (4) | (5) | (6) | (7) | |
> |--------------|-----|-----|-----|-----|-----|-----|-----|--------------|
> | Intéressant | ___ | ___ | ___ | ___ | ___ | ___ | ___ | Inintéressant |
> | Ennuyeux | ___ | ___ | ___ | ___ | ___ | ___ | ___ | Stimulant |

Exemple 3 :

> Durant combien d'années avez-vous travaillé dans le domaine de la publicité ?
>
> _____ Moins d'un an
>
> _____ Entre un an et cinq ans
>
> _____ Plus de cinq ans

Exemple 4 :

> De façon générale, croyez-vous que les journalistes rapportent la nouvelle de façon objective ?
>
> _____ Toujours
>
> _____ La plupart du temps
>
> _____ Parfois
>
> _____ Rarement
>
> _____ Jamais

Exemple 5 :

Indiquez votre fonction au sein de la salle des nouvelles de votre organisation en cochant l'une des catégories suivantes.

_____ Journaliste

_____ Rédacteur/chef d'antenne

_____ Lecteur

_____ Commentateur

_____ Réalisateur

_____ Directeur

_____ Monteur

_____ Scripteur

_____ Caméraman

_____ Autre (précisez) _____

Les énoncés/questions d'un sondage, quel que soit leur type, doivent être de qualité. La pertinence et la qualité des énoncés/questions sont en lien direct avec le taux de réponse. Pour Berger (2000), un énoncé ou une question de qualité possède les caractéristiques suivantes.

Clarté

Lorsque le participant doit relire à plusieurs reprises l'énoncé ou la question pour en comprendre le sens ou, pire encore, lorsqu'il doit en deviner le sens, c'est forcément que celui-ci n'est pas clair...

À éviter : Combien d'émissions de télévision affichent *relativement beaucoup* de violence ?

Concision

Chaque énoncé/question ne devrait inclure qu'une seule phrase, exceptionnellement deux courtes phrases tout au plus. Les questions longues et complexes sont vite perçues comme ambiguës par le participant (qui a souvent d'ailleurs peu de temps pour remplir un questionnaire).

À éviter : Jusqu'à quel point êtes-vous d'accord avec l'énoncé suivant : La tendance vers la conglomération et la convergence des médias traditionnels semble de plus en plus se répandre dans l'espace médiatique canadien, comme le démontre la présence de géants tels que CanWest Global ; la presse électronique comme la presse écrite n'échappent pas à cette tendance qui impose, du même coup, une réflexion sur l'objectivité et le caractère démocratique des médias ?

Simplicité du langage

Il faut éviter d'utiliser un langage hermétique et spécialisé qui met le participant mal à l'aise. Cela risque de générer une réponse inadéquate ou, pire encore, aucune réponse...

À éviter : Jusqu'à quel point êtes-vous d'accord avec l'énoncé suivant : Le phénomène de démassification des médias traditionnels est nuisible en ce qui a trait à la diversité culturelle ? ou Combien de fois vous présentez-vous au siège social du CHSLD de la région 03 au Québec ?

Quantité minimale d'information par énoncé/question

S'il y a plusieurs éléments d'informations qui sont évoqués dans un même énoncé (ou une même question), celui-ci doit alors être reformulé. Le participant pourrait, en effet, être d'accord avec certains de ces éléments et en désaccord avec d'autres. L'utilisation du terme *et* est parfois révélateur de ces énoncés surchargés d'information.

À éviter : Jusqu'à quel point êtes-vous d'accord avec l'énoncé suivant : Les travailleurs avançant en âge sont de moins bons communicateurs en milieu de travail que leurs plus jeunes collègues en même temps qu'ils sont moins motivés dans l'apprentissage des nouvelles technologies ?

Neutralité du langage

Les énoncés/questions ne doivent pas être formulés de façon telle qu'ils reflètent les valeurs et les opinions du chercheur.

À éviter : Préférez-vous lire un bon livre ou tout simplement regarder la télévision ?

Dans le même ordre d'idées, ces énoncés/questions ne doivent pas guider ou orienter la réponse du participant comme c'est le cas pour les énoncés/questions dirigés ; ceux-ci sont comparables aux énoncés/questions biaisés, car ils suggèrent de manière explicite ou implicite la « bonne » réponse à choisir, en exprimant par exemple un jugement de valeur.

> **À éviter :** Jusqu'à quel point êtes-vous d'accord pour affirmer, comme la majorité des Canadiens, que les technologies de l'information et de la communication favorisent une image prestigieuse du Canada à l'étranger ?

Traitement respectueux des sujets délicats

Enfin, les énoncés/questions abordant des sujets délicats ou qui sont très directs risquent de ne générer tout simplement aucun résultat.

> **À éviter :** Quel est votre revenu annuel ? Quel âge avez-vous ?

En résumé, plus les énoncés/questions sont rédigés de manière adéquate et reflètent fidèlement l'objectif de la recherche, plus les résultats du sondage sont valides. Afin qu'il en soit ainsi, le chercheur peut procéder à un prétest de son questionnaire : il le soumet d'abord à un petit groupe de personnes qui ne font pas partie de son échantillon afin de détecter les problèmes relatifs aux énoncés et à l'ensemble du questionnaire. Il se demande si, lors du prétest, les répondants ont bien compris les énoncés, par exemple si des questions n'ont pas été posées mais devraient l'être, si certains énoncés ont été ambigus.

Tout autant que la formulation des énoncés/questions, la façon dont est structuré le questionnaire influence la qualité, sinon la validité des résultats obtenus. Par exemple, la façon dont le questionnaire est présenté aux participants, la longueur de celui-ci de même que l'ordre dans lequel apparaissent les énoncés/questions sont des éléments importants à considérer. Dans les paragraphes qui suivent, nous décrirons quelques-unes des caractéristiques relatives à la conception d'un « bon » questionnaire, telles qu'elles ont été suggérées par Wimmer et Dominick (2006).

L'introduction

Qu'il soit administré par téléphone, par courrier électronique, par courrier postal ou encore en face à face, un bon questionnaire commence toujours par une brève introduction. Celle-ci, rédigée en quelques phrases, a pour objectif de situer globalement le contexte de la recherche, son caractère sérieux et utile de même que ses règles éthiques en termes d'anonymat et de confidentialité. L'hypothèse ne doit toutefois pas y être révélée pour ne pas biaiser les résultats.

L'introduction au questionnaire peut être conçue comme une marque de politesse précédant l'administration des questions. Il est en effet difficile de commencer un questionnaire en indiquant abruptement : *Veuillez répondre aux questions suivantes.* Cette brève introduction ne remplace ni la lettre d'information ni le formulaire de consentement qui doivent accompagner toute démarche de recherche afin d'assurer l'anonymat, la confidentialité ainsi que le consentement libre et éclairé du participant (voir le chapitre 2). Rappelons que des modèles de lettre d'information et de formulaire de consentement sont présentés au chapitre 2 (voir les tableaux 2.5 et 2.6).

Les directives

Le participant doit saisir rapidement et clairement ce qu'on lui demande, à défaut de quoi il risque d'abandonner en cours de route. Le chercheur doit donc fournir des directives claires qui permettront au participant de remplir aisément le questionnaire. Ces directives varient selon le mode d'administration. Les questionnaires administrés par voie postale ou électronique demanderont davantage de précisions, puisque le chercheur n'est pas sur place pour pallier certaines incompréhensions. S'agit-il par exemple d'encercler ou de cocher une réponse, ou de détailler cette même réponse ? Si le questionnaire inclut différents types d'énoncés, de questions ou d'échelles, ceux-ci doivent être précédés d'un ensemble de directives qui sont souvent rédigées dans un format de caractères ou un style graphique différent des énoncés/questions. Enfin, ces directives ne doivent être ni trop longues ni trop complexes afin d'éviter de semer la confusion dans l'esprit du participant.

Voici un exemple de directives précédant une série d'énoncés accompagnés d'une échelle de mesure de type Likert.

Dans cette section, nous vous demandons de répondre aux questions en réfléchissant à la manière dont vous communiquez avec vos collègues de travail. Indiquez votre réponse en chiffres en vous servant de l'échelle suivante.

Tout à fait en désaccord	En désaccord	Légèrement en désaccord	Ni en désaccord ni en accord	Légèrement en accord	En accord	Tout à fait en accord
1	2	3	4	5	6	7

1. En général, je communique bien avec mes collègues de travail. _____

2. Je ne suis pas du tout à l'aise pour demander des précisions à mes collègues lorsque je ne saisis pas ce qu'ils me disent. _____

3. Lorsque j'ai un problème relatif à mes tâches de travail, je n'hésite pas à en parler à mes collègues. _____

L'ordre des questions

Un questionnaire est en quelque sorte une conversation qui s'établit progressivement entre deux individus. La conversation s'amorce rarement avec des sujets très personnels ou délicats. En outre, elle passe habituellement du général au particulier. La même logique s'applique quant à l'ordre des questions : il s'agit d'établir progressivement un contact avec le participant. Par conséquent, les énoncés/questions d'ordre personnel (exemples : revenu annuel, profession et âge) devraient constituer la dernière section du questionnaire. À l'inverse, les questions simples, faciles à répondre et d'ordre général se trouvent habituellement en début de questionnaire. Enfin, les questions abordant un sujet similaire devront être regroupées dans un même bloc. Il serait plutôt illogique, en effet, qu'un questionnaire présente une série de questions sur la violence dans les médias au milieu de laquelle serait introduite une question demandant aux participants s'il y a trop de publicité à la télévision.

La longueur du questionnaire

Nous avons tous, à un moment ou à un autre de notre vie, été sollicités pour répondre à un sondage. Notre participation est souvent tributaire du temps que nous pouvons et devrons y consacrer. Plus encore, même si au départ nous acceptons de participer mais que le questionnaire s'avère trop long, nous abandonnerons en cours de route. Wimmer et Dominick soutiennent qu'un questionnaire trop long peut se traduire par un taux d'abandon de plus de 10 %. À cet effet, et à titre indicatif seulement, les questionnaires administrés par voie postale, par Internet et en présence du chercheur (soit en groupe ou individuellement) ne devraient pas, selon ces auteurs, requérir plus de 60 minutes de la part du répondant. Au téléphone, le temps maximum requis devrait être fixé à 20 minutes (Wimmer et Dominick, 2006 : 194).

4.2.4 La description, l'analyse et l'interprétation des résultats

Une fois le questionnaire administré, le chercheur procède à la compilation des données qui, comme les données d'une analyse quantitative de contenu, peuvent être entrées sur ordinateur. Différentes techniques d'analyses statistiques (voir le chapitre 5) seront utilisées en fonction de l'objectif de recherche, du type de sondage réalisé (descriptif ou analytique) et du nombre de participants. Le tableau 4.4 résume les étapes de réalisation d'un sondage.

Le sondage est une méthode quantitative de recherche très souvent utilisée dans le domaine des communications, particulièrement dans les médias de masse. Le tableau 4.5 résume les grandes étapes d'un sondage descriptif mené par le Réseau Circum et portant sur l'importance de la musique à la radio pour les Canadiens, notamment comme facteur de rétention à une station particulière.

TABLEAU 4.4	Les étapes de réalisation d'un sondage

[1] Formuler une question et une hypothèse de recherche

[2] Définir une population cible

[3] Choisir un échantillon en fonction de cette population

[4] Choisir un mode d'administration du questionnaire

[5] Construire le questionnaire (énoncés/questions)

[6] Administrer le questionnaire

[7] Décrire, analyser et interpréter les résultats

TABLEAU 4.5	L'importance de la musique à la radio en 2001 : un sondage mené auprès des Canadiens
Problématique	Quelle est l'importance de la musique pour les stations de radio ?
Hypothèses de recherche	Elles sont présentées dans le sondage comme les deux points de vue de départ. [1] La musique est un facteur d'attrait important envers la radio et envers une station particulière. [2] La musique est un facteur de rétention important à la radio et à une station particulière.
Méthode choisie pour tester les hypothèses	Sondage téléphonique
Instruments de mesure	Questionnaire de cinq sections (exemples : heures consacrées à diverses activités de loisir, raisons d'écouter la radio, etc.)
Plan d'échantillonnage	Sélection aléatoire d'un échantillon de 1071 Canadiens de douze ans et plus, à partir de numéros de téléphone (numéros dans le bottin téléphonique et numéros confidentiels).
Analyse des résultats	Analyse statistique descriptive Exemples : [1] Il y a 9 Canadiens âgés de douze ans ou plus sur 10 qui écoutent la radio au cours d'une semaine normale. [2] L'écoute de la radio est l'activité qui accapare le plus de temps de loisirs, avec l'écoute de la télévision (24 % du temps de loisirs dans les deux cas).

Source : Réseau Circum (2001). *Importance de la musique à la radio en 2001 : un sondage auprès des Canadiens*, http://circum.com/.

4.2.5 Les avantages et les limites du sondage

Comme pour toute méthode de recherche, le sondage comporte des avantages ainsi que des limites. Le chercheur doit en tenir compte afin de déterminer si cette méthode s'avère la plus appropriée en fonction de ses objectifs de recherche.

Le sondage, qu'il soit de type descriptif ou analytique, est particulièrement utile lorsque de nombreux éléments d'information doivent être recueillis (ou plusieurs variables étudiées) auprès d'un échantillon de grande taille et dans une période de temps relativement courte. Ainsi, il n'est pas rare que 2000 personnes ou plus répondent aux questions d'un sondage qui recouvrent un large éventail de variables.

Par ailleurs, outre le fait que les données générées par le sondage soient de nature purement corrélationnelle (ce qui ne permet d'aucune façon de parler de liens de causalité entre les variables mais uniquement de liens de concomitance), cette méthode comporte aussi le désavantage d'une certaine rigidité conceptuelle. En effet, l'exercice de standardisation des questions, qui a notamment pour but d'énoncer un dénominateur commun minimal pour chacun des concepts à l'étude, a du même coup pour conséquence négative de contraindre les répondants à ne réfléchir qu'à certaines dimensions prédéterminées de ces mêmes concepts. En cela, la méthode du sondage peut s'avérer superficielle devant la complexité des concepts analysés.

POUR EN SAVOIR PLUS

Sur le sondage

- BERGER, A. *Media and Communication Research Methods. An Introduction to Qualitative and Quantitative Approaches,* Londres, Sage Publications, 2000.

- BRYMAN, A. *Social Research Methods,* New York, Oxford University Press, 2004.

- TREMBLAY, A. *Sondages. Histoire, pratique et analyse,* Québec, Gaëtan Morin Éditeur, 1991.

4.3 L'expérimentation

L'analyse quantitative de contenu et le sondage, rappelons-le, sont deux méthodes quantitatives qui permettent soit de décrire des variables, soit de déterminer s'il existe des relations entre ces variables. Elles ne permettent, à aucun moment, de conclure à des liens de causalité entre ces mêmes variables. Elles mènent tout au plus à la conclusion que ces variables partagent quelque chose de commun entre elles. Lorsqu'un chercheur a pour objectif de déterminer la cause précise d'une variable, c'est-à-dire d'établir des liens de causalité tel que la variable x s'explique par la variable y (voir le chapitre 3), il s'appuiera plutôt sur la méthode expérimentale.

Pourquoi précisément cette méthode ? Parce que, comme nous venons de le souligner, celle-ci offre la possibilité de mettre en place des mesures de contrôle qui aideront à établir des liens de causalité entre des variables. Par exemple, un protocole expérimental permettrait de déterminer que la variable *âge* explique « précisément, exactement et uniquement » le degré de satisfaction des employés d'une organisation quant à la mise en place des TIC en milieu de travail. Pourquoi « précisément, exactement et uniquement » ? En raison des mesures de contrôle exercées sur toutes les sources possibles d'explication autres que celle de l'âge, à savoir toutes les variables auxquelles le chercheur ne s'intéresse pas.

Le lecteur aura probablement déjà saisi la difficulté associée à l'utilisation de l'expérimentation dans le domaine des sciences sociales. En effet, comme les objets d'étude sont très souvent des humains, la tâche devient alors complexe quant à la détermination des facteurs causaux des comportements, des attitudes, des croyances ou des valeurs. Comment expliquer, en reprenant l'exemple précédent, que c'est l'âge et uniquement l'âge qui explique entièrement le degré de satisfaction des employés d'une organisation relativement à la mise en place des TIC ? Cette conclusion implique qu'un contrôle maximal a été exercé sur toutes les autres variables potentiellement liées à ce degré de satisfaction.

Au cours d'une expérimentation, le chercheur peut mettre en place différentes mesures de contrôle. Par exemple, un chercheur peut inclure un ou plusieurs groupes de participants qu'il soumet à un traitement particulier (**groupes expérimentaux**) ainsi qu'un ou plusieurs groupes de participants qui ne seront pas soumis au traitement et qui serviront donc de point de comparaison (**groupes contrôle**). Le contrôle peut aussi être exercé par la mise en place d'un prétest ou d'un post-test administré aux participants. La comparaison des résultats des deux tests est utile pour le chercheur, car elle lui permet de déterminer l'influence des variables autres que celles auxquelles le chercheur s'intéresse (ces variables sont aussi appelées **variables parasites**).

4.3.1 Les trois protocoles de l'expérimentation

Même s'il est vrai que, dans le domaine des sciences sociales, le chercheur peut rarement exercer un contrôle total sur l'ensemble des variables, il peut y aspirer néanmoins en utilisant différents types de protocoles expérimentaux. Le tableau 4.6 résume trois types de protocoles expérimentaux, en fonction du degré de contrôle exercé. Plus le degré de contrôle augmente, plus le chercheur peut véritablement conclure à une relation de cause à effet entre des variables, comme c'est le cas pour le protocole expérimental.

TABLEAU 4.6	L'expérimentation et les trois types de protocoles		
	Protocole préexpérimental	Protocole quasi expérimental	Protocole expérimental
Présence d'un groupe contrôle	Rarement	Souvent	Toujours
Sélection aléatoire des participants	Non	Non	Oui
Assignation aléatoire des participants dans les groupes	Non	Non	Oui
Degré de contrôle exercé sur les variables parasites	Faible	Modéré	Élevé

Source: Salkind, N. J. (2006)

TABLEAU 4.7	Les points de contrôle dans le protocole expérimental		
	Protocole expérimental		
Assignation aléatoire	Prétest	Traitement	Post-test
	Prétest	Aucun traitement	Post-test

4.3.2 Les avantages et les limites de l'expérimentation

L'avantage majeur de l'expérimentation est de permettre d'aller au-delà de la simple description et de la corrélation entre des variables en abordant la notion de causalité entre celles-ci (à divers degrés). En effet, par la rigueur et le contrôle exercés sur les variables, l'expérimentation permet d'isoler et de déterminer la séquence «cause à effet» d'un phénomène particulier. De plus, comme l'expérimentation requiert habituellement peu de participants (relativement au sondage), il est plus facile d'en assurer la réplicabilité, augmentant du même coup la validité des résultats.

En contrepartie, le principal inconvénient de l'expérimentation relève de sa dimension artificielle. C'est le prix à payer pour l'exercice d'un contrôle et d'une rigueur assidus. Nous concevons bien, par exemple, que les processus de communication analysés dans un laboratoire, dans lequel les conditions sont artificiellement créées, sont peut-être loin de ceux qui se déroulent dans un contexte naturel...

Le tableau 4.8 offre un exemple d'étude expérimentale dans le domaine des communications, étude au cours de laquelle Faucheux et Moscovici ont tenté de saisir comment des réseaux de communication sont mis en place dans un groupe, et ce, en fonction de la nature de la tâche.

TABLEAU 4.8	Une étude avec groupes expérimentaux et post-test : recherche sur les réseaux de communication

Hypothèse

Entre la nature de la tâche, la structure des communications dans le groupe et sa capacité à résoudre un problème, il y a des rapports univoques.

Les auteurs posent donc l'hypothèse que ce sont précisément les contraintes de la tâche qui déterminent le type de réseau de communication (structure des communications) que le groupe mettra en œuvre. Ils composent de façon aléatoire 12 groupes expérimentaux de 4 personnes. Les 12 groupes expérimentaux sont successivement exposés à 2 types de tâches :

1) une tâche de résolution de problèmes : les figures d'Euler ;

2) une tâche dite de créativité : les arbres de Riguet.

Les deux tâches nécessitent des comportements de groupe spécifiques. La tâche de résolution de problèmes (Euler) suppose en effet une organisation, une coordination, compte tenu de la nécessité de mettre en œuvre une stratégie commune. Par contre, dans la tâche de créativité (Riguet), des démarches individuelles non coordonnées aux autres peuvent se développer sans entraver la réalisation de l'objectif. Les contraintes et les nécessités cognitives des tâches sont donc radicalement différentes.

Protocole

Groupes expérimentaux	Traitement	Post-test
GE1/GE2/GE3/GE4/GE5/GE6 GE7/GE8/GE9/GE10/GE11/GE12	Tâche 1 : Les figures d'Euler	Type de réseau de communication mis en œuvre (centralisé ou non centralisé)
GE1/GE2/GE3/GE4/GE5/GE6 GE7/GE8/GE9/GE10/GE11/GE12	Tâche 2 : Les arbres de Riguet	Type de réseau de communication mis en œuvre (centralisé ou non centralisé)

Source : Faucheux et Moscovici (1960).

POUR EN SAVOIR PLUS

Sur la méthode expérimentale

- KENNEDY, J. J. et BUSH, A. J. *An Introduction to the Design and Analysis of Experiments in Behavioral Research,* Lanham, University Press of America, 1985.

- SALKIND, N. J. *Exploring Research,* New Jersey, Pearson Prentice Hall, 2006.

- WIMMER, R. D. et DOMINICK, J. R. *Mass Media Research : An Introduction,* Belmont, USA, Thomson Wadsworth, 2006.

EXERCICES D'INTÉGRATION

Exercice 1
Quelle méthode vise à décrire, de façon objective, systématique et quantitative, le contenu manifeste des éléments d'une communication – par exemple ses messages – que celle-ci soit écrite, orale ou audiovisuelle ?
a) L'expérimentation
b) Le sondage par questionnaire
c) L'analyse quantitative de contenu
d) Aucune de ces réponses

Exercice 2
Quelles sont les différentes mesures de contrôle exercées au cours de l'utilisation d'un protocole expérimental ?

Exercice 3
Dans un sondage par questionnaire postal, comment se calcule le taux de réponse ?

Exercice 4
Pourquoi doit-on respecter certaines règles dans la formulation des questions contenues dans un questionnaire ?

CHAPITRE 5

L'ANALYSE DE DONNÉES QUANTITATIVES

OBJECTIFS DU CHAPITRE

- S'initier au traitement quantitatif des données, notamment à l'analyse statistique descriptive et inférentielle.
- S'initier à la logique d'un test d'hypothèse.

Dans ce chapitre, nous aborderons l'analyse des données quantitatives, colligées dans le contexte d'un sondage, d'une analyse de contenu ou d'une expérimentation. En effet, comme les données chiffrées ne révèlent en soi aucune information pertinente, il importe que le chercheur puisse les organiser, les structurer et les analyser de manière à répondre à la question de recherche et à l'hypothèse de départ. Pour réaliser cette étape, le chercheur s'appuie sur des techniques d'analyse statistique. Deux points importants sont à souligner quant à la statistique : 1) elle est d'une très grande utilité pour un domaine de recherche tel que celui des communications ; 2) elle ne permet pas de pallier les faiblesses d'une démarche de recherche.

D'abord, en ce qui a trait à son utilité, la statistique est trop souvent sous-estimée, car elle n'a pas très bonne réputation dans les cours de méthodes quantitatives de recherche en communication, générant plus d'anxiété que de satisfaction quant à la précision d'analyse qu'elle permet. Tenant compte de cette « phobie des données », nous privilégierons, dans ce chapitre, une approche axée davantage sur la compréhension des concepts relatifs à l'analyse statistique que sur l'élaboration détaillée de formules statistiques. Pour le lecteur qui souhaite approfondir ses connaissances sur cet aspect, nous l'invitons à consulter les ouvrages suggérés à la page 135. Notre but ici est d'outiller le lecteur afin qu'il puisse développer la rigueur nécessaire à l'analyse des données quantitatives. Il sera ainsi capable de prendre les décisions qui minimiseront les risques de biais et d'erreurs, et ce, tant sur le plan conceptuel que sur le plan statistique.

Ensuite, la statistique ne permet pas de pallier les faiblesses d'une démarche de recherche. En effet, des échelles non valides, des questions biaisées ou un échantillon non représentatif (voir le chapitre 3) génèreront des résultats statistiques à l'image même de ces limites conceptuelles. La validité et la fidélité des résultats statistiques sont donc à la mesure de la validité et de la fidélité des étapes préalables à l'analyse des données.

La statistique comporte deux volets : celui de la statistique descriptive et celui de l'inférence statistique. Le volet de la statistique descriptive permet de structurer, d'organiser et de décrire un ensemble de données quantitatives, provenant d'un échantillon ou d'une population, en un tout lisible, concis et cohérent. Le volet de l'inférence statistique permet, par ailleurs, à partir d'un échantillon recueilli de manière aléatoire, d'étudier les caractéristiques ou les paramètres de la population à laquelle appartient cet échantillon. Ce volet de la statistique implique, par conséquent, qu'un chercheur ne travaillera qu'avec les données d'un échantillon duquel il inférera ensuite les caractéristiques d'une population. En résumé, alors que la statistique descriptive se limite à la description des caractéristiques des données quantitatives d'un échantillon ou d'une population, l'inférence statistique vise à extrapoler les caractéristiques d'un échantillon à la population cible. Nous consacrerons la première section du chapitre à la statistique descriptive et la seconde à l'inférence statistique.

5.1 La statistique descriptive

La statistique descriptive est très utile parce qu'elle permet de regrouper des données de façon à les rendre plus communicables, moins abrutissantes, particulièrement lorsque ces données sont fort nombreuses. Pour bien comprendre le rôle de la statistique descriptive, prenons l'exemple d'un chercheur qui s'intéresse à l'utilisation des technologies de l'information et de la communication (notamment Internet) auprès d'un échantillon composé de 24 personnes ($n = 24$). Après avoir administré un questionnaire portant sur la variable *nombre d'heures quotidiennes passées sur Internet,* le chercheur obtient la série de données présentées au tableau 5.1. Simplement en observant cette série de données brutes, il est difficile d'en tirer une quelconque information utile, par exemple le nombre d'heures passées en moyenne sur Internet.

5.1.1 Les tableaux de distribution des données

Pour saisir la signification de ces données brutes, le chercheur devra, dans un premier temps, les dépouiller et les organiser en un **tableau de distribution des données** (aussi appelé tableau de distribution de fréquences). Ce tableau, comme son nom l'indique, permet de déterminer de quelle façon les données relatives à une variable se distribuent. Ainsi, à chaque donnée de la variable *nombre d'heures passées sur Internet,* le chercheur pourra faire correspondre sa **fréquence absolue,** c'est-à-dire le nombre de fois où cette même donnée apparaît dans la distribution. En d'autres termes, il s'agit de préciser la fréquence d'apparition de chaque donnée d'une variable. Par exemple, le tableau 5.2 montre que 4 participants n'utilisent pas Internet au quotidien alors qu'un seul participant l'utilise 5 heures par jour.

TABLEAU 5.1 — Une série de données

Répondants	Nombre d'heures passées sur Internet (par jour)	Répondants	Nombre d'heures passées sur Internet (par jour)
1	1	13	2
2	2	14	2
3	5	15	1
4	3	16	1
5	1	17	3
6	0	18	1
7	0	19	2
8	1	20	1
9	3	21	2
10	2	22	0
11	2	23	2
12	0	24	1

TABLEAU 5.2 — Le tableau de distribution des données

Nombre d'heures passées sur Internet	Fréquence absolue ($n = 24$)	Fréquence relative (%)	Fréquence cumulative
0	4	16,7 %	4
1	8	33,3 %	12
2	8	33,3 %	20
3	3	12,5 %	23
5	1	4,2 %	24

n est la somme de chacune des valeurs de fréquence absolue et correspond au nombre total de données, en d'autres termes à la taille de l'échantillon.

La fréquence absolue peut également s'exprimer en termes de proportion ou de pourcentage de données. On réfère alors à la **fréquence relative.** Regardons la première ligne du tableau 5.2. La valeur 0 associée à la variable *nombre d'heures passées sur Internet* apparaît 4 fois dans l'ensemble des valeurs de la distribution ; sa fréquence relative est donc de 16,7 % (4/24 = 0,167). Enfin, la dernière colonne du tableau de distribution des données indique la **fréquence cumulative.** Celle-ci se calcule en additionnant chaque valeur de la fréquence absolue aux valeurs précédentes. Ainsi, il est possible de dire, par exemple, que 20 personnes (somme des fréquences absolues : 4 + 8 + 8) utilisent Internet deux heures ou moins par jour.

Lorsqu'un chercheur travaille avec un échantillon de très grande taille, donc lorsqu'il doit analyser une masse de données, il peut organiser son tableau de distribution de façon à grouper les données de ses variables en **intervalles de classes** équivalentes. Supposons par exemple que le nombre d'heures passées sur Internet inclue des valeurs de 0 à 17 ; pour en faciliter la lecture, ces valeurs pourraient alors être groupées en fonction des intervalles de classe suivants : [0-5] – [6-11] – [12-17]. Par contre, si le regroupement des données brutes en intervalles de classes a l'avantage de produire des tableaux de distribution plus concis, il en résulte également une perte d'information en ce qui a trait à chacune de ces données prises individuellement, comme le montre le tableau 5.3.

TABLEAU 5.3	Le tableau de distribution de données groupées
Nombre d'heures passées sur Internet (intervalles de classes)	Fréquence absolue ($n = 24$)
[0-2]	20
[3-5]	4

5.1.2 Les représentations graphiques des données

Les informations contenues dans un tableau de distribution de données peuvent également être représentées sous forme visuelle à l'aide d'un graphique. Celui-ci permet de saisir d'un simple coup d'œil les tendances qui découlent des données colligées. L'utilité première des graphiques est, en effet, de présenter au lecteur des données sous une forme visuelle, descriptive et synthétique. On comprendra ainsi leur importance dans les médias écrits, par exemple, pour représenter rapidement et simplement un phénomène au lecteur.

Un graphique est habituellement composé de deux lignes perpendiculaires : à l'horizontale se trouve l'axe des x ou l'abscisse et, à la verticale, l'axe des y ou l'ordonnée. De façon générale, les valeurs d'une variable sont représentées sur l'axe des x, alors que leur fréquence absolue ou relative est représentée sur l'axe des y. Dans ce qui suit, nous présenterons trois types de graphiques : le **diagramme en bâtons**, l'**histogramme** et le **polygone de fréquences.**

Le diagramme en bâtons est utilisé pour représenter la distribution des valeurs d'une variable *discrète*. Ainsi, à chaque valeur de la variable en abscisse, on fait correspondre un segment vertical de hauteur proportionnelle à la fréquence de cette valeur. La figure 5.1 illustre un diagramme en bâtons en fonction d'une distribution de données portant sur une variable discrète telle que l'*appartenance sexuelle*.

Par ailleurs, l'histogramme est utilisé pour représenter la distribution des valeurs groupées (les **classes**) d'une variable *continue,* et ce, toujours à l'aide de bâtons à la verticale (voir la figure 5.2) qui, dans ce cas, sont reliés les uns aux autres, précisément pour illustrer la continuité de la variable. Enfin, le polygone de fréquences est dérivé de l'histogramme en ce qu'il relie le point milieu de chacun des intervalles de classes par un segment de droite (voir la figure 5.3).

FIGURE 5.1 | **Le diagramme en bâtons des fréquences de la variable** *appartenance sexuelle*

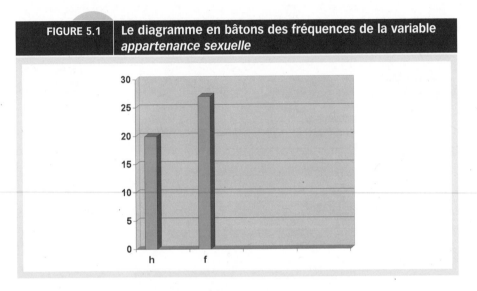

FIGURE 5.2 | **L'histogramme des fréquences de la variable** *nombre d'heures passées sur Internet*

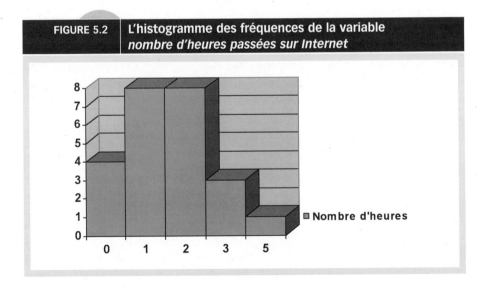

FIGURE 5.3

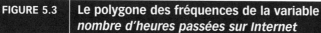

FIGURE 5.3 | **Le polygone des fréquences de la variable** *nombre d'heures passées sur Internet*

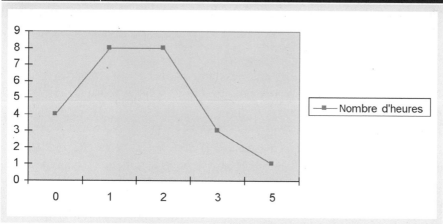

5.1.3 **Les mesures de tendances centrales**

Les tableaux et les graphiques de distribution permettent au chercheur d'organiser un ensemble de données en un tout visuellement cohérent et concis. Cependant, ces données peuvent être résumées davantage en ce sens qu'elles peuvent être exprimées par un seul nombre, voire par une seule valeur statistique. Il pourra, par exemple, déterminer précisément quelle valeur statistique reflète la tendance centrale d'une distribution de données en fonction de sa position sur l'axe des *x* d'un graphique. Il existe trois façons de calculer la tendance centrale d'une distribution : la **moyenne,** le **mode** et la **médiane.**

La moyenne arithmétique est probablement la mesure de tendance centrale la plus connue. Elle est utilisée avec des variables mesurées selon des échelles par intervalles ou des échelles de rapports (voir le chapitre 3). Elle se calcule en additionnant l'ensemble des données et en divisant cette somme par le nombre total de données. En utilisant notre exemple précédent (voir le tableau 5.1), le calcul de la moyenne du nombre d'heures passées sur Internet au quotidien serait le suivant :

$$\frac{1+2+5+3+1+0+0+1+3+2+2+0+2+2+1+1+3+1+2+1+2+0+2+1}{24}$$

Le résultat est donc 1,58. En d'autres termes, dans notre échantillon de 24 personnes, celles-ci utilisent Internet en moyenne un peu plus de 1 h 30 min par jour.

La formule mathématique utilisée dans le calcul de la moyenne est la suivante :

$$\overline{x} = \frac{\sum x_i}{n}$$

$\overline{x}$ = le symbole de la moyenne arithmétique
x_i = le symbole de chacune des données d'une série
$\sum$ = (sigma), le symbole de la sommation (soit l'addition de chacune des données)
n = le symbole du nombre total de données

Le lecteur notera que lorsque le calcul de la moyenne s'effectue sur une série de données issues d'une population et non d'un échantillon, le symbole de la moyenne est μ et celui du nombre total de données, N.

Le calcul de la moyenne peut également s'effectuer plus rapidement à partir du tableau de distribution des données en utilisant les valeurs de fréquences absolues. Ainsi, la moyenne du nombre d'heures passées sur Internet (voir le tableau 5.2) se calculerait de la façon suivante :

$$\frac{(0 * 4) + (1 * 8) + (2 * 8) + (3 * 3) + (5 * 1)}{24}$$

En d'autres termes, il s'agit de calculer :

$$\frac{\text{La somme des produits de chaque valeur d'une variable par sa fréquence absolue}}{\text{Nombre total de données}}$$

Quoique la moyenne soit une mesure de tendance centrale des plus connues et des plus utilisées, sa principale faiblesse est d'être très influencée par les valeurs extrêmes d'une distribution. Par exemple, si, dans notre exemple, un 25e participant s'ajoute à notre distribution de données et que ce participant passe environ 15 heures par jour sur Internet, la valeur de la moyenne passera alors de 1 h 58 min à 2 h 21 min. En d'autres mots, la moyenne est une mesure de tendance non résistante aux données extrêmes. Ainsi, lorsqu'une distribution de données inclut des valeurs soit très faibles, soit très élevées, il est utile de calculer à la fois la moyenne et la médiane, cette dernière étant une mesure résistante aux valeurs extrêmes.

La médiane, symbolisée par Me, représente la valeur d'une distribution de données qui divise cette dernière en deux parties égales, c'est-à-dire qu'environ 50 % des données sont inférieures à la valeur médiane et environ 50 % sont supérieures à celle-ci. Pour calculer la médiane, le chercheur doit, dans un premier temps, ordonner les données de façon ascendante (soit de la plus petite à la plus grande) ; dans un deuxième temps, il détermine le nombre total de données ; si ce nombre est impair, la médiane est la valeur au centre de la distribution alors que, si ce nombre est pair, la médiane se calcule à partir de la moyenne des deux valeurs centrales de la distribution. Ainsi, dans notre exemple, la médiane de la distribution de données relatives au nombre d'heures passées sur Internet se calculerait de la façon suivante :

Ordonner les données de façon ascendante :

$$0\ 0\ 0\ 0\ 1\ 1\ 1\ 1\ 1\ 1\ 1\ 2\ 2\ 2\ 2\ 2\ 2\ 2\ 2\ 3\ 3\ 3\ 5$$

Déterminer le nombre total de données. Dans ce cas, il s'agit d'un nombre pair (24) ; la médiane est donc :

$$0\ 0\ 0\ 0\ 1\ 1\ 1\ 1\ 1\ 1\ 1\ \mathbf{1}\,|\,\mathbf{2}\ 2\ 2\ 2\ 2\ 2\ 2\ 2\ 3\ 3\ 3\ 5$$
$$Me = \frac{1 + 2}{2} = 1,5$$

Si on ajoute une donnée à cette même distribution, disons un zéro, le nombre total devient alors impair et la médiane est la valeur centrale qui divise la distribution en deux parties égales.

$$\mathbf{0}\ 0\ 0\ 0\ 1\ 1\ 1\ 1\ 1\ 1\ 1\,|\,\mathbf{1}\,|\,2\ 2\ 2\ 2\ 2\ 2\ 2\ 2\ 3\ 3\ 3\ 5$$
$$Me = 1$$

La médiane peut être utilisée avec des variables mesurées selon des échelles par intervalles, des échelles de rapports mais aussi des échelles ordinales, puisqu'elle ne comporte pas de calcul mathématique. De plus, comme nous l'avons mentionné plus haut, cette mesure de tendance centrale, contrairement à la moyenne, n'est pas influencée par les données extrêmes d'une distribution, elle ne reflète que le centre de cette dernière. Conséquemment, lorsque la médiane et la moyenne d'une distribution sont très différentes l'une de l'autre, c'est que la distribution de données comporte des valeurs extrêmes, tel qu'illustré dans l'exemple suivant :

$$0\ 0\ 0\ 0\ 1\ 1\ 1\ 1\ 1\ 1\ 1\ \mathbf{2}\ 2\ 2\ 2\ 2\ 2\ 2\ 2\ 3\ 3\ 3\ 5\ 15$$
$$Me = 2$$
$$\overline{x} = 2,32$$

5.1.4 **Le mode**

Le mode (Mo) est la valeur qui revient le plus souvent dans une distribution. Il s'agit de la valeur ou de la classe (dans le cas où les données ont été groupées) dont la fréquence est la plus élevée. Le mode s'avère particulièrement utile avec des variables mesurées selon une échelle nominale. Par ailleurs, il peut aussi être pertinent de calculer le mode avec des variables mesurées selon des échelles ordinales, des échelles par intervalles ou des échelles de rapports, surtout lorsque la fréquence des valeurs de ces variables est élevée.

Supposons qu'un chercheur veuille évaluer le degré de satisfaction d'un groupe de 12 étudiants quant à la pédagogie utilisée par le professeur. Le chercheur mesure la variable *satisfaction* à l'aide d'une échelle par intervalles de type Likert de 1 à 5 (1 indiquant un faible degré de satisfaction et 5, un degré élevé de satisfaction). Les données sont les suivantes : 1, 1, 2, 2, 2, 2, 2, 3, 3, 4, 5 et 5. La valeur modale serait alors 2, puisqu'il s'agit de la valeur la plus fréquente de cette distribution : elle apparaît à cinq reprises.

Quoiqu'on ne puisse calculer qu'une seule moyenne et une seule médiane dans une distribution de données, cette dernière peut cependant comporter deux ou même plusieurs valeurs d'égale fréquence. Il s'agit alors de distribution bimodale ou multimodale. Par exemple, la distribution suivante : 55, 59, 59, 65, 66, 69, 69, 95 comporte deux modes, soit 59 et 69.

5.1.5 **Les mesures de dispersion**

Le volet de la statistique descriptive comporte non seulement le calcul de la valeur centrale d'une distribution de données, mais également celui de la valeur reflétant le degré de dispersion ou d'étalement de ces mêmes données relativement au point central. Ainsi, quoique deux distributions de données puissent avoir des moyennes identiques, leurs valeurs de dispersion peuvent être fort différentes.

Prenons l'exemple suivant : un chercheur demande à 10 étudiants en communication à l'Université d'Ottawa d'indiquer leur âge. Il obtient les résultats suivants : 24 ; 24 ; 25 ; 25 ; 26 ; 26 ; 27 ; 28 ; 28 ; 28. Il pose la même question à 10 étudiants en communication à l'Université du Québec à Montréal. Les résultats sont les suivants : 18 ; 20 ; 21 ; 25 ; 25 ; 26 ; 28 ; 28 ; 31 ; 39. Que pouvons-nous observer ? Plusieurs choses. Entre autres, nous constatons, en appliquant le calcul de la moyenne, que l'âge moyen pour les deux distributions est de 26,1 ans. Cependant, en observant attentivement chacune des deux distributions de données, nous nous apercevons que la plupart de celles recueillies chez les étudiants en communication à l'Université d'Ottawa sont tout près ou centrées autour de la valeur de la moyenne, soit 26,1. En d'autres termes, l'écart entre chacune de ces données et la valeur de la moyenne est très petit. En revanche, pour l'échantillon d'étudiants en communication à l'Université du Québec à

Montréal, on constate que les données sont généralement beaucoup plus éloignées de la valeur de la moyenne de 26,1. Que pouvons-nous conclure ? Il s'agit là de deux distributions dont la valeur de la moyenne est la même mais avec des écarts (ou des dispersions) relatifs à cette moyenne nettement différents. De là la pertinence des mesures de dispersion qui visent justement à déterminer, au moyen d'une valeur statistique, l'ampleur de l'écart des données d'une distribution. Dans ce qui suit, nous définirons deux mesures statistiques de dispersion, soit l'**étendue** et l'**écart type.**

L'étendue est la distance mathématique qui sépare les deux points limites d'une distribution de données. Elle se calcule en soustrayant la valeur la plus faible de la valeur la plus élevée d'une distribution de données, après que les données ont été ordonnées de façon ascendante, soit de la plus petite valeur à la plus grande. Par exemple :

20 20 30 40 50 60 70 80 90 90 90 100 100 **110**

Étendue = 110 – 20 = 90

L'étendue permet donc de déterminer la distance qui sépare les valeurs maximale et minimale d'une distribution de données. Elle peut s'appliquer à tous les types de mesure (ordinale, par intervalles et de rapports), à l'exception des mesures nominales dans lesquelles, par définition, les valeurs maximales et minimales n'existent pas (puisqu'elles ne sont pas ordonnées). Notons enfin que l'étendue ne tient compte que des valeurs limites d'une distribution et conséquemment ne donne aucune information sur les valeurs restantes contenues entre les intervalles formés par ces valeurs limites, ce qui n'est pas le cas pour l'écart type.

L'écart type est une mesure de dispersion (notée s pour les données d'un échantillon et σ pour une population) qui reflète le degré de variabilité de *toutes* et de *chacune* des valeurs ou données par rapport à la moyenne. C'est d'ailleurs pour cette raison que l'écart type est la mesure de dispersion la plus fréquemment utilisée, particulièrement pour des mesures par intervalles et de rapports. Prenons pour exemple la distribution de données suivante :

0 0 1 2 3 3 4 4 4 5 5 6 7 7 8 8 8 9 10 10 10

La valeur de la moyenne de cette distribution est de 5,36 ; la valeur de l'écart type reflétera donc le degré de dispersion de chacune des données par rapport à cette moyenne.

La formule mathématique utilisée pour calculer l'écart type est la suivante :

$$s = \sqrt{\frac{\Sigma(x_i - \bar{x})^2}{n}}$$

où

s = écart type
$\bar{x}$ = moyenne
x_i = chacune des données de la distribution (i peut donc varier de 1 à n)
n = taille de l'échantillon
Σ = sommation

À l'aide de cette formule, déterminons l'écart type de la distribution de données suivantes :

3	**4**	**5**	**6**	**7**

$$\bar{x} = 5$$

$(x_i - \bar{x})$ (écarts de la moyenne)

$3 - 5 = -2$	$4 - 5 = -1$	$5 - 5 = 0$	$6 - 5 = 1$	$7 - 5 = 2$

$\Sigma(x_i - \bar{x})^2$: somme des écarts au carré (pour éviter que la somme des écarts soit zéro)

$$(4 \quad + \quad 1 \quad + \quad 0 \quad + \quad 1 \quad + \quad 4) = 10$$

$$\text{Écart type} = \sqrt{\frac{10}{5}} = 1,41$$

Notons que si les données concernent toute une population, il faut alors diviser par N et utiliser le symbole de la valeur moyenne d'une population, soit μ. Le symbole pour l'écart type d'une population est σ. La formule est alors la suivante :

$$\sigma = \sqrt{\frac{\Sigma(x_i - \mu)^2}{N}}$$

5.2 La statistique inférentielle

Alors que la statistique descriptive permet de tracer un portrait synthétique de l'ensemble des données d'un échantillon, l'analyse statistique inférentielle vise à estimer les caractéristiques d'une population à partir de celles observées dans l'échantillon étudié. En d'autres termes, comme l'indique Thiétart, « le but de la statistique inférentielle est de tester des hypothèses formulées sur les caractéristiques d'une population grâce à des informations recueillies sur un échantillon issu de cette population » (Thiétart, 2003 : 292).

Pour bien comprendre la fonction de la statistique inférentielle, prenons l'exemple suivant. Sur la base d'une recension exhaustive de la littérature, un chercheur émet l'hypothèse que les étudiantes sont plus motivées que les étudiants à réussir le cours *Méthodes de recherche quantitative en communication* à l'Université XYZ. Il recueille ensuite un échantillon aléatoire d'étudiantes et d'étudiants du cours *Méthodes de recherche quantitative en communication* à l'Université XYZ, dont il mesure le degré de motivation au moyen d'une échelle de mesure par intervalles de type Likert de 1 à 7 points (un score de 1 indiquant un faible degré de motivation et un score de 7, un degré élevé de motivation). Les valeurs de tendance centrale (précisément la moyenne) relatives aux données de l'échantillon révèlent que les étudiantes affichent bel et bien une plus grande motivation que les étudiants (exemples : $\overline{x} = 5$ pour les étudiantes et $\overline{x} = 3,5$ pour les étudiants). Cependant, rappelons-nous que l'hypothèse a été formulée à l'égard de *l'ensemble* des étudiantes et des étudiants du cours *Méthodes de recherche quantitative en communication*. C'est ici qu'entre en jeu la statistique inférentielle. Le chercheur se demande si la différence de moyennes (soit $\overline{x} = 5$ pour les étudiantes et $\overline{x} = 3,5$ pour les étudiants) obtenue auprès de son échantillon est *généralisable* à la population qui est l'ensemble des étudiantes et des étudiants du cours. Pour ce faire, il procédera à un test statistique d'hypothèse.

5.2.1 La logique du test d'hypothèse

Le test statistique d'hypothèse implique des procédures complexes qui sous-tendent une compréhension en profondeur de la statistique inférentielle. Nous passerons sommairement en revue ces procédures. Le lecteur qui voudrait appro-fondir sa compréhension du test statistique d'hypothèse est donc invité à consul-ter les ouvrages proposés à la page 144.

L'objectif du test statistique d'une hypothèse est de permettre au chercheur de tirer une conclusion *généralisable* par rapport aux résultats obtenus depuis son échantillon. En d'autres termes, lorsque le chercheur met à l'épreuve une hypo-thèse de manière statistique, il décide (en fonction d'une règle de probabilité pré-établie) dans quelle mesure les résultats obtenus depuis l'échantillon sont aussi plausibles pour l'ensemble de la population. Cette décision se base sur un calcul de probabilité et, ce faisant, comporte toujours un risque d'erreurs.

Nous avions indiqué au chapitre 3 que l'hypothèse nulle est centrale dans une démarche de recherche quantitative; de fait, elle est aussi centrale dans la procé-dure du test statistique d'hypothèse. Rappelons que l'hypothèse nulle est un énoncé qui exprime *l'absence* de différences ou de liens de concomitance entre des groupes de données (exemple: H_0 : *Il n'y a pas de différences entre les hommes et les femmes quant à la communication au moyen des expressions faciales*). En outre, cette hypothèse traduit l'idée selon laquelle si certaines différences ou certains liens de concomitance sont observés (à partir d'un échantillon), ils ne sont que le fruit du hasard.

C'est précisément cette hypothèse nulle que le chercheur tente de réfuter. Pourquoi ce raisonnement? *A priori,* comme le chercheur ne dispose d'aucun fait, et encore moins de preuves, quant à une différence ou à un lien de concomitance significatif entre des groupes de données, il n'a d'autre choix, au départ, que de supposer que l'hypothèse nulle est probablement vraie. Il confronte ensuite les résultats observés dans son échantillon (par exemple: des résultats indiquant qu'il existe une différence entre les hommes et les femmes quant à la communication au moyen des expressions faciales) à cette supposition. En d'autres mots, il déter-mine la probabilité (symbolisée par p) que les résultats observés se soient produits sous l'hypothèse nulle et il suit, comme l'indique Laurencelle, le raisonnement suivant:

> « Si cette probabilité calculée, disons p, est assez grande, cela signifie que l'hypothèse selon laquelle nos groupes de données ne diffèrent pas vraiment l'un de l'autre est plausible. Si par contre la probabilité p est très petite, ou *suffisamment petite* par rapport à un seuil de probabilité convenu à l'avance, la différence dans nos données nous apparaît alors comme remarquable. L'hypothèse nulle devient peu plausible et nous pouvons déclarer que la dif-férence observée est significative. » (Laurencelle, 1998: 352)

En somme, la réalisation d'un test statistique d'hypothèse suit les étapes suivantes:

[1] Énoncer l'hypothèse de recherche (H_1) et l'hypothèse nulle (H_0).

[2] Supposer que l'hypothèse nulle est probablement vraie et élaborer un modèle de probabilité en fonction de cette supposition.

[3] Établir une règle de décision en fonction de laquelle l'hypothèse nulle sera soit rejetée, soit acceptée.

[4] Calculer la probabilité que le modèle de l'hypothèse nulle soit vrai en fonction de l'adéquation des résultats observés dans l'échantillon à ce modèle.

[5] Sur la base de cette probabilité, prendre une décision : soit de rejeter H_0, soit d'accepter H_0.

Dans ce qui suit, nous illustrerons chacune des étapes du test statistique d'hypothèse à l'aide de deux exemples, le premier portant sur une différence de moyennes entre deux groupes de données et le second, sur un lien de concomitance entre deux groupes de données. Il est important de préciser qu'il existe différents modèles de probabilités pour tester une hypothèse (exemples : lois t de Student, Khi-deux (χ^2), F, loi normale). L'objectif du présent chapitre n'est toutefois pas de passer en revue chacun de ces modèles ; nous invitons donc de nouveau le lecteur qui souhaiterait approfondir ses connaissances à consulter les ouvrages statistiques cités à la page 144. Cela dit, le lecteur retiendra que le choix de l'un ou de l'autre de ces modèles pour le test d'hypothèse est fonction du type de données colligées. Par exemple, lorsqu'il s'agit de données continues (comme c'est le cas dans les deux exemples que nous présenterons plus loin), le chercheur s'appuie sur la loi normale (ou courbe normale) pour effectuer son test statistique d'hypothèse. Voyons d'abord quelles sont les caractéristiques de la courbe normale pour ensuite effectuer nos tests d'hypothèses en nous basant sur celle-ci.

5.2.2 La courbe normale pour tester les hypothèses

La courbe normale, également appelée courbe de Gauss (illustrée à la figure 5.4) reflète une distribution symétrique en forme de cloche où l'on observe le pourcentage le plus élevé des données d'une population (calculé en termes de fréquences) autour de la moyenne (située au centre de l'axe des x de la figure 5.4). Ce pourcentage diminue au fur et à mesure qu'on s'éloigne de cette moyenne.

La courbe normale possède également les caractéristiques suivantes : l'aire totale comprise entre la courbe et l'axe des x est égale à 1 et la surface entre la courbe et l'axe des x se répartit comme suit :

- 68,26 % des données sont comprises entre la moyenne moins un écart type de la population ($\mu - \sigma$) et la moyenne plus un écart type de la population ($\mu + \sigma$) ;
- 95,44 % des données sont comprises entre la moyenne moins deux écarts types de la population ($\mu - 2\sigma$) et la moyenne plus deux écarts types de la population ($\mu + 2\sigma$) ;

- 99,74 % des données sont comprises entre la moyenne moins trois écarts types de la population ($\mu - 3\sigma$) et la moyenne plus trois écarts types de la population ($\mu + 3\sigma$).

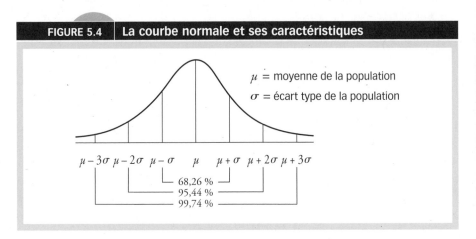

FIGURE 5.4 | **La courbe normale et ses caractéristiques**

μ = moyenne de la population

σ = écart type de la population

$\mu - 3\sigma$ $\mu - 2\sigma$ $\mu - \sigma$ μ $\mu + \sigma$ $\mu + 2\sigma$ $\mu + 3\sigma$

68,26 %
95,44 %
99,74 %

Cette répartition des données sous la courbe suggère, par exemple, que la probabilité de choisir un échantillon aléatoire dont la moyenne se situe au-delà de trois écarts types de la moyenne de la population cible n'est que de 3 % ($1 - 0,997 = 0,003$).

5.2.3 Le test d'hypothèse sur une différence de moyennes

Rappelons que, dans tout test d'hypothèse, deux hypothèses doivent être formulées. La première, H_0, est l'hypothèse nulle. L'hypothèse nulle est considérée comme vraie tout au long d'un test statistique d'hypothèse et nous verrons qu'elle ne sera rejetée que si on dispose de suffisamment de preuves contre elle. La seconde, H_1, est l'hypothèse de recherche ; celle-ci ne sera acceptée que dans le cas où l'hypothèse nulle est rejetée.

Pour bien comprendre la logique d'un test statistique d'hypothèse portant sur une différence de moyennes, supposons l'hypothèse nulle (H_0) et l'hypothèse de recherche (H_1) suivantes :

H_0: Il n'existe pas de différences entre les hommes et les femmes quant au degré d'ouverture personnelle.

H_1: Les femmes reflètent un plus grand degré d'ouverture personnelle que les hommes.

Dans cet exemple, supposons que le degré d'ouverture personnelle soit mesuré en fonction d'une échelle de type Likert (de 1 à 7, selon laquelle 1 traduit peu d'ouverture et 7, beaucoup d'ouverture) et que le chercheur s'intéresse à une différence potentielle (en termes de moyenne) entre les hommes et les femmes. Dans un premier temps, le chercheur recueille deux échantillons aléatoires composés d'hommes et de femmes. Étant donné qu'il utilise un plan d'échantillonnage probabiliste, il peut supposer que ces échantillons seront représentatifs de la population d'hommes et de femmes et que les données relatives à la variable continue *degré d'ouverture personnelle* se distribueront selon une courbe normale pour cet échantillon. Le chercheur procède ensuite au calcul des moyennes quant au degré d'ouverture pour les deux groupes de son échantillon. Supposons que les femmes obtiennent une moyenne de 5,2 ($\bar{x}_1 = 5{,}2$) et les hommes, une moyenne de 4,3 ($\bar{x}_2 = 4{,}3$). La question suivante s'impose alors : La différence de 0,9 entre ces deux moyennes est-elle significative ? En d'autres termes, cette différence est-elle suffisante pour conclure, avec un certain niveau de certitude, qu'une différence de même ampleur se produira également dans la population cible ? C'est le test statistique d'hypothèse qui permettra de répondre à cette question.

Pour ce faire, le chercheur énonce d'abord statistiquement l'hypothèse de recherche ainsi que l'hypothèse nulle : $H_1 : \mu_1 > \mu_2$ et $H_0 : \mu_1 = \mu_2$ (rappelons que μ = moyennes de la population). Il suppose au départ que H_0 est probablement vraie. Il présume donc un statut d'égalité entre les deux groupes, symbolisé, comme nous l'avons vu précédemment, par $= \mu_2$ ou $\mu_1 - \mu_2 = 0$. Par la suite, un modèle de probabilité traduisant cette hypothèse nulle est spécifié (dans le cas de la variable continue *degré d'ouverture personnelle,* supposons que celle-ci se distribue selon une courbe normale et que le modèle de probabilité de H_0 sera donc spécifié suivant une loi normale). Enfin, la probabilité que l'hypothèse nulle soit vraie est calculée en confrontant les résultats observés à partir de l'échantillon au modèle de l'hypothèse nulle. Il s'agit alors de déterminer dans quelle mesure la différence de moyennes observée dans l'échantillon ($H_1 : \bar{x}_1 > \bar{x}_2$) constitue ou non un résultat exceptionnel sous le modèle traduisant l'hypothèse nulle, c'est-à-dire de déterminer la probabilité d'occurrence de ce résultat.

Afin de calculer précisément ce qui constitue un résultat *exceptionnel,* le chercheur doit se fixer une règle de décision, règle qui réfère au **seuil de signification** (voir la section 5.2.4). Par exemple, si le chercheur détermine qu'un résultat exceptionnel en est un qui ne se produit que dans 5 % ou moins des cas sous le modèle de l'hypothèse nulle et que les résultats de son échantillon se situent dans cette proportion (voir la figure 5.5), il pourra tirer la conclusion suivante : Comme les résultats observés dans son échantillon ont une faible probabilité d'occurrence (5 % ou moins) sous le modèle de l'hypothèse nulle, cette dernière est probablement fausse. En d'autres termes, il pourra conclure que la probabilité que la différence de moyennes observée dans son échantillon ne relève que du hasard est de 5 % ou moins. En prenant une telle décision, le chercheur affirme, avec un niveau de certitude de 95 % (1 − 0,05), qu'une différence réelle existe dans la population d'hommes et de femmes quant au degré d'ouverture personnelle.

La figure 5.5 reflète la décision du chercheur de rejeter l'hypothèse nulle dans le cas où celle-ci s'avère peu probable.

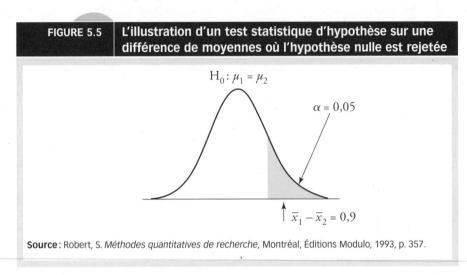

FIGURE 5.5 — **L'illustration d'un test statistique d'hypothèse sur une différence de moyennes où l'hypothèse nulle est rejetée**

$H_0 : \mu_1 = \mu_2$

$\alpha = 0,05$

$\overline{x}_1 - \overline{x}_2 = 0,9$

Source : Robert, S. *Méthodes quantitatives de recherche,* Montréal, Éditions Modulo, 1993, p. 357.

Chacune des étapes du test statistique d'hypothèse peut être effectuée avec la plupart des logiciels d'analyse statistique. Par exemple, le logiciel SPSS (*Statistical Package for the Social Sciences*) permet d'effectuer des test-*t* (lorsqu'il s'agit de comparer deux moyennes) ou encore des analyses de variance /ANOVA (lorsqu'il s'agit de comparer trois moyennes) ; la probabilité *p* associée à ces tests y est aussi indiquée. Il s'agit alors de rejeter ou d'accepter l'hypothèse nulle en fonction d'une règle de décision initialement énoncée. Nous orientons de nouveau le lecteur vers les ouvrages inclus dans la liste bibliographique à la page 144 quant aux calculs mathématiques de ces tests.

5.2.4 **Le seuil de signification**

La décision de rejeter ou d'accepter l'hypothèse nulle s'appuie sur la probabilité d'occurrence de cette dernière. Lorsque cette probabilité est suffisamment faible, l'hypothèse nulle est rejetée ; en revanche, lorsque la probabilité est suffisamment élevée, l'hypothèse nulle est acceptée. Mais à partir de quel seuil une probabilité est-elle suffisamment faible ou suffisamment élevée ? La convention dans le domaine des sciences sociales (incluant la communication) impose un seuil de 5 % (ou $\alpha = 0,05$) ou de 1 % ($\alpha = 0,01$). Ce seuil, appelé seuil de signification, indique une position aux extrêmes de la courbe normale et au-delà de laquelle la probabilité que l'hypothèse nulle soit vraie devient suffisamment faible pour que le chercheur rejette cette hypothèse au profit de l'hypothèse alternative de recherche. Du même coup, ce seuil de signification correspond, comme l'indique Simard, « aux risques de se tromper lorsqu'on prend la décision de rejeter l'hypothèse nulle » (Simard, 2002 : 213).

Le seuil de signification peut se traduire comme suit :

$$\alpha = P \text{ (rejeter } H_0 \text{ sachant que } H_0 \text{ est vraie)} = P \text{ (rejeter } H_0 \text{ / } H_0 \text{ est vraie)}$$

Suivant cette logique, il est important de se rappeler que lorsque le chercheur prend la décision de rejeter l'hypothèse nulle, il n'a pas pour autant démontré l'exactitude de son hypothèse de recherche ; il déclare tout simplement que la probabilité que l'hypothèse nulle soit vraie est suffisamment faible (5 % ou moins, par exemple) pour la rejeter, et ce, avec un degré de certitude de 95 %. Autrement dit, il déclare qu'il n'existe pas de raisons suffisantes (en termes de probabilité) de conclure que cette hypothèse nulle soit vraie. La figure 5.6 illustre une règle de décision en fonction d'un seuil de signification fixé à 5 %.

Il est important de noter que la règle de décision varie en fonction de la bilatéralité ou de l'unilatéralité de l'hypothèse de recherche énoncée (voir le chapitre 3). Dans l'exemple que nous avons utilisé, le lecteur remarquera que l'hypothèse de recherche en est une de type unilatéral. Non seulement une différence entre les moyennes des deux groupes est énoncée, mais la nature de cette différence est aussi précisée. Il s'agit là d'une information importante, puisqu'elle modifie le seuil de signification en fonction duquel le chercheur rejette ou accepte l'hypothèse nulle. En effet, dans le cas d'une hypothèse de recherche unilatérale (exemple : $\mu_1 > \mu_2$), le chercheur s'attend à une différence qui se révélera dans une direction particulière (exemple : les femmes manifesteront plus d'ouverture personnelle que les hommes). Conséquemment, le seuil de signification symbolisant une probabilité d'occurrence de 5 % ou moins de l'hypothèse nulle se situera dans l'une *ou* l'autre des extrémités de la courbe. Par contre, si le chercheur émet tout simplement une hypothèse de recherche relative à une différence entre deux groupes de données, sans préciser la nature de cette différence, une surface de signification de 5 % est alors divisée par deux, soit une aire de 0,025 (ou 2,5 %) sous chacune des extrémités de la courbe normale, pour totaliser 0,05 (ou 5 %). Dans notre exemple comparant le degré d'ouverture personnelle entre les hommes et les femmes, l'hypothèse de recherche $\mu_1 > \mu_2$ impose un test de différence de moyennes unilatéral à droite. La figure 5.7 résume les tests statistiques unilatéraux et bilatéraux.

5.2.5 Le test d'hypothèse sur un coefficient de corrélation

Lorsque le chercheur s'intéresse non pas à une différence entre des groupes de données continues mais bien à un lien de concomitance entre celles-ci, il exprime son hypothèse en termes de corrélation. Une corrélation traduit une relation entre deux variables quantitatives, voire une relation entre deux groupes de données continues découlant de la mesure de ces variables. Autrement dit, la corrélation reflète ce qu'ont en commun deux variables quantitatives.

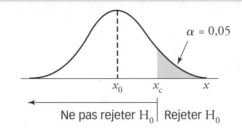

FIGURE 5.6 | **La règle de décision en fonction d'un seuil de signification de 5 %**

$\alpha = 0,05$

Ne pas rejeter H_0 | Rejeter H_0

Source : Thiétart, R-A. *Méthodes de recherche en management,* 2e éd., Paris, Dunod, 2003, p. 299.

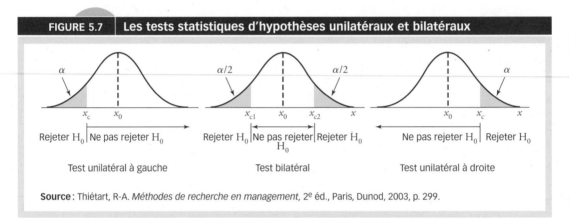

FIGURE 5.7 | **Les tests statistiques d'hypothèses unilatéraux et bilatéraux**

α

Rejeter H_0 | Ne pas rejeter H_0

Test unilatéral à gauche

$\alpha/2$ $\alpha/2$

Rejeter H_0 | Ne pas rejeter H_0 | Rejeter $\dot{H}_0$

Test bilatéral

α

Ne pas rejeter H_0 | Rejeter H_0

Test unilatéral à droite

Source : Thiétart, R-A. *Méthodes de recherche en management,* 2e éd., Paris, Dunod, 2003, p. 299.

La corrélation entre deux variables quantitatives peut être quantifiée. Ainsi, le **coefficient de corrélation** (*r*) exprime mathématiquement le degré d'association entre deux variables de même que la nature de cette association. Un coefficient de corrélation peut varier de −1,00 à 0 à +1,00 et sa valeur indique à la fois la nature de la corrélation et son intensité (ou le degré d'association). À titre d'exemple, un coefficient de corrélation de 0,80 indique qu'une relation forte et positive existe entre des variables. Voyons en détail chacun de ces éléments d'information.

Le signe mathématique du coefficient de corrélation

• Le signe mathématique, positif ou négatif, qui accompagne le coefficient indique la nature de la corrélation. Une **corrélation négative** entre deux variables indique que lorsque les données associées à une variable augmentent, les données associées à l'autre variable diminuent ou vice-versa. Prenons l'hypothèse suivante : *Plus un étudiant passe de temps à regarder la télévision, moins il obtient de bons résultats scolaires.* Cette hypothèse exprime une corrélation négative entre le temps passé à regarder la télévision et les résultats scolaires.

- En revanche, une **corrélation positive** indique que lorsque les données associées à une variable augmentent, les données associées à l'autre variable varient dans le même sens. Par exemple, on pourrait postuler que plus un étudiant passe de temps à regarder la télévision, plus ses résultats scolaires sont élevés (ce qui serait bien peu plausible cependant!). La corrélation positive existe également lorsque les données associées à une variable diminuent et que celles de l'autre variable diminuent également. En reprenant notre exemple, cela se traduirait par l'hypothèse suivante : *Moins un étudiant passe de temps à regarder la télévision, moins ses résultats scolaires sont élevés.*

Le degré de la corrélation

La valeur absolue du coefficient reflète le degré d'association entre des variables. Un coefficient de 0 indique qu'aucune corrélation n'existe entre des variables. Plus le coefficient se rapproche de −1 ou de +1, plus les variables sont corrélées. Un coefficient de − 0,82 est donc plus élevé qu'un coefficient de + 0,72, de même qu'un coefficient de + 0,56 est plus faible qu'un coefficient de − 0,60 (Salkind, 2006 ; Frey et autres, 2000).

C'est précisément sur le coefficient de corrélation qu'un test d'hypothèse est effectué. Examinons de plus près la procédure. Un chercheur énonce l'hypothèse de recherche suivante : H_1 : *Il existe une corrélation positive entre l'âge et le degré d'ouverture personnelle.* Il énonce aussi l'hypothèse nulle correspondante : H_0 : *Il n'y a pas de corrélation entre l'âge et le degré d'ouverture personnelle.* À partir d'un échantillon aléatoire, il observe bel et bien une corrélation positive entre la variable *âge* et la variable *degré d'ouverture personnelle*, soit $r = 0,80$. Peut-il cependant généraliser ces résultats au-delà de son échantillon, c'est-à-dire à l'ensemble de la population ? Pour répondre à cette question, il suppose (comme pour le test statistique d'hypothèse portant sur les moyennes) que l'hypothèse nulle est probablement vraie. Un modèle de probabilité traduisant cette hypothèse nulle (suivant une courbe normale en fonction de notre exemple) est ensuite spécifié ; dans ce modèle, $r = 0$. Enfin, la probabilité que l'hypothèse nulle soit vraie est calculée en confrontant les résultats observés à partir de l'échantillon. Il s'agit alors de déterminer dans quelle mesure la corrélation ($r = 0,80$) observée dans les résultats de l'échantillon constitue un résultat *exceptionnel* par rapport au modèle de l'hypothèse nulle.

C'est en fonction du seuil de signification préétabli (exemple : 5 % ou moins ou $\alpha = 0,05$) que le chercheur prend la décision de rejeter ou d'accepter l'hypothèse nulle. Ainsi, si la probabilité d'obtenir une corrélation positive constitue un résultat rare, voire exceptionnel sous le modèle de H_0, le chercheur pourra rejeter l'hypothèse nulle au profit de son hypothèse de recherche en concluant qu'il existe bel et bien une corrélation positive entre l'âge et le degré d'ouverture personnelle et que celle-ci est significative au-delà des limites de son échantillon.

En revanche, si la probabilité d'obtenir une corrélation positive (soit $r = 0,80$) constitue un résultat dont la probabilité d'occurrence dans le modèle de l'hypothèse nulle est plus élevée que le seuil de signification (soit plus de 5 %), le chercheur accepte l'hypothèse nulle et conclut qu'il n'existe pas de corrélation positive entre l'âge et le degré d'ouverture personnelle. En d'autres termes, la corrélation observée dans l'échantillon ne résulte que de la chance, c'est-à-dire de fluctuations aléatoires. La figure 5.8 reflète la décision du chercheur de rejeter l'hypothèse nulle dans le cas où celle-ci s'avère peu probable.

FIGURE 5.8	L'illustration d'un test statistique d'hypothèse sur un coefficient de corrélation où l'hypothèse nulle est rejetée

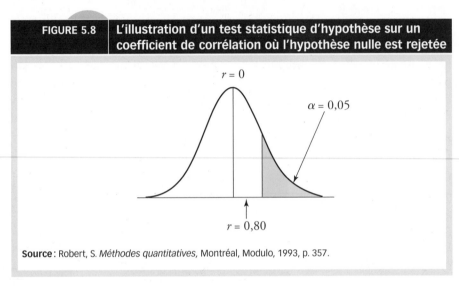

Source : Robert, S. *Méthodes quantitatives,* Montréal, Modulo, 1993, p. 357.

Comme dans le cas des tests d'hypothèses portant sur des différences de moyennes, la plupart des logiciels statistiques effectuent des tests d'hypothèses portant sur des coefficients de corrélation et fournissent au chercheur l'information essentielle quant à la décision de rejeter ou d'accepter l'hypothèse nulle. Par exemple, la probabilité p associée au coefficient de corrélation observé y est indiquée.

POUR EN SAVOIR PLUS

Sur les tests d'hypothèses

- FREY, L. R., BOTAN, C. H. et KREPS, G. L. *Investigating Communication. An Introduction to Research Methods,* Boston, Allyn & Bacon, 2000.

- GEORGE, D. et MALLERY, P. *SPSS for Windows Step by Step,* Boston, Allyn & Bacon, 2006.

- THIÉTART, R. A. *Méthodes de recherche en management,* Paris, Dunod, 2003.

- ROBERT, S. *Méthodes quantitatives,* Montréal, Modulo Éditeur, 1993.

5.2.6 **Les risques d'erreurs**

Quel que soit le type de test statistique d'hypothèse effectué (sur une différence de moyennes ou sur un coefficient de corrélation), la décision que le chercheur prend soit d'accepter, soit de rejeter l'hypothèse nulle comporte toujours un risque d'erreurs, puisqu'elle s'appuie sur une probabilité. Par exemple, en décidant de rejeter l'hypothèse nulle au profit de l'hypothèse alternative, et ce, en fonction d'un seuil de signification de 5 %, le chercheur risque de commettre une erreur dans 5 % des cas ; il s'agit de l'erreur d'avoir rejeté à tort l'hypothèse nulle alors que celle-ci est probablement vraie. En revanche, en décidant d'accepter l'hypothèse nulle et de rejeter l'hypothèse de recherche (en fonction d'un seuil de signification de 5 %), le chercheur risque aussi de commettre une erreur dans 5 % des cas ; il s'agit de l'erreur d'avoir accepté l'hypothèse nulle alors que celle-ci est probablement fausse.

Ces deux types d'erreurs relatives à la règle de décision sont nommés **erreur de première espèce** (α) et **erreur de seconde espèce** (β). L'erreur de première espèce se produit lorsque le chercheur rejette H_0 alors que H_0 est probablement vraie ; le chercheur commet une erreur de seconde espèce lorsque H_0 est probablement fausse et qu'il décide de ne pas la rejeter (les types d'erreurs sont résumés au tableau 5.4). Chacun de ces types d'erreurs est donc influencé par la règle de décision préétablie, soit le seuil de signification. Par exemple, lorsque la probabilité qu'une corrélation ou une différence de moyennes se situe dans la zone délimitée par un seuil de signification, le chercheur prend alors la décision de rejeter l'hypothèse nulle mais, du même coup, il risque de se tromper dans 5 % des cas, donc de commettre une erreur de première espèce. Le critère relatif au seuil de signification pourrait alors être plus restrictif, en optant par exemple pour un seuil de signification de 1 % ($\alpha = 0{,}01$). Par contre, en choisissant un seuil de signification plus restrictif, la probabilité de commettre une erreur de seconde espèce augmente du même coup. Le lecteur aura compris qu'en modifiant le seuil de signification (en l'augmentant ou en le diminuant) le chercheur fait toujours le compromis d'un plus grand risque d'erreurs, soit de première, soit de seconde espèce. Une des façons de réduire le risque d'erreurs (de première comme de seconde espèce) sans augmenter la valeur du seuil de signification consiste à augmenter la taille de l'échantillon (Frey et autres, 2000 ; Wimmer et Dominick, 2006).

TABLEAU 5.4	La décision statistique et les types d'erreurs		
		Réalité dans la population	
		H_0 est probablement vraie	H_0 est probablement fausse
Décision prise en fonction de l'échantillon	Ne pas rejeter H_0	Bonne décision	Erreur de 2e espèce (β)
	Rejeter H_0	Erreur de 1re espèce (α)	Bonne décision

? EXERCICES D'INTÉGRATION

Exercice 1

Un chercheur effectue une analyse du contenu de 19 quotidiens publiés au Canada, au cours d'une période donnée. Il procède à un décompte de chaque mention de l'expression *technologies de l'information et de la communication* (TIC) dans ces quotidiens, et ce, au cours d'une période d'un mois. Il obtient les données suivantes :

10 12 5 8 13 10 12 8 7 11 11 10 9 9 11 15 12 17 14

a) Faites un tableau de distribution de fréquences absolues et cumulatives des données.
b) Calculez le mode, la médiane et la moyenne de la distribution.
c) Calculez l'étendue et l'écart type de la distribution.

Exercice 2

a) Calculez le mode, la médiane et la moyenne des données suivantes relatives à la variable *âge*.
b) Quelle est la taille de l'échantillon ?

Âge	Fréquences absolues
18	2
25	3
32	7
33	9
40	14
58	8
63	1

Exercice 3

L'histogramme est utilisé pour illustrer une distribution de données relatives à une variable

a) discrète ?   b) continue ?   c) nominale ?   d) qualitative ?

(suite ▶)

Exercice 4

Quelle valeur fixe-t-on le plus souvent, par convention, comme seuil de signification (en sciences sociales et humaines, incluant la communication) ?

Exercice 5

Expliquez la différence majeure entre un lien de corrélation et un lien de causalité entre deux variables.

Exercice 6

Le test statistique d'hypothèse
a) vise à prouver que l'hypothèse de recherche est vraie ;
b) suppose initialement que l'hypothèse nulle est probablement vraie ;
c) vise à prouver que l'hypothèse nulle est vraie dans 50 % des cas ;
d) aucune de ces réponses.

Exercice 7

Quelle est la différence entre l'erreur de 1re espèce et l'erreur de 2e espèce ?

Exercice 8

Un chercheur en communication émet l'hypothèse qu'il existe une corrélation entre le niveau d'anxiété de communication et la note finale des étudiants du cours *Parole publique*. À partir des données d'un échantillon aléatoire, il obtient un coefficient de corrélation de 0,82. Dans le but de généraliser ses résultats, il effectue un test statistique d'hypothèse. La probabilité associée au coefficient de corrélation est de 0,02 ($p = 0,02$). Que peut-il conclure ?

TROISIÈME PARTIE

LA RECHERCHE QUALITATIVE EN COMMUNICATION

Chapitre 6
**La conception d'une recherche qualitative
en communication et la diversité des méthodes**

Chapitre 7
Les outils de collecte et l'analyse des données

PAROLES DE CHERCHEUR

L'itinéraire d'un chercheur

Ma fascination pour la sociologie a émergé lorsque j'ai suivi les enseignements de Guy Rocher à l'Université de Montréal pendant les années soixante. Étant originaire d'un milieu social modeste, je réalisais tout à coup qu'il me paraissait simple – encore que parfois douloureux – de comparer les conditions sociales de milieux fortement contrastés comme le milieu ouvrier des « gens ordinaires », que je connaissais bien, et le milieu des bourgeois plus fortunés, dont je rencontrais les fils et les filles à l'université. Très vite, j'ai manifesté un intérêt pour les conditions sociales du travail humain dans les sociétés industrielles de même que pour les pratiques culturelles et la sociologie de la connaissance. Le Québec, traversé par sa « révolution tranquille », s'ouvrait alors simultanément aux sciences sociales et aux utopies portées par le marxisme et le socialisme. J'ai eu le privilège d'avoir notamment Marcel Rioux, Jacques Dofny et Alain Touraine comme professeurs. Les conditions de la vie quotidienne examinées sous le regard d'une sociologie critique – formulée par Henri Lefebvre – constituaient mon point d'ancrage pour étudier les contradictions culturelles de la société.

Je reste encore aujourd'hui impressionné par les récits historiques décrivant les changements entraînés par la révolution industrielle du XIXe siècle : transformations du travail et de la vie quotidienne, urbanisation, montée de l'individualisme et de la société de masse. J'ai eu la chance, en 1967, de m'associer à un groupe universitaire de recherche animé par Colette Carisse et Joffre Dumazedier sur l'image de la femme dans les médias. Ce choix m'a permis de réaliser ma thèse de maîtrise en sociologie sur l'image de la femme dans la publicité au Québec et a orienté définitivement mes champs d'intérêt en matière de recherche vers la communication et les médias. Ma première question de recherche avait alors une dimension prospective : je me demandais ce que la révolution industrielle signifiait au XXe siècle avec l'industrialisation de la culture et la diffusion des pratiques de communication avec les médias, notamment la télévision. J'avais l'intuition d'un lien historique de continuité/rupture entre la société de masse, la société de consommation et une éventuelle « société de la communication ». Cette dernière expression n'était pas encore utilisée dans les années soixante, quoique Marshall McLuhan introduisait alors les idées de « village global » et de « révolution électrique des communications ». Je me suis questionné d'un point de vue théorique sur la notion d'image : image graphique, image mentale, image publicitaire, image médiatique, image sociale. Ces incursions théoriques m'ont amené à considérer le concept psychosociologique de « représentation sociale ». Toutefois, je ne l'utiliserai alors que superficiellement dans mon analyse de contenu des images de la femme québécoise diffusées par la publicité dans les périodiques (mon corpus se constituait de deux échantillons d'annonces de 1954 et de 1967).

Ma thèse de doctorat en sociologie, soutenue à Paris, en 1973, sous la direction d'Edgar Morin, avait pour titre *La production sociale du discours publicitaire*. Jusqu'à l'aboutissement de mes travaux de doctorat, je me suis intéressé vivement au phénomène de la publicité et à ses incidences sociales. Dans une première constellation de travaux (1973-1982), j'ai abordé successivement les pratiques idéologiques des publicitaires, l'imaginaire social de la télévision et l'avenir culturel des médias québécois. Comme professeur à l'UQAM à partir de juin 1972, j'ai été très impliqué dans la création d'un nouveau département universitaire en communication (1975) et dans l'implantation des premiers programmes d'étude en communication. De plus, mes premières publications ont été davantage de l'ordre de l'essai sociologique que le produit de travaux de recherches empiriques. C'est en 1982 que le ministère des Communications du Québec m'a confié un premier contrat de recherche qui consistait à utiliser le modèle de la prospective pour scénariser l'avenir des usages possibles des médias québécois et de la vie quotidienne à l'horizon de l'année 2000. Cette rencontre avec la méthodologie de prospective sociale m'a fasciné. J'ai pris conscience de la puissance de l'approche prospective comme technique d'intervention auprès de groupes de militants sociaux et culturels. Un des faits porteurs d'avenir identifié dans ces premiers travaux de prospective a été l'importance décisive de l'informatisation de la société québécoise pour l'avenir des usages médiatiques au Québec.

Cette question de l'informatisation sociale a marqué la seconde période de mes recherches (1983-1992). J'ai réalisé d'abord un état de la question concernant cette thématique, ce qui a donné lieu à la publication d'un numéro de la revue *Sociologie et sociétés* (1984) : « L'informatisation : Mutation technique ? Changement de société ? ». Puis j'ai décidé de développer un programme de recherche sur les stratégies d'appropriation de la culture informatique dans une société en voie d'informatisation. Je constatais la prégnance du processus d'informatisation dans tous les secteurs de l'économie. Je pensais aux « gens ordinaires » et je me demandais comment ils et elles chercheraient à s'approprier ces nouveaux outils de l'informatique. Rappelons que la première vague de diffusion élargie de la micro-informatique a eu lieu à partir du début des années 1980. La pensée de Michel de Certeau a été éclairante, car il opposait les stratégies des industries culturelles aux tactiques (bricolage, braconnage, détournement) des « petites gens » qui arrivent à composer avec un environnement culturel qui leur est imposé et au regard duquel ils et elles résistent. Comme j'étais encore marqué par l'héritage postmarxiste, ma question de recherche a pris à l'époque la forme suivante : « Dans quelle mesure l'usage des médias et des technologies d'information et de communication (TIC) peut-il être considéré comme un facteur d'aliénation pour les personnes et les groupes ? Ou plutôt comme un catalyseur d'émancipation sociale ? ». Ma méthodologie a été qualitative : entretiens en profondeur et semi-dirigés auprès des premiers usagers de la micro-informatique, de vendeurs dans les boutiques de micro-informatique, de responsables de formation informatique et entrevues de groupes auprès des premiers membres des clubs informatiques. En ce qui a trait à l'analyse, je cherchais en permanence à connecter les problématiques microsociologiques concernant les usages et les usagers aux problématiques macrosociologiques (relations contrastées à la technique à l'épreuve des rapports sociaux de sexe, des relations intergénérationnelles, des rapports économiques de domination). Cette période a aussi été l'occasion de pratiquer des évaluations sociales d'expérimentations en formation à l'informatique dans différents milieux sociaux. Ainsi est né un fort intérêt pour une sociologie des usages et des significations d'usage des technologies de l'information et de la communication.

La troisième génération de mes travaux (1993-1999) a concerné l'observation des pratiques télévisuelles de familles québécoises par le recours aux approches ethnographiques pour saisir les phénomènes de réception médiatique en contexte de vie quotidienne. Recourant notamment à des approches qualitatives comme les entretiens en profondeur avec des usagers, les rencontres de groupes ou la collecte de « récits de pratiques », j'ai fait ressortir l'importance que prennent les médias dans la vie quotidienne des Québécois. De plus, une recherche sur la dynamique de consommation télévisuelle de membres de communautés culturelles de la région de Montréal a mis en évidence l'avantage stratégique pour les réseaux francophones de télévision d'une prise en compte de la réalité pluriculturelle de la société québécoise contemporaine. Cet investissement personnel important dans les études de réception s'est ancré chez moi à partir d'une vive curiosité pour l'exploration des approches qualitatives du phénomène télévisuel. Je ressentais à l'époque un malaise au regard du vaste domaine des *audiences studies* qui fondaient l'ensemble de leurs descriptions et analyses des pratiques des téléspectateurs presque exclusivement sur des enquêtes quantitatives – ce que les Québécois appellent la production des cotes d'écoute –, ce qui pour moi consistait à offrir un portrait culturellement appauvri de ce phénomène si important de l'écoute de la télévision. J'étais aussi marqué par la convergence apparente des travaux issus de l'école de Columbia et ceux des *Cultural Studies* – deux écoles de pensée idéologiquement opposées – autour des phénomènes de réception. Ma question de recherche a alors été formulée en deux temps : 1) « Comment les familles perçoivent-elles l'importance des médias et de la télévision dans leur vie quotidienne ? 2) Comment les sciences sociales construisent-elles les

figures du téléspectateur ? ». Le premier temps s'articulait à mes travaux de terrain. Le second temps orientait mon questionnement vers un horizon davantage épistémologique.

À partir d'un bilan épistémologique et critique croisé des travaux sur la réception et l'interactivité, j'ai orienté mes travaux autour d'un nouveau programme de recherche (2000-2010) centré sur la *mutation des usages médiatiques* dans le double contexte de convergence des technologies et de mondialisation des cultures et des industries du divertissement. Plus précisément, je postule que le phénomène Internet risque de susciter en profondeur non seulement des transformations significatives dans les pratiques de communication médiatisée par les dispositifs numériques mais aussi dans l'ensemble des pratiques sociales, économiques et culturelles. Mes intérêts les plus récents concernent, d'une part, à un niveau théorique, le renouvellement possible des paradigmes d'étude des pratiques de communication médiatisée à la lumière de ces transformations structurelles et, d'autre part, à un niveau empirique, l'étude dynamique des trajectoires d'appropriation des TIC et la constitution d'une nouvelle « culture numérique » à travers les pratiques d'Internet et des nouveaux médias. Enfin, un dernier champ d'intérêt traverse plusieurs de mes recherches et pratiques récentes : il concerne le mouvement social qui se constitue autour du développement du logiciel libre construit en tant que bien public susceptible d'ouvrir un nouvel espace de communication démocratique et de débats politiques. Le contexte actuel est marqué par la croissance et la multiplicité des pratiques de communication médiatisée par les dispositifs numériques (dans les organisations et les espaces publics, dans la sphère domestique, dans la « bulle personnelle » façonnée par l'usage des multiples objets communicationnels mobiles, flexibles, personnels). La question de recherche qui oriente mes travaux actuels pourrait se formuler ainsi : Que peut nous dire le cumul des pratiques de communication médiatisée à propos des transformations actuelles du lien social et de l'ordre social ? Du point de vue des pratiques et des usages de la communication, qu'est-ce qui « fait société » aujourd'hui ?

Serge Proulx
Professeur, Université du Québec à Montréal

LA CONCEPTION D'UNE RECHERCHE QUALITATIVE EN COMMUNICATION ET LA DIVERSITÉ DES MÉTHODES

OBJECTIFS DU CHAPITRE

- Se sensibiliser à la pertinence de la recherche qualitative en communication.
- Connaître les particularités d'un processus de recherche dans une recherche qualitative.
- Distinguer les principales démarches de la recherche qualitative.

Les recherches qualitatives visent la compréhension d'un phénomène pris dans son contexte et se caractérisent par leur ouverture sur le monde, par leur capacité à décrire un phénomène dans toute sa complexité, par leur souplesse et par leur capacité à combiner différentes techniques de collecte de données (entrevue, observation, groupe de discussion et analyse de documents). De plus, la recherche qualitative repose sur un raisonnement inductif et la démarche de recherche se veut souple et itérative. En effet, « dans le contexte d'une démarche inductive, l'élaboration de la problématique ne s'effectue pas à partir de la structuration de concepts et de propositions générales mais se réalise dans la formulation itérative de questions à partir du sens donné à une situation concrète » (Chevrier, 1997 : 67).

La recherche qualitative ne convient pas à tous les sujets de recherche ; cependant, elle est particulièrement recommandée lorsque le chercheur souhaite explorer ou approfondir un processus ou un phénomène complexe. Par exemple, un chercheur en communication peut vouloir comprendre l'émergence d'un sentiment d'appartenance au sein d'une communauté de pratique ou alors comprendre le rôle d'un tuteur en ligne dans l'établissement d'un lien social au sein d'une commu-nauté virtuelle d'apprenants (Grosjean, 2006b). Le chercheur se trouve alors dans un positionne-ment intellectuel visant la compréhension d'un phénomène (comme l'émergence d'un sentiment d'appartenance) et il accordera une attention toute particulière aux données qualitatives, c'est-à-dire qu'il cherchera à comprendre les significations des actions auprès des sujets concernés. Autrement dit, le chercheur qualitatif étudie le contexte écologique dans lequel évoluent les personnes et il s'attache à la signi-fication sociale attribuée par le sujet au monde qui l'entoure. Ainsi, la spécificité fondamentale des recherches qualitatives vient de leur inscription dans un **para-digme compréhensif.** Par ailleurs, les phénomènes humains étudiés dans les recherches qualitatives sont en général uniques, c'est-à-dire non reproductibles.

> « Ils concernent essentiellement des productions de l'homme comme un texte, un discours ou un dispositif, comme des ensembles d'actions col-lectives ou individuelles ou encore comme des phénomènes non tan-gibles comme des représentations, des normes culturelles ou des façons de raisonner. Il peut s'agir d'objet fini comme un discours ou une orga-nisation du travail ou d'un phénomène en création comme une émotion collective ou la mise en œuvre d'un projet. » (Mucchielli, 2002 : 183)

Par conséquent, il y a des différences fondamentales entre la recherche qualitative et la recherche quantitative, notamment :

- sur la nature même de l'approche : elle sera explicative dans une recherche quantitative et compréhensive dans une recherche qualitative ;

- sur la logique de construction de la connaissance scientifique : la recherche quantitative se trouve inscrite dans une logique de découverte (raisonnement déductif), alors que la recherche qualitative se trouve inscrite dans une logique de construction (raisonnement inductif).

Classiquement, on lie l'exploration à la recherche qualitative et la vérification à la recherche quantitative (Brabet, 1988). Néanmoins, au-delà de leurs différences, ces approches peuvent être complémentaires, tant et si bien que certains chercheurs utilisent les deux à la fois (recherche mixte). En effet, la complémentarité de ces deux approches permet d'améliorer tant la précision de la mesure que la qualité de la description (voir l'exemple de la recherche de Bonneville, 2003 au chapitre 2).

Dans ce chapitre, nous examinerons, dans un premier temps, les particularités d'une recherche qualitative. Plus spécifiquement, nous nous arrêterons sur la for-mulation d'une question générale de recherche et étudierons la spécificité des hypothèses de recherche dans le cadre de recherches qualitatives. Dans un deuxième temps, nous répondrons à la question suivante : Comment mener une recherche qualitative en communication ? Répondre à cette question sera pour nous l'occa-sion de présenter les principales démarches d'une recherche qualitative.

6.1 La conception d'une recherche qualitative

D'une manière générale, les recherches qualitatives ont des caractéristiques communes (notamment appréhender un phénomène social tel qu'il est vécu par les sujets) et elles prennent appui sur une **logique inductive** dont la spécificité est que le chercheur utilise les faits observés pour élaborer une théorie consistante avec ces faits. Rappelons qu'on appelle inductif un raisonnement basé sur des énoncés particuliers, tels que des comptes rendus d'observations, pour en extraire des énoncés universels comme des hypothèses ou des théories. Un raisonnement inductif est donc orienté vers la construction de connaissances.

6.1.1 Le contexte de la recherche qualitative

Un chercheur en communication peut vouloir étudier l'image de la femme dans des téléséries québécoises, la relation patient-médecin dans le contexte de la télémédecine, la dynamique de groupes virtuels en situation d'apprentissage collaboratif à distance, les stratégies d'argumentation d'hommes politiques et bien d'autres choses. Sur un autre plan, un professionnel des communications politiques peut avoir besoin d'examiner les réactions d'un auditoire au discours d'un homme politique. En effet, nous tenons à souligner que la recherche qualitative en communication n'est pas réservée uniquement au chercheur, mais que le professionnel des communications dans toute organisation (entreprises privées, organisations publiques, associations, etc.) pourrait être amené à mettre en œuvre une recherche qualitative (tout comme il peut aussi être appelé à mener une recherche quantitative).

La question à laquelle nous répondrons maintenant est la suivante : Pour aborder ces différents objets de recherche, pourquoi privilégier une approche qualitative ? Tout d'abord parce que le chercheur a besoin d'un contact prolongé et intense avec un terrain, un individu ou une situation de vie afin de l'étudier dans toute sa complexité et en profondeur. Dans le cas de l'exemple précédent sur l'image de la femme dans les téléséries québécoises, le chercheur peut choisir d'étudier et d'analyser les téléséries *Fortier* et *Virginie*. Par ailleurs, la plupart des auteurs (Van Maanen, 1983 ; Deslauriers, 1991 ; Poupard et autres, 1997 ; Creswell, 2003) s'entendent pour reconnaître que la recherche qualitative traite de données qui sont difficilement quantifiables. Ainsi, dans nos exemples, il est difficile de quantifier l'image de la femme, la relation patient-médecin ou la dynamique des groupes virtuels. Le chercheur porte son attention sur des processus sociaux, sur le sens que certains individus donnent à leur action, sur la vie quotidienne et sur la construction d'une réalité sociale. Bref, comme le souligne Deslauriers (1991 : 14), « la recherche qualitative se prête bien à l'étude des phénomènes complexes et mouvants ». Examinons un exemple de recherche en communication reposant sur une approche qualitative (voir le tableau 6.1). Il s'agit d'une recherche qui vise la compréhension d'un phénomène social (« la dynamique de consommation télévisuelle ») et les chercheurs ont pour objectif de rendre compte de ce phénomène tel qu'il est vécu et perçu par les sujets (« les membres de communautés culturelles »).

TABLEAU 6.1	Une recherche qualitative en communication
Sujet de recherche	Une étude de la dynamique de consommation télévisuelle des membres de cinq communautés culturelles de la région de Montréal
Question générale de recherche	Quels sont les principaux facteurs qui peuvent expliquer la dynamique de consommation télévisuelle des membres des communautés culturelles ?
Méthodologie	10 groupes de discussion (8 auprès de membres des communautés culturelles et 2 avec des Québécois francophones de souche)

Source : Proulx et Bélanger (1996).

6.1.2 Le processus d'une recherche qualitative

Nous avons vu au chapitre 2 qu'une des étapes importantes du processus de recherche est la formulation de la question de recherche. Celle-ci devra être claire et formulée de manière à orienter la recherche, tout en demeurant générale pour permettre la formulation de questions plus précises (voir le tableau 6.2).

TABLEAU 6.2	Les téléséries dans l'univers des dramatiques à la télévision généraliste francophone
Question générale de recherche	Quels sont les principaux facteurs expliquant la dynamique de consommation télévisuelle (goûts, perceptions, motivations d'écoute, attentes) de téléséries et de dramatiques francophones par les Québécois francophones ?

Source : Atkinson, Bélanger et Proulx (1998).

Dans l'exemple du tableau 6.2, la question de recherche est rédigée de telle manière que le chercheur oriente sa recherche sur ce qu'il veut étudier en priorité à savoir : 1) la dynamique de consommation télévisuelle, 2) dans le cadre de téléséries dramatiques francophones et 3) par les Québécois francophones. La question débute par Quels et met l'accent sur le concept de consommation télévisuelle. La question mentionne des participants (« les Québécois francophones ») et précise aussi les éléments sur lesquels portera l'étude (« téléséries et dramatiques francophones »). Ainsi, la question de recherche canalise l'énergie du chercheur dans une direction plutôt que dans la direction d'autres variables ou relations (Miles et Huberman, 2003). Le chercheur prend des décisions et fait des choix : il décide de s'intéresser à certains acteurs et de se confronter à un problème dans un contexte particulier.

En recherche qualitative, les questions de recherche peuvent prendre deux formes : une question générale (centrale) et quelques questions spécifiques (voir les tableaux 6.3 et 6.4). En effet, généralement, la question de départ s'accompagne « [de] questions spécifiques qui visent à explorer les éléments structuraux, les interactions et les processus (socioculturels et organisationnels) afin de déterminer et de décrire les dimensions importantes du phénomène » (Chevrier, 1997 : 73).

TABLEAU 6.3	Les usages de la télévision et la construction d'une identité sociale familiale
Question générale de recherche	De quelle manière pourrait-on dire que les usages de la télévision participent à la construction sociale d'une identité familiale ?
Questions spécifiques de recherche	[1] Y a-t-il souvent des conversations entre parents et enfants à propos de la télévision (contenus des émissions, programmes favoris, etc.) ? [2] Comment les enfants regardent-ils la télévision ? Et quand la regardent-ils avec leurs parents ? La regarderaient-ils plutôt exclusivement entre enfants ou entre adolescents ? [3] Comment s'expriment les rapports de pouvoir entre parents et enfants à travers leurs *patterns* d'usage de la télévision ? [4] Les enfants auraient-ils tendance à reproduire le modèle de consommation de la télévision de leurs parents ? [5] Chez les enfants, comment se fait l'assimilation des valeurs diffusées par la télévision ? Et cela en comparaison avec l'influence plus directe des parents ou en regard des conversations avec leurs pairs à l'école ? [6] Quel rôle joue l'ambiance intellectuelle présente au sein de la vie familiale dans la formation des *patterns* d'usage de la télévision ? [7] Existe-t-il, au sein de la famille, des souvenirs communs associés à la télévision ?

Source : Proulx et Laberge (1995 : 121-122).

Dans l'exemple du tableau 6.3, la question générale commence par « De quelle manière » et met l'accent sur l'étude du lien entre « les usages de la télévision » et « la construction sociale d'une identité familiale ». Dans cette étude, les chercheurs ont énoncé une question centrale suivie de sept questions spécifiques qui ont pour but de préciser les dimensions sur lesquelles portera la recherche.

Les questions spécifiques ont pour objectif de clarifier ce qui, dans le domaine étudié, présente le plus d'intérêt pour le chercheur. « Elles rendent explicite l'implicite, sans nécessairement geler ou limiter [sa] vision » (Miles et Huberman, 2003 : 53). Ainsi, l'énoncé de questions spécifiques de recherche guidera le chercheur au moment de la phase de collecte de données.

La recherche qualitative s'intéresse avant tout à l'exploration et à la construction de théories plutôt qu'à leur vérification. Comme nous l'avons vu dans la deuxième partie de l'ouvrage, dans une recherche quantitative, le chercheur commence généralement par énoncer des hypothèses, ensuite il opérationalise les concepts de ses hypothèses. Il privilégiera des hypothèses énonçant des relations entre des variables, et ce, en fonction d'un cadre théorique particulier. Et c'est après avoir terminé cette opération qu'il ira sur le terrain pour vérifier ses hypothèses.

Dans une recherche qualitative, on parle d'hypothèses (ou de propositions) qui prennent la forme d'intuitions à vérifier, ce qui est quelque peu différent des hypothèses émises dans une recherche quantitative (voir le tableau 6.4). En effet, en recherche qualitative, il est rare que les hypothèses initiales (propositions initiales) soient formulées aussi précisément qu'en recherche quantitative. D'ailleurs, Deslauriers et Kérisit (1997 : 96) insistent sur ce point en mentionnant que

> « les propositions en recherche qualitative ne sont pas des hypothèses du même ordre que celles qu'on émet dans une recherche de type **hypothético-déductif** et qui orchestrent l'opérationalisation de la démarche [...] en recherche qualitative, la proposition ne provient pas seulement de la connaissance théorique du chercheur, mais aussi et surtout de la sensibilité aux données qu'il recueille et de sa connaissance intime du milieu qu'il étudie ».

En effet, au cours de la recherche, les hypothèses (propositions) seront amenées à se préciser progressivement, au fur et à mesure que les analyses seront effectuées, d'où le caractère fortement itératif d'une recherche qualitative.

Question centrale de recherche	Comment les enseignants chercheurs universitaires s'approprient-ils le courrier électronique et dans quelle mesure les usages de cette «technologie cognitive» contribuent-ils à faire émerger chez eux une «culture numérique»?
Questions spécifiques de recherche	[1] Comment les enseignants chercheurs se servent-ils du courrier électronique en tant que technologie cognitive? Quels sont les usages et les micro-appropriations qui les font penser et agir autrement? [2] Comment la pratique du courrier électronique chez les enseignants chercheurs a-t-elle émergé et comment s'est-elle développée? Comment comprendre la diversité des itinéraires d'appropriation du courrier électronique chez les enseignants chercheurs? [3] Dans quelle mesure la pratique du courrier électronique s'est-elle accompagnée de changements dans l'exercice du métier d'enseignant chercheur universitaire? Dans quelle continuité est-elle venue s'inscrire? [4] Dans quelle mesure les usages du courrier électronique en tant que technologie cognitive chez les enseignants chercheurs universitaires peuvent-ils contribuer à l'émergence d'une forme de culture numérique?
Concepts importants	Dans sa thèse, Millerand définit les concepts d'usage, d'appropriation, d'objet technique, de culture numérique et de technologie cognitive.
Cadre théorique	– Sociologie des usages – Approches cognitives – Pragmatique de l'usage des technologies cognitives
Hypothèses (propositions)	[1] En ce qui concerne le premier volet de la question générale de recherche, qui porte sur les *modalités d'appropriation* du courrier électronique chez les enseignants chercheurs, le chercheur fait l'hypothèse d'un *continuum d'ajustements à la fois sociaux et cognitifs* au fur et à mesure du processus d'appropriation.

(suite ▶)

	[2]	En ce qui concerne le deuxième volet de la question générale de recherche, qui porte sur la possibilité de *l'émergence d'une culture numérique* avec le déploiement des usages du courrier électronique en tant que technologie cognitive, le chercheur fait l'hypothèse de processus d'acculturation au fur et à mesure de l'intégration sociale et culturelle de nouvelles façons de faire et de penser.
Dimensions étudiées	[1]	Appréhender la nature, l'envergure et les enjeux des ajustements implique de s'interroger sur les relations que les usagers entretiennent avec le dispositif technique et d'intégrer dans l'analyse une dimension de ces relations habituellement occultée dans les recherches sur les usages, à savoir : la dimension cognitive.
	[2]	Saisir les traits [des] processus d'acculturation impliquera de s'interroger à la fois sur l'évolution des modèles sociaux, culturels et cognitifs et sur les résistances ou persistances occasionnées.

Source : Millerand (2003).

Tout au long de la recherche qualitative, le chercheur utilise les écrits et d'autres documents afin de progresser dans la compréhension du phénomène étudié. La théorie s'élaborera alors progressivement, les questions se préciseront et les hypothèses (propositions) prendront forme à mesure que les données seront analysées (Deslauriers et Kerisit, 1997). Par conséquent, le chercheur fera continuellement des allers et retours entre ses connaissances théoriques (au moyen de la recension des écrits) et ses connaissances issues du terrain (au moyen de la collecte de données). C'est pour cette raison qu'on parle de processus itératif, car le chercheur effectue un travail simultané de collecte d'informations sur le terrain et d'analyse qui lui permettra de préciser son objet de recherche et de faire en sorte que ses questions de recherche deviennent plus précises. « L'entonnoir se rétrécit et il devient possible pour le chercheur de formuler une explication provisoire qu'il étaiera graduellement » (Deslauriers et Kérisit, 1997 : 96). Cependant, cela ne veut pas dire que, dans une recherche qualitative, le chercheur ne doit pas préciser son cadre théorique, c'est-à-dire définir certains concepts clés. En effet, il est important de procéder à cette étape avant de réaliser les premières observations empiriques, toujours dans l'effort d'en arriver à une circonscription et à une précision de ce qu'on souhaite observer dans la réalité. Par conséquent, une fois la question générale de recherche posée et les objectifs de la recherche fixés, le chercheur doit procéder à une définition des concepts clés de sa recherche. Afin d'illustrer ce point, prenons l'exemple d'une recherche en communication sur la dynamique interactive des groupes virtuels au sein d'un réseau collégial (voir le tableau 6.5). Dans cette recherche, les chercheurs souhaitent décrire la dynamique de groupe, connaître les affinités entre les membres du groupe, relever la perception que l'élève a de l'activité et évaluer les activités d'expérience du groupe par le groupe. Plus spécifiquement, ils souhaitent examiner la *transférabilité* de certains modèles d'analyse sur le groupe réel pour intégrer de nouvelles approches spécifiques aux groupes virtuels.

TABLEAU 6.5	Une recherche sur la dynamique des groupes virtuels
Objectifs de la recherche	[1] Décrire la dynamique interactive du groupe virtuel en situation d'apprentissage selon l'activité, le mode de communication et le type d'élève.
	[2] Effectuer une analyse des données en vue de proposer des modèles intelligibles de la dynamique interactive du groupe virtuel en situation d'apprentissage selon l'activité, le mode de communication et le type d'élève.
Concepts clés définis par les chercheurs	• *Dynamique :* Ensemble des forces qui résultent de l'interaction des membres entre eux.
	• *Interactivité :* Possibilité pour l'acteur de partager la production du message avec ses interlocuteurs dans un contexte de rétroaction.
	• *Groupe virtuel :* Groupe qui permet à des élèves d'échanger et de travailler à distance de façon systématique.
	• *Activité d'apprentissage :* Activité exécutée par les élèves pendant laquelle ils transforment de l'information et élaborent de nouveaux savoirs.
	• *Modes de communication :* Il faut distinguer la communication en temps réel (mode synchrone) et la communication en temps différé (mode asynchrone).
	• *Élèves :* Deux types de composition de groupes seront retenus : des élèves appartenant à une même institution et des élèves appartenant à des institutions différentes.
	• *Processus d'interaction :* L'organisation des interactions créées par les membres d'un groupe se fait selon les rôles qu'ils se distribuent ou s'allouent dans le temps.
	• *Affinités :* Elles sont définies par Maisonneuve (1966) comme «le jeu des motivations sélectives, la signification vécue des attraits et des échanges conduisant les partenaires à un attachement réciproque».
	• *Perception :* C'est le processus par lequel l'individu recueille, sélectionne, organise et interprète des informations diverses sur l'environnement dans lequel il évolue.

Source : Bérubé et Caron-Bouchard (2001 : 35-36).

Cet exercice de définition des concepts oblige le chercheur à être sélectif et à décider, par exemple, quelles dimensions sont les plus importantes, quelles relations sont les plus significatives (pour l'identification des dimensions, voir l'exemple dans le tableau 6.4). Ce travail d'affinement conceptuel guidera par la suite le chercheur au moment de sa collecte de données empiriques.

6.2 La diversité des méthodes en recherche qualitative

La recherche qualitative peut être conduite de différentes manières et il nous sera impossible dans cet ouvrage de rendre justice à toutes. Par exemple, Tesch (1990) identifie vingt-sept types de recherches qualitatives et Wolcott (1992) dessine un arbre dans lequel il en recense douze. Nous nous limiterons à la description de trois méthodes ou trois façons d'étudier un objet de recherche dans une recherche qualitative (la méthode ethnographique, la méthode biographique et l'étude de cas[1]), et ce, au moyen d'exemples de recherches en communication. Nous mettrons l'accent sur la rigueur méthodologique qui s'impose pour toute recherche qualitative et nous identifierons les outils (ou techniques) de collecte de données privilégiés par le chercheur qualitatif (pour la présentation détaillée des outils, voir le chapitre 7).

6.2.1 La méthode ethnographique

Qu'est-ce que l'ethnographie ? Le dictionnaire *Le Petit Robert* donne la définition suivante : « Étude descriptive de divers groupes humains (ethnies), de leurs caractères anthropologiques, sociaux, etc. » (2002 : 964). Winkin (2001) nous informe que l'ethnographie s'inscrit dans une tradition de recherche qui nous renvoie notamment aux travaux de l'anthropologue Malinowski sur les argonautes du Pacifique occidental, celui-ci tentant de « saisir le point de vue de l'indigène [...], de comprendre sa vision de son monde » (Malinowski, 1963 : 71, cité par Winkin, 2001 : 136). L'ethnographie est avant tout un travail de terrain (*fieldwork*) auprès de groupes sociaux restreints, de communautés ou d'institutions. Dans le cadre de son travail, l'ethnographe devra observer, noter ce qu'il voit, ce qui se passe, mais aussi interroger pour découvrir et comprendre.

La méthode ethnographique permet au chercheur en communication d'étudier un groupe, ses conduites, ses actions, et de les interpréter en contexte. Par exemple, on peut vouloir étudier un groupe d'adeptes de jeux en ligne (une communauté virtuelle), un groupe de personnes travaillant dans le service d'urgence

---

1. Nous n'aborderons pas la méthode phénoménologique, la théorie ancrée et l'ethnométhodologie. Le lecteur pourra trouver en bibliographie des références concernant ces démarches de recherche qualitative.

d'un hôpital, etc. Cette méthode repose sur une tradition théorique (l'**interactionnisme symbolique**) selon laquelle la signification sociale des phénomènes sociaux provient du sens qu'on leur donne au cours de nos interactions. Par conséquent, «la posture scientifique n'est nullement celle d'une objectivité venant expliquer les données, mais une compréhension des significations mises en œuvre par les différentes parties en présence» (Le Breton, 2004 : 171). Ce qu'il faut retenir de la méthode ethnographique, c'est qu'elle permet au chercheur de décrire et de comprendre les pratiques sociales de certains groupes d'individus à partir du sens que ces derniers donnent à la réalité. Dans une méthode ethnographique, une observation fine des actions des sujets permet de mettre au jour les procédures par lesquelles les acteurs interprètent la réalité sociale. Par exemple, dans les recherches sur l'appropriation des TIC par certains groupes sociaux (personnes âgées, jeunes adolescents et autres), le chercheur peut proposer la mise en œuvre d'une méthode ethnographique pour répondre à des questions de recherche du type : Qu'est-ce qui fait qu'une innovation technologique réussit à s'implanter et à se diffuser dans une communauté ou dans un milieu donné? Pour répondre à ce type de question, le chercheur peut privilégier le travail de terrain en se rendant disponible aux événements et aux rencontres. Le chercheur choisira un angle d'approche de son objet de recherche et il ne cherchera pas à vérifier des hypothèses, mais à en formuler quelques-unes à partir de ses observations qu'il soumettra de nouveau à l'épreuve d'autres observations (Le Breton, 2004). Les hypothèses sont alors réinterrogées, remaniées au fur et à mesure de l'avancée de la recherche, et l'interprétation des données se construit par induction à travers l'épreuve du terrain.

Dans une méthode ethnographique, les outils de collecte de données privilégiés sont l'observation et l'entrevue. Cette méthode nécessite une certaine proximité avec les acteurs sujets de la recherche (ceux-ci peuvent être des employés dans une entreprise, des élèves dans une école ou encore des utilisateurs de jeux en ligne, etc.). Aussi surprenant que cela puisse paraître, la distance entre le chercheur et son objet de recherche est ici contradictoire avec une telle méthode, car seule une familiarité avec les acteurs permet au chercheur de bien saisir et comprendre le phénomène à l'étude. Par exemple, Morley (1986) au cours d'une étude ethnographique des auditoires (*Family Television*) a mené une enquête de terrain dans des familles londoniennes en s'immergeant dans leur cadre de vie, dans leur univers domestique[2]. Ainsi, Morley a examiné les interactions entre différents membres de la famille dans leur contexte naturel d'écoute de la télévision. Grosjean et Lacoste (1999), quant à eux, ont mené une recherche sur les communications de travail à l'hôpital et ont choisi la méthode ethnographique, notamment afin de décrire et de comprendre les pratiques de parole à l'hôpital au moment de la relève de poste

---

2. Morley (1986) a étudié un échantillon de 18 familles anglaises composées de deux adultes et d'au moins deux enfants. Il a procédé à des observations et à des entrevues.

du personnel médical. La relève de poste est un moment clé du travail, un moment où les soignants se transmettent les informations qui concernent les malades. Au cours de leurs observations, les chercheurs ont pris en compte la plupart des éléments qui permettent de comprendre le fonctionnement d'une relève de poste : les aspects spatiaux et les aspects temporels, la nature et les statuts des participants, leurs postures, leur légitimité, les buts et les résultats de l'opération, mais également les normes d'interaction, l'atmosphère (la tension, l'ennui, le calme). En utilisant la même démarche de recherche, Vinck (1999) nous propose de pénétrer au cœur de l'univers technique, plus particulièrement celui des ingénieurs. Il pose l'hypothèse que, pour comprendre cet univers, il faut se rendre sur le terrain et observer, analyser les pratiques. Pour ce chercheur, il s'agit « d'aborder la technique par le petit bout, par le geste, par la discussion de couloir, par le brouillon plusieurs fois raturé et par l'individu qui se dépatouille avec tout cela pour produire une performance, quelque chose qui marche » (Vinck, 1999 : 8). Ces exemples illustrent le fait que la méthode ethnographique est une démarche de recherche privilégiant la description exhaustive d'une situation, d'une culture, d'un univers, d'un événement, d'un phénomène social particulier dans son environnement naturel.

Spradley (1980) note que la méthode ethnographique exige que différentes phases dans le processus de collecte de données soient respectées. Dans un premier temps, le chercheur procède à des observations informelles ou à des entrevues afin de bien étudier son terrain et de s'immerger dans l'environnement de sa recherche. Par la suite, les observations et les entrevues deviendront plus structurées et seront réalisées auprès d'informateurs clés. Par conséquent, le travail ethnographique repose pour une grande part sur l'observation fine et en contexte des sujets, mais aussi sur l'analyse d'artefacts, de documents et d'entretiens avec des informateurs clés.

Internet devient un terrain « exotique » particulièrement intéressant pour les sciences de la communication. C'est un espace virtuel au sein duquel, par exemple, des observations des pratiques communicationnelles des internautes échangeant au cours d'un clavardage (*chat*) peuvent être entreprises. Le chercheur peut aussi étudier la culture de certaines communautés virtuelles en ligne. Cependant, que devient le terrain de l'ethnographe lorsqu'il s'agit d'Internet ? Et de quelle manière peut-il mettre en œuvre la méthode ethnographique dans ce contexte ? Certains chercheurs défendent la méthode ethnographique comme étant une démarche de recherche qualitative qui permet de recueillir des données sur les usages d'Internet (Héas et Poutrain, 2003). Ils considèrent que la première étape consistera à bien délimiter le terrain sur lequel se déroulera la recherche, car « il peut s'agir, par exemple, d'observer les internautes d'un cybercafé, les joueurs d'un LAN [*local area network* ou réseau local] [...], ou bien l'enquête peut se dérouler directement sur Internet » (Héas et Poutrain, 2003).

Les techniques généralement utilisées en ethnographie – l'observation participante (insertion prolongée du chercheur dans le milieu), l'entretien et la collecte de sources écrites – seront aussi employées dans le contexte d'un « terrain numérique ». Par exemple, Marcoccia (2001) a mené une recherche sur les communautés en ligne dont l'objectif était de rendre compte des manifestations langagières à partir desquelles un collectif humain se constitue en communauté. Ce chercheur souhaitait saisir les comportements communicatifs de membres de communautés virtuelles en observant pendant 3 ans un forum de discussion (de 1997 à 1999) et en prélevant un échantillon de 200 messages postés par les internautes. Ainsi, la méthode ethnographique peut permettre d'aborder certains objets de recherche propres à l'univers d'Internet et participer au travail de collecte de données pertinentes visant la compréhension des TIC.

POUR EN SAVOIR PLUS

Sur la méthode ethnographique

- WOLCOTT, H.F. *Ethnography. A Way of Seeing,* Oxford, AltaMira Press, 1999.

- GRIAULE, M. *Méthode de l'ethnographie,* Paris, Presses Universitaires de France, 1957.

- PIETTE, A. *Ethnographie de l'action : l'observation des détails,* Paris, Éditions Métailié, 1996.

- MAUSS, M. *Manuel d'ethnographie,* Payot, Paris, 2002 [1967].

- SAVILLE-TROIKE, M. *The ethnography of communication : An introduction,* New-York, B. Blackwell, 1989.

6.2.2 La méthode biographique

La méthode biographique est une démarche de recherche classique en sciences sociales et humaines qui puise ses origines dans deux disciplines, l'histoire et la sociologie. En histoire, l'utilisation de la biographie et de l'**autobiographie** sont des démarches classiques permettant d'apporter un sens à des événements passés, vécus par des sujets. Wacheux (1996 : 127) définit la méthode biographique comme étant « l'analyse d'un récit par un acteur sur des événements qu'il a vécus. Le discours est provoqué par le chercheur. L'acteur reste libre de la formulation des faits et des interprétations qu'il en donne ». Le chercheur utilise le **récit de vie,** c'est-à-dire des entretiens narratifs orientés vers la collecte de récits personnels formulés par les sujets composant l'échantillon et au cours desquels il demande aux locuteurs de lui raconter tout ou une partie de leur expérience vécue (Bertaux, 1997). Cette méthode s'appuie sur une co-construction du discours produit au cours de l'entretien, à la fois par l'interviewé et l'interviewer. « Le sujet ne récite pas sa vie, il réfléchit sur elle tout en la racontant » (Bertaux, 1980 : 210). Par conséquent, cette méthode est privilégiée lorsque le chercheur souhaite aborder des objets de recherche qui s'inscrivent sur un axe chronologique. Par exemple, dans la recherche menée par Proulx et Laberge (1995), les chercheurs ont privilégié une méthode biographique reposant sur la collecte de récits de vie auprès d'un échantillon de familles canadiennes (voir le tableau 6.6). Cette méthode leur permettait de saisir toute la complexité de l'objet de recherche, à savoir la construction sociale d'une identité familiale au moyen des usages domestiques des médias. Aborder la construction sociale d'une identité familiale, c'est d'une certaine manière prendre en compte la construction d'une histoire familiale. Il s'agit donc d'une recherche qui s'inscrit dans une chronologie ou une temporalité longue. Et comme le soulignent Proulx et Laberge,

> « les membres d'une cellule familiale construisent leur histoire de groupe à travers l'expérience de différents événements – joyeux ou tragiques, importants ou anodins – ponctuant les trajectoires personnelles et collectives de ceux qui constituent cette famille. [...] L'identité d'une famille particulière se construit à partir de ces différents événements, tels qu'ils sont vécus à la fois individuellement et collectivement » (Proulx et Laberge, 1995 : 121).

Les chercheurs ont choisi d'examiner ici de quelle manière les usages de la télévision participent à la construction sociale d'une identité familiale à partir de récits que leur en font les parents et les enfants.

TABLEAU 6.6	La recherche de Proulx et Laberge
Question générale de recherche	De quelle manière pourrait-on dire que les usages de la télévision participent à la construction sociale d'une identité familiale ?
Méthodologie	– Entretiens individuels de type récits de vie – Échantillon de 16 familles canadiennes (parents, enfants, adolescents) résidant : [1] dans la région de Montréal (Québec) [2] dans la région d'Ottawa (Ontario)

Source : Proulx et Laberge (1995 : 121-141).

Dans cette recherche, les récits de vie formulés par les sujets composant l'échantillon concernaient leurs propres pratiques télévisuelles passées et présentes. Les chercheurs précisent d'ailleurs que « cette collecte de données était diachronique dans la mesure où [ils] ont récolté, auprès [des] informateurs, des récits concernant d'abord leurs familles d'origine et ensuite les familles qu'ils ont fondées » (Proulx et Laberge, 1995 : 123). Dans les entretiens réalisés sur le mode récits de vie, les chercheurs suggéraient à chaque informateur, dans un premier temps, de décrire les pratiques propres à sa famille d'origine puis, dans un deuxième temps, ils lui proposaient de raconter les pratiques d'usage de la télévision telles qu'elles se déroulaient dans la famille dont il faisait à ce moment partie. Ainsi, les entretiens débutaient par des questions ouvertes du type : Quels sont les souvenirs les plus anciens que vous pouvez associer à la télévision ? ; Si la télévision n'existait pas quand vous êtes né, décrivez-moi l'arrivée de la télévision dans votre famille ; Qu'est-ce que vous regardiez quand vous étiez enfant ? Par la suite les chercheurs invitaient l'informateur à décrire la place de la télévision dans sa vie quotidienne présente, de même que les différentes pratiques d'usage de la télévision des membres de sa famille. Nous voyons à travers cet exemple (voir le tableau 6.6) que les chercheurs ont défini une méthodologie rigoureuse reposant à la fois sur le choix d'un échantillon et sur les récits de vie comme technique de collecte de données.

POUR EN SAVOIR PLUS

Sur la méthode biographique

- PENEFF, J. *La méthode biographique. De l'**École de Chicago** à l'histoire orale,* Paris, Armand Colin, 1990.

- BERTAUX, D. L'approche biographique : sa validité méthodologique, ses potentialités, *Cahiers internationaux de sociologie,* n° 69, p.197-225,1980.

- FERRAROTTI, F. *Histoire et histoires de vies : la méthode biographique dans les sciences sociale*s, Paris, Klincksieck, 1990.

- GAULEJAC, V. et de LEVY, A. *Récits de vie et histoire sociale,* Paris, Éditions Eska, 2000.

- ROULEAU, L. « La méthode biographique », dans Y. Giordano : *Conduire un projet de recherche. Une perspective qualitative* (p.133-171), Paris, Éditions EMS, management et société, 2003.

6.2.3 L'étude de cas

Nous trouvons dans les écrits un certain nombre de définitions de l'étude de cas, mais la plus fréquemment citée est celle de Yin (1989) qui l'a définie comme « une enquête empirique qui étudie un phénomène contemporain dans son contexte de vie réelle, où les limites entre le phénomène et le contexte ne sont pas nettement évidentes, et dans lequel des sources d'information multiples sont utilisées » (Yin, cité par Mucchielli, 2002 : 77).

Dès que le chercheur souhaite décrire un phénomène dans toute sa complexité (par exemple, le changement organisationnel) en prenant en compte un nombre important de facteurs, alors l'étude de cas est tout indiquée (Giroux, 2003). Yin (1989 : 20) précise que c'est une démarche de recherche particulièrement appropriée «lorsque se pose une question du type *comment* ou *pourquoi* à propos d'un ensemble contemporain d'événements, sur lesquels le chercheur a peu ou pas de contrôle». Giroux (2003) souligne que l'étude de cas est «particulièrement féconde pour les recherches de type diachronique, **processuel** et contextuel, quand le chercheur tente de répondre à des questions comme: Que s'est-il passé? Comment cela s'est-il produit? Pourquoi cela est-il arrivé? L'étude de cas tient compte des dimensions historiques, contextuelles et circonstancielles du phénomène observé» (Giroux, 2003 : 45).

Des chercheurs s'intéressent, par exemple, à la diffusion des innovations en matière de soins de santé dans les pays de l'OCDE (Organisation de Coopération et de Développement Économique qui compte 30 pays membres). Leur question de recherche pourrait être formulée ainsi : Comment et pourquoi des innovations dans le domaine des soins de santé se propagent rapidement (ou non) dans certains pays de l'OCDE? Les chercheurs décident de privilégier une démarche de recherche comme l'étude de cas en comparant différents pays de l'OCDE (quatre cas : le Canada, le Danemark, les États-Unis et la France). Dans cette recherche, l'étude de cas est dite multiple, car le chercheur met en place un dispositif de recherche dans lequel il étudie plusieurs cas afin d'identifier des phénomènes récurrents. Le chercheur analyse chaque cas pour lui-même, pour ensuite comparer les cas entre eux. Par ailleurs, nous pouvons voir que la question de recherche s'inscrit dans une démarche de compréhension grâce à l'étude approfondie et contextualisée du processus de diffusion d'innovations dans le domaine des soins de santé dans quatre pays différents. Autrement dit, le chercheur a tendance à privilégier l'étude de cas lorsque les situations sociales étudiées sont en grande partie dépendantes du contexte, de l'environnement local, de l'histoire, ces variables pouvant expliquer le ou les phénomènes à l'étude. Pendant la mise en œuvre d'une étude de cas, le chercheur peut avoir recours à plusieurs techniques de collecte de données : entrevues, observation et analyse de documents (Yin, 1989).

POUR EN SAVOIR PLUS

Sur l'étude de cas

- GAGNON, Y-C. *L'étude de cas comme méthode de recherche : guide de réalisation,* Sainte-Foy, Québec, Presses de l'Université du Québec, 2005.

- YIN, R. K. *Case study research : design and methods,* Thousand Oaks, Sage Publications, 2003.

- YIN, R. K. *Applications of case study research,* Thousand Oaks, Sage Publications, 2003.

- GIROUX, N. «L'étude de cas», dans Y. Giordano, *Conduire un projet de recherche. Une perspective qualitative* (p.41-79), Paris, Éditions EMS, management et société, 2003.

6.2.4 Les limites de la recherche qualitative

Nous venons de voir que le chercheur peut, dans les recherches qualitatives, (notamment en choisissant une stratégie de recherche ou une méthode particulière) étudier son objet de recherche de différentes manières et faire ainsi le choix de différents outils de collecte de données. Rappelons qu'avant d'entreprendre une collecte de données sur le terrain le chercheur doit définir et préciser sa méthodologie. Celle-ci consistera « dans l'arrangement des conditions de cueillette et d'analyse de données de façon à s'assurer à la fois de leur pertinence en fonction des objectifs de la recherche et de la parcimonie des moyens » (Selltiz et autres, 1977 : 90). Ainsi, une recherche sera jugée crédible si la méthode choisie par le chercheur est pertinente eu égard à sa problématique de recherche.

Par ailleurs, nous tenons à souligner qu'une des limites de l'approche qualitative en recherche réside dans le fait que cette approche s'inscrit dans une démarche d'étude d'un contexte particulier. Cette limite importante de l'approche qualitative conduit les chercheurs à accorder plus de validité externe aux approches quantitatives. Cependant, en recherche qualitative, plus que la généralisation des résultats, c'est la transférabilité de ces résultats qui est particulièrement importante. Et, comme le souligne Thiétart (2003 : 98), « [l]e choix entre une approche qualitative et une approche quantitative apparaît donc plus dicté par des critères d'efficience par rapport à l'orientation de la recherche, construire ou tester ».

? EXERCICES D'INTÉGRATION

Exercice 1
Choisissez deux articles scientifiques dans une revue spécialisée en communication (voir la liste fournie au chapitre 2). Pour chaque article, identifiez la question générale de recherche ainsi que les hypothèses et décrivez la méthodologie mise en œuvre par le chercheur. Ensuite, répondez à la question suivante : Le chercheur a-t-il mis en œuvre une recherche qualitative ? Expliquez votre réponse.

Exercice 2
Pourquoi un chercheur choisirait-il la méthode ethnographique dans une recherche sur les communautés virtuelles de joueurs en ligne ? Argumentez.

Exercice 3
Pourquoi dit-on que la recherche qualitative s'inscrit dans un processus itératif et qu'elle est fondée sur une démarche inductive ? Expliquez.

Exercice 4
Dans quelles circonstances (c'est-à-dire relativement à l'objet, au sujet ainsi qu'aux questions générales et spécifiques) un chercheur privilégierait-il l'étude de cas plutôt que la méthode biographique ?

Exercice 5
Quels sont les principaux éléments qui distinguent une approche qualitative d'une approche quantitative ? À votre avis, en quoi ces deux approches peuvent-elles être complémentaires ?

CHAPITRE 7

LES OUTILS DE COLLECTE ET L'ANALYSE DES DONNÉES

OBJECTIFS DU CHAPITRE

- Se familiariser avec les divers outils de collecte de données utilisés dans les recherches qualitatives en communication.

- Connaître les avantages et les limites de chaque outil de collecte de données.

- Se familiariser avec le processus d'analyse des données en recherche qualitative.

L e choix d'un outil (ou technique) de collecte de données repose sur trois activités de base (Wolcott, 1992) : demander, regarder, examiner.

TABLEAU 7.1	Les différents outils de collecte de données	
Activités de base	**Outils de collecte de données**	**Buts**
Demander	– Entrevues – Groupes de discussion (*focus group*)	– Connaître l'opinion, la perception ou la représentation que se font les personnes d'un phénomène, d'un problème ou d'un événement (exemple : la stratégie de communication d'un ministère ou d'une PME en temps de crise)

(suite ▶)

Regarder	– Observation	– Observer une culture, l'activité d'un individu dans une organisation, un moment ou un événement particulier (exemple : la communication patient-médecin dans le cadre d'un dispositif de télémédecine)
Examiner	– Analyse documentaire (archives, pages Web, journaux, etc.) – Analyse d'artefacts (objets techniques, etc.) – Analyse de photos, de films ou de documentaires	– Étudier des messages attachés à des objets tels que des films, des discours politiques, des affiches publicitaires, des sites Web, des émissions télévisées

Afin de développer une méthodologie rigoureuse, le chercheur doit se poser quelques questions concernant l'échantillon et le choix de l'outil ou des outils de collecte de données qu'il souhaite utiliser pour sa recherche (voir le tableau 7.2). Il doit être en mesure de justifier ses choix par rapport à sa problématique de recherche, et ce, afin de démontrer la pertinence de sa méthodologie.

TABLEAU 7.2	Les questions à poser avant toute collecte de données sur le terrain
Questions relatives au choix de l'échantillon	– Quels individus dois-je interroger ? Quelles situations dois-je observer ? Quels documents dois-je examiner ? – Combien de personnes dois-je interroger, observer ? Combien de documents dois-je examiner ?
Questions relatives au choix des outils de collecte de données	– Le ou les outils choisis sont-ils adaptés à ma problématique ? – Quelles sont les informations dont j'ai besoin pour répondre à ma question de recherche ? – Le ou les outils choisis me permettent-ils de recueillir les informations dont j'aurai besoin pour effectuer les traitements et les analyses que j'envisage ?

Nous n'entrerons pas dans le détail des procédures d'échantillonnage (voir le chapitre 3), mais il nous semble important de rappeler que, dans une recherche qualitative, le chercheur privilégie un échantillonnage non probabiliste parce que de nombreux phénomènes nécessitent une sélection de cas afin de procéder à une observation fine et détaillée de ceux-ci. Il en est ainsi lorsqu'un chercheur souhaite étudier la qualité des communications au travail ou la coordination des actions au sein d'une équipe de travail. Rappelons aussi que, dans une recherche qualitative, le chercheur ne vise pas une généralisation de ses résultats. Et comme le souligne Deslauriers et Kérisit (1997 : 97) : « le caractère exemplaire et unique de l'échantillon non probabiliste nous donne accès à une connaissance détaillée et circonstanciée de la vie sociale ».

Nous étudierons maintenant les caractéristiques de chaque outil de collecte de données (entrevue, observation, groupe de discussion, **analyse qualitative de contenu** de documents) avant d'en faire ressortir les avantages et les inconvénients. Cette présentation des outils privilégiés en recherche qualitative permettra au lecteur, le cas échéant, de faire un choix éclairé pour sa propre recherche.

7.1   L'entrevue de recherche

L'entrevue de recherche permet la collecte d'informations sous forme de données discursives, c'est-à-dire des données relatives au discours d'un individu. Freyssinet-Dominjon (1997 : 145) donne la définition suivante de l'entrevue de recherche : « [C'est] un dispositif de face à face où un enquêteur a pour objectif de favoriser chez un enquêté la production d'un discours sur un thème défini dans le cadre d'une recherche. » Cette définition nous permet d'insister sur deux points :

- Une entrevue de recherche repose sur un dispositif construit par le chercheur pour ses besoins de recherche.
- Une entrevue de recherche est une rencontre interpersonnelle au cours de laquelle le chercheur donne la parole à son interlocuteur sur des thèmes spécifiques à sa recherche. Le chercheur se trouve donc dans une situation de face à face avec son interlocuteur, situation au cours de laquelle il abordera successivement avec lui certaines thématiques liées à la problématique de recherche.

Une entrevue de recherche est en quelque sorte une discussion, qui peut être structurée autour de questions spécifiques préalablement formulées par le chercheur dans un **canevas** ou **grille d'entrevue.** Le chercheur questionne une personne à propos de ses croyances, de ses sentiments, de ses opinions, de ses motivations ou de ses expériences afin de mieux comprendre le phénomène qu'il étudie. Par exemple, un chercheur qui conduit une recherche sur ce qui motive les gens à aller au cinéma aura recours à l'entrevue afin de comprendre ce qui incite les individus à aller au cinéma. « Le but de l'entrevue est de savoir ce que la personne pense et d'apprendre des choses qu'on ne peut observer directement comme les sentiments, les idées, les intentions » (Deslauriers, 1991 : 34). Rappelons qu'il est nécessaire de tenir compte de certaines caractéristiques propres à la problématique de la recherche et à la nature même de l'étude avant de faire le choix de cet outil (ou technique) de collecte de données.

Le lecteur qui veut savoir si l'entrevue est l'outil de collecte approprié peut se poser les deux questions suivantes :

a) *Question liée à l'objet de la recherche :* S'intéresse-t-on au sens que les personnes donnent à leur expérience particulière ?

b) *Question liée à la finalité de l'étude :* Veut-on dégager une compréhension approfondie d'un phénomène ?

Des réponses affirmatives à ces questions supposent que le choix d'une entrevue est approprié et que le chercheur peut privilégier cette technique de collecte de données pour sa recherche. Prenons l'exemple d'un chercheur qui a pour objectif de comprendre les changements qu'a amenés l'introduction des technologies de l'information et de la communication (TIC) dans les pratiques professionnelles des professeurs à l'université. Il décide de conduire une recherche dans laquelle il procédera à des entrevues semi-dirigées auprès des professeurs car

a) il s'intéresse au sens que les professeurs donnent à cette expérience ;

b) il souhaite comprendre en profondeur les pratiques actuelles des professeurs afin de voir si l'introduction des TIC a modifié ces pratiques ou non.

Ainsi, le chercheur envisage d'entrer en contact direct et personnel avec des professeurs à l'université afin d'avoir une description riche de leur expérience.

Par ailleurs, il doit aussi tenir compte des caractéristiques des répondants, car elles constituent parfois un facteur pouvant influencer son choix de privilégier ou non les entrevues comme outil de collecte de données. Par exemple, si l'objet d'étude touche des personnes pour qui le rapport à l'écrit est difficile pour des raisons diverses (âge, alphabétisation, etc.), le chercheur choisira l'entrevue (plutôt que le questionnaire, par exemple) comme outil de collecte de données.

7.1.1 Les types d'entrevues

D'une manière générale, on distingue trois grands types d'entrevues de recherche : l'entrevue non dirigée, l'entrevue semi-dirigée et l'entrevue dirigée.

- L'entrevue non dirigée est une entrevue au cours de laquelle le chercheur introduit un thème général, mais il n'intervient pas sur l'orientation du discours de la personne interviewée : il laisse la personne aborder les sous-thèmes qu'elle souhaite. Dans ce cas, le chercheur adopte une attitude de compréhension, c'est-à-dire une attitude caractérisée par un effort de compréhension intellectuelle de l'autre, excluant tout jugement moral, relançant de temps en temps le sujet afin de faciliter le développement des idées de la personne interviewée.

L'entrevue est ouverte: une question générale laisse libre cours au récit de la personne interrogée. De plus, l'entrevue non dirigée permet au participant d'orienter, selon ses propres motivations, le sens de l'entrevue sans que le chercheur impose ses propres catégories (ou sous-thèmes de discussion).

- L'entrevue semi-dirigée est une entrevue au cours de laquelle le chercheur adopte aussi une attitude de compréhension, mais ses relances sont guidées par une grille (ou canevas) d'entrevue préalablement construite. Cette grille permettra au chercheur d'aborder avec la personne interviewée une série de thèmes qui auront été définis tout en lui laissant la possibilité de soulever et d'aborder d'autres thèmes ou aspects du sujet.

- L'entrevue dirigée est très structurée et rassemble une série de questions fermées et ouvertes (voir le chapitre 4) qui ont été préalablement formulées par le chercheur. Les questions sont très précises et l'ordre est prédéterminé, ce qui fait que ce type d'entrevue ressemble fortement à un sondage par questionnaire réalisé en face à face. L'entrevue dirigée est utile lorsqu'on veut réaliser un grand nombre d'entrevues et minimiser les risques de subjectivité de la part de l'intervieweur. En revanche, elle restreint le champ d'expression de l'interviewé. Cette technique est plutôt privilégiée dans les recherches quantitatives.

Nous porterons maintenant notre attention sur la préparation d'une entrevue semi-dirigée, car c'est une technique de collecte de données fréquemment utilisée dans les recherches qualitatives en communication.

7.1.2 La préparation d'une entrevue semi-dirigée

La grille (ou canevas) d'entrevue est « un préparatif à la conduite de l'entretien. [Elle] permet au chercheur d'éviter des erreurs en prévoyant à l'avance les grandes orientations qu'il veut donner à l'entrevue » (Demers, 2003 : 191). Ainsi, le chercheur identifiera des thèmes, des sous-thèmes et des questions d'orientation afin de recueillir des données pertinentes. Il n'y a pas de modèle unique mais, d'une manière générale, deux grands types de questions figurent dans une grille d'entrevue : les questions principales et les questions d'investigation ou de relance.

- Les questions principales servent à introduire les thèmes abordés au cours de l'entretien.

- Les questions d'investigation ou de relance permettent au chercheur de clarifier les informations ou d'aller chercher des informations complémentaires (par la recherche d'exemples significatifs, de preuves ou autres). Ces questions de relance font suite aux questions principales et incitent le participant à élaborer une idée ou à la préciser (voir le tableau 7.3).

Le choix et la formulation des questions sont importants tout autant que l'ordre dans lequel seront posées les questions. En effet, l'objectif du chercheur est de favoriser l'expression de l'interlocuteur et de l'accompagner dans sa réflexion. C'est pour cette raison que le chercheur évite d'entrer dans le vif du sujet dès les premières minutes de l'entrevue et que la grille d'entrevue préparée respecte ce principe (voir le tableau 7.3). D'ailleurs, Patton (1980) propose de suivre le schéma suivant : démarrer l'entrevue par des questions générales de type descriptif (questions liées aux expériences des répondants et aux activités courantes) et amener progressivement les répondants vers des questions faisant appel à leur opinion, leur sentiment, leur interprétation d'un phénomène, d'un événement ou d'une situation.

TABLEAU 7.3	Le schéma général d'une grille d'entrevue
Types de questions	**Exemples de questions**
Questions informatives Objectifs : – Connaître le répondant – Établir le contact – Recueillir des données contextuelles, sociodémographiques ou autres	[1] Dans quel service travaillez-vous actuellement ? [2] Depuis combien de temps êtes-vous à ce poste ? [3] Quelle est votre formation scolaire ?
Questions larges et descriptives (ou questions principales) Objectifs : – Inciter le répondant à parler du phénomène ou de la situation dans ses propres termes – Inciter le répondant à aborder les sujets qui lui semblent les plus pertinents – Inciter le répondant à aller en profondeur et à donner ses impressions, opinons, etc.	[1] Pouvez-vous me décrire une journée de travail type ? [2] Pouvez-vous me dire comment votre utilisation du courrier électronique s'insère dans cette journée ?* [3] À quelle fréquence, durant une journée, utilisez-vous le courrier électronique ?* [4] L'introduction du courrier électronique dans votre quotidien de travail a-t-elle changé ou non la communication avec vos collègues ?
Questions de relance (ou questions d'investigation) Objectifs : – Solliciter le répondant sur des aspects d'un thème abordé au cours de l'entrevue – Inciter le répondant à approfondir une idée, à l'exemplifier, etc.	[1] Au quotidien, que faites-vous des messages que vous recevez ? Quels sont ceux que vous conservez ?* [2] Par exemple, avez-vous éprouvé des difficultés dans l'apprentissage de l'utilisation du courrier électronique ?

*Certaines questions mises en exemple sont extraites d'une grille d'entrevue utilisée par Millerand (2003) dans son travail de thèse de doctorat. Les objectifs de l'entrevue étaient les suivants :
1. Décrire les modes d'utilisation détaillés du courrier électronique.
2. Décrire les représentations personnelles du courrier électronique.

Au moment de l'élaboration de la grille d'entrevue, le chercheur devra se préoccuper du niveau de langue employé et il évitera une langue trop abstraite. Globalement, dans la formulation des questions, il devra tenir compte de trois critères fondamentaux : la clarté, la neutralité et la pertinence (Amyotte, 1996 : 41 et suivantes). Parler de la clarté de la question renvoie au fait que le chercheur doit utiliser un vocabulaire familier et connu du répondant. Le chercheur évitera donc les formulations complexes, longues et faisant usage d'un vocabulaire technique qui pourrait être obscur pour le répondant. Par ailleurs, une question n'est pas neutre lorsqu'elle induit, oriente beaucoup trop l'entretien (voir aussi les conseils pour la formulation des questions au cours de l'élaboration d'un questionnaire, au chapitre 4). Enfin, une question n'est pas pertinente lorsqu'elle n'apporte aucune information utile à la recherche ou que le répondant n'est pas du tout en mesure d'y répondre.

7.1.3 La conduite d'une entrevue de recherche

Afin de réunir les conditions essentielles à la réussite d'une entrevue, il est important que le chercheur s'adapte à son interlocuteur et le mette en confiance. Il doit aussi considérer le lieu de l'entrevue et, dans la mesure du possible, faire le choix d'un lieu calme et neutre dans le but de mettre le répondant à l'aise. Avant de commencer l'entrevue, le chercheur prend le temps d'expliquer au répondant l'objectif de la recherche en des termes généraux et le moins théoriques possible, sans révéler ses hypothèses pour ne pas influencer les réponses de l'interviewé. Ensuite, il informe la personne du fait que les données recueillies au cours de l'entrevue sont confidentielles et qu'il s'engage à préserver l'anonymat (règles fondamentales d'éthique de la recherche). Il demande aussi à la personne l'autorisation d'enregistrer l'entrevue afin de pouvoir par la suite retranscrire l'échange et analyser les données recueillies à partir des *verbatim* d'entrevue. C'est alors que l'entrevue débute.

Comme nous venons de le voir, il est important de briser la glace en commençant par des questions très factuelles sur la formation, l'expérience professionnelle, etc. La grille d'entrevue préalablement établie accompagnera le chercheur tout au long de l'échange, mais il faut la considérer comme un outil souple et flexible. C'est une sorte d'aide-mémoire, un guide que le chercheur utilise afin d'être certain que les thèmes prévus sont discutés (Savoie-Zajc, 1997). En effet, il existe au cours de l'entrevue une part d'incertitude qui fait que le chercheur doit ajuster ses questions en fonction du répondant.

> « L'entrevue semi-dirigée consiste en une interaction verbale animée de façon souple par le chercheur. Celui-ci se laissera guider par le flux de l'entrevue dans le but d'aborder, sur un mode qui ressemble à celui de la conversation, les thèmes généraux sur lesquels il souhaite entendre le

répondant, permettant ainsi de dégager une compréhension riche du phénomène à l'étude » (Savoie-Zajc, 1997 : 266).

Il est important durant l'entrevue que le chercheur se montre très à l'écoute et relance de temps à autre l'interlocuteur afin de l'aider à approfondir une idée. Évidemment, ces relances ont lieu pendant l'entrevue et ne peuvent pas être programmées à l'avance. Le chercheur peut aussi, en cours d'entrevue, recentrer le propos de son interlocuteur quand celui-ci s'éloigne de la thématique abordée. Par ailleurs, la reformulation est un outil discursif (tout comme le questionnement, par exemple) dont dispose le chercheur lorsqu'il souhaite vérifier la compréhension qu'il a d'un événement décrit par le répondant. En reformulant, le chercheur effectue, d'une part, une mise au point sémantique et, d'autre part, il manifeste son désir de comprendre ce que lui dit son interlocuteur, ce qui contribue souvent à faire rebondir le dialogue vers des développements utiles (Freyssinet-Dominjon, 1997). Enfin, lorsque l'entrevue est terminée, il est approprié que le chercheur demande au répondant s'il a des choses à ajouter, qu'il s'enquière de ses réactions, qu'il lui indique les suites de la recherche en cours ainsi que l'échéancier et qu'il le remercie.

7.1.4 Les avantages et les limites de l'entrevue de recherche

Nous passerons maintenant en revue les avantages et les limites de cet outil de collecte de données qu'est l'entrevue. Dans de nombreux ouvrages sur la méthodologie de la recherche (Angers, 1996 ; Blanchet et Gotman, 1992 ; Gauthier, 1997 ; Thiétart, 2003), les auteurs soulignent qu'une des forces principales de l'entrevue est qu'elle offre un accès direct à l'expérience des participants. En effet, le chercheur tente de comprendre le sens d'un phénomène à l'étude tel qu'il est perçu par les répondants. C'est une technique qui permet à la fois l'exploration des faits, dont la parole est le vecteur principal, et la construction d'un discours dans l'interaction impliquant un répondant et le chercheur. Le discours produit par le répondant est construit en interaction permanente avec le chercheur, qui le sollicite à l'aide de ses relances (Blanchet et Gotman, 1992). L'entrevue favorise ainsi la production d'informations riches en détails et en descriptions. Par ailleurs, le caractère flexible de l'entrevue semi-dirigée permet au chercheur d'adapter son questionnement au cours du déroulement de l'entrevue en tenant compte des réponses, des comportements et des attitudes du répondant. Par contre, des risques de blocage de la communication peuvent survenir, comme des réponses stéréotypées ou en conformité avec les attentes du chercheur (biais de **désirabilité sociale**). Par crainte de se faire mal juger sur ses réponses, le répondant adopte un comportement de façade, atténue ses opinions, répond de manière stéréotypée ou se conforme à des attentes normatives. Le répondant peut aussi avoir des réactions défensives lorsque les questions sont personnalisées. La personne interrogée a peur que ses réponses soient utilisées contre elle ou trouve qu'une question est trop délicate ou trop personnelle. Des questions du type « à votre avis... », impliquant directement la personne, peuvent entraîner un refus de répondre ou une fuite. Dans ce dernier cas, le répondant aura alors tendance à changer de thématique.

POUR EN SAVOIR PLUS

Sur l'entrevue

- BLANCHET, A. *Dire et faire dire : l'entretien,* Paris, Armand Colin, 1991, 173 pages.

- BOUTIN, G. *L'entretien de recherche qualitatif,* Sainte-Foy, Presses de l'Université du Québec, 1997, 169 pages.

- BLANCHET, A. et GOTMAN, A. *L'enquête et ses méthodes : l'entretien,* Paris, Armand Colin, 2005, 125 pages.

- SPRADLEY, J. P. *The Ehnographic Interview,* New York, Holt, Rinehart and Wiston, 1979, 247 pages.

7.2 L'observation

L'observation est une technique de collecte de données au cours de laquelle le chercheur observe lui-même des processus ou des comportements qui se déroulent dans une situation précise pendant une période de temps limitée. C'est un outil de collecte de données qui se démarque de l'entrevue, car il permet de saisir directement (sur le vif) l'expérience des individus au quotidien, que ce soit en contexte social ou organisationnel. Prenons l'exemple de la recherche de Grosjean et Lacoste (1999). Dans le cadre de leur travail d'analyse des communications dans un hôpital, ces chercheurs ont procédé à de nombreuses observations de situations de travail (des infirmières en relève de poste, par exemple). La comparaison des données d'observation de situations équivalentes (la relève de poste) menées dans des sites différents a permis aux chercheurs d'établir l'hypothèse concernant l'existence de styles de coordination. Dans cette recherche, l'observation est une technique de collecte de données complémentaire à l'entrevue, car elle permet de saisir des comportements, des actions que les répondants ne verbalisent pas pendant les entretiens.

Il existe un débat au sein de la communauté scientifique sur les formes données à l'observation (Martineau, 2005). Pour notre part, nous partons de la description de Thiétart (2003), lui-même faisant référence à Jorgensen (1989), pour distinguer deux formes d'observation en fonction du point de vue du chercheur par rapport aux individus observés : l'observation participante et l'observation non participante (voir le tableau 7.4). La position du chercheur peut être plus ou moins engagée, ce qui détermine son degré de participation ou d'implication[1].

TABLEAU 7.4	Les points de vue adoptés par le chercheur	
Points de vue adoptés par le chercheur	**Interne**	**Externe**
Types	Observation participante	Observation non participante

7.2.1 L'observation participante

En utilisant l'observation participante[2], le chercheur adopte un point de vue interne, c'est-à-dire qu'il est systématiquement intégré au milieu, à la communauté qu'il étudie. Dans ce cas, le chercheur s'immerge personnellement dans la vie des gens, participe aux activités de la communauté qu'il observe au même titre que les autres membres du groupe[3]. « Il devient acteur qui participe totalement à l'environnement » (Massé et Vallée, 1992 : 78). Ainsi, le chercheur peut entrer dans une période d'interaction sociale intense avec les sujets (Bogdan et Taylor, 1975) et c'est cette proximité entre le chercheur et son objet de recherche qui lui permettra une appréhension plus complète, plus dense et plus significative de la situation (Laperrière, 1997). C'est le cas de la recherche menée par Goffman (1968) et présentée dans son ouvrage *Asiles* où il élabore, en s'appuyant sur trois années d'observation dans des hôpitaux psychiatriques, une analyse de ce qu'il nomme les institutions totalitaires. Plus récemment, Peneff (1992) a utilisé l'observation participante dans son étude sur les urgences à l'hôpital. Ce

---

1. Gold (1958) a établi une typologie et propose une classification reposant aussi sur le critère de l'engagement du chercheur dans l'action. Ainsi, Gold a identifié quatre positions ou rôles du chercheur dans le cadre d'une observation : le participant complet, le participant observateur, l'observateur participant et l'observateur complet. Cette typologie a son intérêt lorsqu'il s'agit pour le chercheur de déterminer son degré d'implication dans le groupe observé. Pour de plus amples détails, nous invitons le lecteur à consulter les textes de Gold (1958), Groleau (2003) et Martineau (2005).

2. L'observation participante a été pratiquée au sein de l'anthropologie et des courants sociologiques inspirés de l'école de Chicago. Les principaux représentants de l'école de Chicago sont George Herbert Mead (1863-1931), Robert Park (1864-1944), William I. Thomas (1863-1947), Ernest Burgess (1886-1966), Herbert Blumer (1901-1987), Erving Goffman (1922-1982), Harold Garfinkel (1917) et Howard Becker (1928).

3. Afin d'avoir un exemple exhaustif et détaillé d'observation participante en contexte social, le lecteur peut découvrir les travaux du sociologue Wacquant (reposant sur une approche ethnographique) sur les ghettos américains. Ce chercheur s'est immergé pendant trois ans dans la vie d'un ghetto de Chicago en intégrant un club de boxe. Il retrace sa recherche dans son ouvrage *Corps et âmes : Carnets ethnographiques d'un apprenti boxeur* (2000).

chercheur a décidé de travailler pendant un an, à mi-temps, comme brancardier au service des urgences d'un grand hôpital afin de s'immerger totalement dans la situation qu'il souhaitait étudier. Il s'est donc complètement intégré à la communauté qu'il a observée en en devenant un membre à part entière. C'est aussi le cas du travail de recherche mené par Orr (1996) au sein de la compagnie Xerox, aux États-Unis. Dans cette recherche, Orr a retracé les journées de travail d'une équipe de techniciens chargés de la réparation des photocopieurs pour l'entreprise Xerox. Il s'est joint à une équipe de réparateurs de photocopieurs notamment parce qu'il possédait l'expertise nécessaire pour occuper cet emploi de technicien (Groleau, 2003). Les observations menées au cours de sa recherche lui ont permis de montrer comment une communauté de pratique (caractérisée par une entraide mutuelle et la résolution collective de pannes inhabituelles) s'est formée au sein du groupe des réparateurs. Il a abouti à ces conclusions en procédant à une observation et à une description minutieuse des conversations complices et détendues entre une dizaine de collègues qui travaillaient sur les machines de clients différents et se rencontraient pour échanger pratiques et savoir-faire. Selon la terminologie d'Adler et Adler (1987), ces chercheurs font le choix d'une observation participante en jouant un rôle « immergé » et en prenant la position d'un membre naturel du groupe.

7.2.2 **L'observation non participante**

L'observation non participante est caractérisée par le fait que le chercheur joue un rôle « périphérique » en étant en contact avec les répondants, mais sans participer à leur activité (Adler et Adler, 1987). Certains chercheurs préfèrent utiliser le terme d'observation « désengagée » (Angers, 1996) afin de mettre en évidence la distanciation du chercheur avec son objet de recherche. Autrement dit, la participation du chercheur à la vie de la communauté ou de l'organisation étudiée est marginale, car celui-ci souhaite maintenir une distance à l'égard de sa source de données. Grosjean et Lacoste (1999), dans la recherche précédemment mentionnée, ont décidé d'adopter une position moins engagée que Peneff (1992) ou Orr (1996), par exemple. En effet, les chercheurs ne sont pas devenus des employés de l'organisation, mais ils sont dans l'organisation pour observer le personnel au cours de la réalisation de ses tâches quotidiennes. D'ailleurs, Grosjean et Lacoste (1999 : 49) explicitent clairement leur position ainsi : « Notre propre choix comporte de n'être pas participants, mais observateurs, car le souci de données systématiques sur l'action et la communication impose un travail de relevé qui n'est pas compatible avec l'exercice du métier étudié. Nous sommes là comme chercheurs, pour observer, et cela est connu de tous à chaque moment. »

Nous avons vu que deux options (participante et non participante) s'offrent au chercheur en communication quant à la position et au rôle qu'il souhaite privilégier au moment d'une collecte de données par observation. Cependant, pour opter pour un choix ou un autre, le chercheur doit réfléchir à la question suivante : Doit-on maintenir une distance ou avoir une intimité à l'égard de la source de données ? Thiétart (2003) soulève un paradoxe intéressant : le paradoxe de l'intimité. En effet, plus le chercheur développera une certaine intimité avec les sujets de sa recherche, plus ceux-ci auront tendance à lui faire confiance et à se dévoiler. Toutefois, une telle attitude peut aussi être défavorable à la recherche. Ainsi, en s'immergeant totalement et en adoptant une position fortement participante (observation participante), il peut y avoir comme conséquence que l'observateur intègre le point de vue des observés et mette ainsi de côté son regard critique. Dans une observation non participante, le chercheur assumant un rôle périphérique est relativement à l'abri de ce problème ; par contre, un des problèmes qui peut survenir est la difficulté à comprendre et à saisir pleinement toute la complexité de la situation. Il n'y a pas de position idéale, mais il est important que le chercheur soit conscient des limites qu'amène chaque position.

7.2.3 Le déroulement d'une observation

Nous décrirons maintenant chaque étape d'une observation (participante ou non participante) afin d'en souligner les moments importants.

Au cours du travail de terrain, l'observateur sera soumis à une multitude d'informations et de stimuli. Il peut alors très vite se trouver submergé par ceux-ci. Par conséquent, les premières questions que doit se poser le chercheur sont les suivantes : Qu'allons-nous observer ? Qui allons-nous observer ? Quel moment est le plus opportun ? Vers quels événements allons-nous orienter notre attention ? Ces questions sont importantes car, ainsi, le chercheur pourra identifier des sites ou des terrains d'observation qui lui permettront de trouver des données menant à des explications susceptibles de répondre à sa question de recherche (Groleau, 2003). En effet, la ou les questions de recherche guideront le regard du chercheur. « Si l'observateur n'a pas pour but de répondre à une ou plusieurs questions pertinentes et clairement formulées, on aura beau observer longuement et attentivement un phénomène, un objet, ils ne prendront ni de sens ni de valeur pour la connaissance scientifique » (Angers, 1996 : 8).

Pour nous guider, Laperrière (1997) propose que nous prenions en considération plusieurs éléments pouvant influer sur notre choix :

- la pertinence sociale et théorique de la situation d'observation choisie ;
- la délimitation claire de la situation d'observation choisie, sur le plan tant physique que social ;
- les situations observées, qui doivent être récurrentes afin de permettre au chercheur d'approfondir ses observations.

Ensuite, afin de préparer au mieux sa collecte de données, le chercheur peut élaborer une **grille d'observation.** L'avantage de celle-ci est qu'elle systématisera le travail de terrain et assurera une certaine continuité dans les observations menées d'une journée à l'autre ainsi que d'un site à l'autre. Grosjean et Lacoste (1999) dans leur étude sur les communications à l'hôpital ont utilisé une grille d'observation des relèves qui s'avère relativement structurée (voir le tableau 7.5). Les observations que les chercheurs ont menées se sont donc déroulées selon un protocole fixé au préalable et qui leur permettait de procéder à une analyse comparative des divers sites observés (les chercheurs ont sélectionné trois services différents).

TABLEAU 7.5   **Une grille d'observation des relèves**

A. Les données relativement stables au cours de l'interaction

B. Les données évoluant au cours de l'interaction
(Noter les éléments significatifs et leur évolution)

[1] Le cadre et les aspects écologiques
  - Localisation dans le service (plan)
  - Localisation dans la pièce : emplacement des dispositifs et des individus (croquis)

[2] Le temps
  - Avant et après-relève, durée, périodicité, organisation interne, découpage temporel

[3] Les participants (= tous les présents)
  - Identification, statuts professionnels et organisationnels
  - Statut dans l'interaction : légitime ou pas, central ou pas (noter s'ils s'absentent)

[4] Les buts et les résultats
  - Buts officiels de la situation, buts secondaires, officieux, s'il y a lieu
  - Résultats (types de « sorties »)

[1] Les modalités de communication
  - Indices posturaux (= penché vers l'avant, en retrait), kinésiques (gestes du corps), mimogestuels (sourires, mimiques, regards), proxémiques (distance)
  - Utilisation de supports de communication (cahier, tableau, téléphone)
  - Indices paralinguistiques (intonation, pauses, rythme, qualité vocale)

[2] Les cadres de participation
  - Définition des cadres participatifs (un seul foyer de parole ou plusieurs, apartés, discussion collective, cantonade, etc.)
  - Positions dans l'interlocution (= locuteur, auditeur, destinataire, témoin...)

[3] Les normes d'interaction
  - Ouverture/clôture de l'interaction, tours de parole, chevauchements, droit à prendre la parole, à lancer les thèmes, à contredire, à contrôler

[4] Les activités concurrentes
  - Entrées et sorties, déplacements
  - Actes matériels effectués (lire, écrire, pousser un chariot...)

[5] La tonalité
  - Atmosphère : tension, détente, ennui, calme, agressivité

Source : Grosjean et Lacoste (1999 : 215).

Le chercheur peut opter pour une grille d'observation plus ou moins structurée, et ce, en fonction évidemment de sa démarche de recherche et de ses objectifs.

Nous tenons aussi à souligner que, pendant une collecte de données par observation, l'attitude du chercheur est primordiale puisqu'elle sera déterminante pour la qualité des informations recueillies. Tout au long de ce processus de collecte de données, le chercheur se montrera patient et tolérant. « Il s'étonne au lieu de juger, cherche à comprendre plutôt qu'à expliquer ; il présume que ce qu'il voit et entend a une signification que sa recherche doit élucider » (Deslauriers, 1991 : 50).

Finalement, il est important de préciser qu'au cours des observations le chercheur est amené à prendre des notes afin de garder une trace pérenne des phénomènes observés[4]. Ainsi, il est nécessaire que, durant la collecte de données, le chercheur organise et structure ses notes afin de distinguer les notes de terrain ou notes descriptives, les notes analytiques ou notes réflexives et les notes méthodologiques.

- Les notes de terrain ou notes descriptives sont constituées des informations, des données sur les faits, des comportements, des attitudes et des événements observés. Ces notes sont essentiellement descriptives.

- Les notes analytiques ou notes réflexives sont des notes concernant les impressions ou les intuitions que le chercheur a sur ce que semblent relever les données empiriques en fonction de sa problématique.

- Les notes méthodologiques sont des remarques, des constats, des commentaires sur le déroulement de l'observation, notamment en ce qui concerne des informations liées à la relation observé-observateur. « Ces notes facilitent la compréhension de la relation observateur-observé et les répercussions que cette relation a sur le recueil de données » (Groleau, 2003 : 230).

7.2.4 Les avantages et les limites de l'observation

L'observation, qu'elle soit participante ou non, a aussi ses avantages et ses limites et il est important que le chercheur en soit conscient. L'observation est une source d'information importante dès qu'on souhaite saisir des comportements, des attitudes ou des événements qui sont difficilement accessibles par une entrevue. Elle permet de recueillir des informations en examinant l'activité des sujets, en se concentrant sur des événements qui surviennent spontanément au cours de la situation observée. Ainsi, c'est un mode de collecte de données intéressant, notamment lorsqu'on souhaite mettre en évidence des processus cognitifs ou sociaux ou encore des enchaînements logiques entre différentes activités (activités de travail, de résolution de problèmes, de prise de décision, etc.). Par exemple, la technique

---

4. Dans certaines recherches, le chercheur opte aussi pour l'usage d'enregistrements audio ou vidéo. C'est le cas, par exemple, de Grosjean et Lacoste (1999) qui ont suivi des infirmières au cours de leur travail quotidien et qui ont procédé à des enregistrements audio de leurs interactions avec les autres membres du personnel et avec les patients.

d'observation peut être utilisée dans les recherches sur l'évaluation des interactions homme-machine (voir le tableau 7.6). Ce type d'observation est généralement pratiqué en situation réelle ou simulée (on recrée un contexte réel d'utilisation d'un outil informatique, d'une interface) et consiste en un recueil systématique de données au cours du déroulement de l'activité du ou des sujets.

TABLEAU 7.6	Une étude en recherche et développement dans un centre d'étude de navigation aérienne
Contexte de la recherche	Les contrôleurs aériens disposent d'un nouveau système d'aide à la décision (ERATO) ayant une interface comprenant un écran radar, un *Reminder* (outil permettant d'avoir une vue dynamique des problèmes organisés chronologiquement et selon leur degré d'urgence), la liste des vols présents dans le secteur aérien, une fenêtre d'intégration de vol permettant de traiter les nouveaux avions entrant dans l'espace aérien et un dispositif d'aide présentant la liste des avions sortant de l'espace aérien géré par le contrôleur.
Question de recherche	Quelles sont les différentes stratégies mises en place par les contrôleurs aériens pour faire face à la complexité croissante de leur tâche, en l'occurrence avec ce nouveau système d'aide à la décision ?
Méthodologie	– Un échantillon composé de 8 équipes de deux contrôleurs aériens (16 participants en tout) provenant de différentes zones géographiques (secteurs aériens). – Les données ont été recueillies à partir de l'observation de 16 scénarios de 90 minutes chacun (des simulations en temps réel). Au cours des scénarios, les contrôleurs utilisaient le nouveau système d'aide à la décision (ERATO). Les observations se sont échelonnées sur deux semaines et ont été découpées en plusieurs phases : – Phase 1 : période de familiarisation et d'apprentissage du système. – Phase 2 : pratique des simulations selon les scénarios développés. – Phase 3 : entrevue où les répondants étaient amenés à commenter leurs actions et communications. Cette observation ne se déroule pas en milieu réel, mais elle permet néanmoins de mettre en évidence certaines stratégies mises en place par les contrôleurs et permet au chercheur d'avoir accès à une source d'information essentielle pour perfectionner l'interface du système ERATO.

Source : Bressolle et autres (2000).

Les données recueillies au cours des observations sont généralement riches et produisent des descriptions denses, intégrées à leur contexte réel. Par contre, les ouvrages en méthodologie (Creswell, 2003 ; Gauthier, 1997 ; Thiétart, 2003) soulignent pour la plupart les risques liés à la subjectivité, laquelle peut avoir des impacts importants sur la collecte de données.

Pendant une observation participante, l'implication personnelle du chercheur conduit à une certaine forme de subjectivité. C'est pour cette raison que certains chercheurs choisissent de se maintenir à distance de leur objet d'étude afin de se définir avant tout comme un observateur et non comme un participant, un acteur[5]. La question qui se pose alors pour le chercheur qui utilise l'observation comme mode de collecte de données est la suivante : Comment concilier la nécessité méthodologique d'implication (à des degrés divers) avec le recul nécessaire que le chercheur doit avoir avec son objet d'étude ? Cette question se pose d'autant plus dans le cas d'une observation participante, qui suppose une immersion totale par laquelle le chercheur devient un membre à part entière du groupe. Par ailleurs, il y a risque que les personnes observées (malgré une bonne relation avec le chercheur) modifient volontairement ou involontairement leur comportement à cause de la présence de l'observateur. Cela pose la question de l'interdépendance entre observateur et observé : leurs perceptions, leurs positions, leurs réactions et leurs attentes interagissent (Laperrière, 1997).

POUR EN SAVOIR PLUS

Sur l'observation

- ARBORIO, A-M. et FOURNIER, P. *L'enquête et ses méthodes : l'observation directe,* Paris, Armand Colin, 2005, 127 pages.

- KOHN, R-C., NÈGRE, P. et BAREL, Y. *Les voies de l'observation. Repères pour les pratiques de recherche en sciences sociales,* Paris, L'Harmattan, 2003, 256 pages.

- SPRADLEY, J. P. *Participant observation,* New York, Holt, Rinehart and Winston, 1980, 195 pages.

- DEWALT, K. M. *Participant observation : A guide for fieldworkers,* Walnut Creek, CA, AltaMira Press, 2002, 280 pages.

- COENEN-HUTHER, J. *Observation participante et théorie sociologique,* Paris, L'Harmattan, 1995, 191 pages.

---

5. Cependant, les sociologues de l'école de Chicago (Coulon, 2002) soulignent le fait que le sociologue doit rendre compte d'observations qu'il a faites non pas comme étranger, mais dans une certaine mesure en tant que membre d'un groupe. Les positions en ce qui concerne la dimension subjective de l'observation sont discutées par différentes écoles en sociologie (Jonas, 1991).

7.3 Le groupe de discussion (*focus group*)

Les groupes de discussion sont des groupes animés par un animateur (modérateur) dont l'objectif est d'obtenir des informations concernant les attentes, les opinions ou les attitudes d'un groupe d'individus relativement à des idées, un produit ou une problématique. C'est en fait « une technique d'entrevue qui réunit de six à douze participants et un animateur, dans le cadre d'une discussion structurée, sur un sujet particulier » (Geoffrion, 1997 : 303). Le groupe de discussion est un mode de collecte de données très répandu, entre autres, en marketing, en publicité, en politique. On l'utilise lorsqu'on souhaite étudier l'image d'une organisation, des concepts publicitaires, une politique commerciale, etc. Mais c'est aussi un outil de collecte de données dont on se sert notamment au moment d'études de réception, de changements organisationnels, de relations publiques. Dès la fin des années cinquante, le groupe de discussion a été utilisé aux États-Unis en marketing, dans le domaine de la grande consommation.

Dans ces études en marketing, les groupes de discussion avaient le plus souvent pour objectif de cerner les motivations profondes du consommateur, le postulat étant que ces motivations ne sont pas toujours conscientes et qu'il faut se donner les moyens d'y accéder. On cite fréquemment l'exemple des préparations pâtissières en boîte, pour illustrer le type d'information que cette technique permet d'obtenir (Duchesne et Haegel, 2005). En effet, au moment de leur lancement sur le marché, ces préparations pâtissières en boîte constituées de sachets de poudre ont reçu un accueil très mitigé de la part des ménagères américaines. L'organisation de groupes de discussion a permis de comprendre que l'idée de faire un gâteau pour la famille était liée, de façon plus ou moins consciente, à celle d'un minimum d'efforts à fournir et que le respect d'un certain rituel (casser les œufs et ajouter du lait) donnait le sentiment aux ménagères de faire de la vraie pâtisserie. C'est pourquoi les préparations en poudre étaient quelque peu boudées (et c'est peut-être pour cela qu'aujourd'hui nos préparations de pâtisserie à l'aide de sachets de poudre exigent bien souvent que nous cassions un œuf et que nous ajoutions du lait !).

Dans un autre domaine, les chaînes de télévision appuient leur stratégie de programmation sur ce type de technique de collecte d'informations ; cela est bien souvent associé à des études quantitatives d'audience. Le secteur de la communication politique n'est pas en reste, puisque de nombreux hommes politiques (Bill Clinton, Tony Blair, etc.) ont fait usage du groupe de discussion. Par exemple, au cours de la présidentielle américaine de 1988, qui opposait George Bush (père) à Michael Dukakis, les conseillers en communication du candidat républicain (George Bush) ont organisé des groupes de discussion afin d'identifier les points faibles de l'action du candidat démocrate à son poste de gouverneur du Massachusetts (Michael Dukakis). Et comme le notent Duchesne et Haegel :

« Ils constatèrent alors que nombre de participants étaient choqués par le fait que Dukakis était intervenu pour laisser en liberté conditionnelle un prisonnier coupable de meurtre, d'autant que celui-ci avait récidivé. Une publicité négative fut élaborée sur cet épisode » (Duchesne et Haegel, 2005 : 27).

Nous venons de voir que le groupe de discussion a été utilisé dans divers domaines, mais le succès de son utilisation dépend de son adaptation au type de questions posées par la recherche.

D'une manière générale, le groupe de discussion est une technique de collecte de données pertinente dans les recherches qualitatives, car cette technique favorise l'émergence d'opinions et d'idées par la confrontation de points de vue. Le groupe de discussion offre la possibilité au chercheur de recueillir des informations sur les perceptions de certains groupes, sur leurs attitudes, leurs croyances, leurs résistances en favorisant l'échange et le débat d'idées. Comparativement aux entrevues individuelles semi-dirigées, le groupe de discussion a un intérêt non négligeable : la discussion de groupe peut susciter des idées du fait de la dynamique des interactions qui s'installe entre les participants. En effet, les interactions sociales entre les membres du groupe favorisent l'émergence de positions, de points de vue du fait de la confrontation des idées.

7.3.1 La préparation du groupe de discussion

La mise en place d'un groupe de discussion (tout comme pour les autres techniques de collecte de données) nécessite de la part du chercheur une préparation. L'étape préliminaire est de définir clairement l'objectif du groupe de discussion. Prenons le cas d'un chercheur qui conduit une recherche évaluative concernant une campagne de prévention contre la violence à l'école et qui souhaite mener plusieurs groupes de discussion avec des adolescents de 12 à 17 ans. Son objectif principal est de comprendre l'impact de deux affiches publicitaires, conçues pour une campagne de prévention contre la violence à l'école, sur un public cible d'adolescents de 12 à 17 ans. Pour ce faire, le chercheur devra préparer un guide de discussion (voir le tableau 7.7) qui résumera les principaux thèmes à aborder. Le guide sert de repère au chercheur afin que des thématiques importantes ne soient pas omises.

7.3.2 Le déroulement d'un groupe de discussion

D'une manière générale, un groupe de discussion se déroule en trois temps : il y a une phase d'introduction, une phase de discussion et une phase de conclusion.

1- La phase d'introduction sert à briser la glace et à mettre en confiance les membres du groupe. Au cours de cette première phase, l'animateur (qui est en fait le chercheur) souhaite la bienvenue aux membres et leur explique le déroulement de la séance (voir le tableau 7.8).

TABLEAU 7.7	Un exemple de guide de discussion

Première série de questions (Cacher les mots inscrits sur l'affiche afin que le groupe puisse donner son avis sur les images seulement)	[1] Dites-nous ce que vous voyez sur l'affiche. [2] Que font les personnes présentes sur l'affiche ? [3] Pensez-vous que l'affiche vous demande de faire quelque chose de particulier ? De quoi s'agit-il ? [4] Est-ce que les personnages de l'affiche vous rappellent certains de vos amis ? Ou bien sont-ils différents de vos amis ? Pourquoi ?
Seconde série de questions (Montrer les mots)	[5] Y a-t-il des mots que vous ne comprenez pas ? Si oui, lesquels ? [6] Dans vos propres termes, quel est le message transmis par cette affiche ? [7] Y a-t-il quelque chose sur cette affiche que vous aimez particulièrement ? Qu'est-ce que c'est ? [8] Y a-t-il quelque chose sur cette affiche que vous n'aimez pas ? Qu'est-ce que c'est ? [9] Y a-t-il quelque chose sur cette affiche qui n'est pas clair pour vous ? Qu'est-ce que c'est ? [10] Que peut-on faire pour améliorer cette affiche ?

2- La phase de discussion doit amener progressivement les membres du groupe à discuter de sujets de plus en plus précis ou délicats. Au cours de cette phase, l'animateur utilise le guide de discussion préalablement élaboré.

3- La phase de conclusion est celle qui permet au chercheur de solliciter les commentaires ou les questions des membres du groupe avant de les remercier pour leur contribution et leur participation.

TABLEAU 7.8	La phase d'introduction du groupe de discussion

Un chercheur entreprend, auprès d'adolescents de 12-17 ans, une étude sur l'impact d'une campagne de communication faisant partie d'un programme de lutte contre la violence à l'école. Pour cette étude, il décide d'organiser un groupe de discussion avec un public d'adolescents (12-17 ans) afin de solliciter leur point de vue sur une affiche publicitaire qui soutient cette campagne de communication.

Voici ce qu'il a prévu de dire en ouverture de séance :

« Soyez les bienvenus. Je m'appelle Paul et je suis chercheur à l'Université d'Ottawa. Je travaille actuellement sur la campagne de communication du programme Violence à l'école et je suis venu recueillir vos idées sur un certain nombre de messages. Je voudrais vous montrer une affiche qui est utilisée actuellement dans cette campagne et j'aimerais obtenir vos avis, idées et commentaires la concernant. (Le chercheur présente l'affiche au groupe).

Regardez attentivement l'affiche pendant quelques minutes.

L'organisation du groupe de discussion exige de disposer d'un lieu adapté à la réunion d'un groupe de personnes (entre 5 et 12 personnes dépendamment du plan d'échantillonnage du chercheur). Le chercheur doit trouver une salle agréable, calme, spacieuse et préparée de façon à faciliter les échanges entre les personnes. Les discussions sont enregistrées et parfois filmées. L'animateur du groupe de discussion a pour objectif d'encourager et d'inciter les personnes à participer afin de stimuler la discussion, l'échange d'idées et de points de vue (Krueger, 1988). Pour que la discussion soit productive, il est nécessaire que les participants ne se contentent pas de faire connaître successivement leurs points de vue à l'animateur, mais qu'ils procèdent à un véritable échange. Pour ce faire, l'animateur incitera chacun à s'adresser à l'ensemble du groupe. « Il doit intervenir pour renvoyer ce qui est dit à tous les participants et les amener à découvrir, ensemble, les liens ou les différences pouvant exister entre leurs interventions et les commenter » (Duchesne et Haegel, 2005 : 64).

L'animateur doit faciliter la discussion, voire parfois temporiser en désamorçant des tensions. Son objectif est que les échanges se déroulent avec une certaine fluidité, que le plus grand nombre de personnes participent et que les participants traitent du sujet proposé. En résumé, nous pouvons dire que l'animateur devra mettre en confiance les participants, répartir les tours de parole, solliciter ceux qui restent silencieux, relancer certaines discussions et même recadrer la discussion, si cela s'avère nécessaire.

Organiser un seul groupe de discussion serait largement insuffisant et ne débouvherait que sur des résultats partiels et non satisfaisants pour le chercheur en termes de validité. La règle est d'organiser des groupes jusqu'à ce qu'il y ait une saturation de l'information, c'est-à-dire jusqu'à ce qu'aucune nouvelle information ne vienne enrichir les données du chercheur (principe de saturation empirique). Il est donc difficile de déterminer *a priori* le nombre de groupes nécessaire pour arriver à ce point. Cependant, d'une manière générale, les études publiées comportent entre 3 et 10 groupes et les séances peuvent durer de une heure et demie à deux heures (Duchesne et Haegel, 2005).

7.3.3 Les avantages et les limites du groupe de discussion

Le groupe de discussion est un instrument de collecte de données particulièrement utile parce qu'il « facilite la compréhension du comportement et des attitudes d'un groupe cible » (Geoffrion, 1997 : 304). Un intérêt souvent mis en avant par les ouvrages de méthodologie est que le groupe de discussion, comparativement aux entrevues individuelles, favorise le développement et l'approfondissement collectif d'idées. En effet, la dynamique de groupe et les interactions sociales suscitées stimulent l'émergence d'idées nouvelles, la confrontation d'arguments et l'expression de positions divergentes (Duchesne et Haegel, 2005).

Les discussions peuvent donc s'avérer fructueuses à partir du moment où les participants peuvent nuancer leurs propos, les préciser, les expliquer et les exemplifier. Cependant, comme toute technique de collecte de données, le groupe de discussion présente certains désavantages. Tout d'abord, il est important de souligner que les groupes comptent un nombre restreint de participants qui « ne sont pas statistiquement représentatifs de l'ensemble de la population étudiée et [que] le chercheur ne peut extrapoler les résultats à cette population » (Geoffrion, 1997 : 306). Par ailleurs, la dynamique de groupe qui s'installe peut avoir des effets négatifs, voire contre-productifs. Par exemple, il peut arriver que les membres du groupe adoptent les points de vue d'un leader, s'y conforment ou se conforment à ses attentes. Par conséquent, les individus n'exprimeront pas leurs opinions si elles sont divergentes, mais ils se conformeront à l'opinion ou aux idées dominantes. Il y a donc un risque de dérive consensuelle. Or, le but du groupe de discussion n'est pas de trouver un consensus entre les membres du groupe, mais bien de favoriser l'expression de divergences.

POUR EN SAVOIR PLUS

Sur le groupe de discussion (*focus group*)

- MORGAN, D. L. *Focus Group as Qualitative Research,* Londres, Sage Publications, 1997, 80 pages.

- WILKINSON, S. « Focus Group Methodology : A Review », *International Journal of Social Research Methodology,* 1(3), 1998, p.181-203.

- BLOOR, M., FRANKLAND, J., THOMAS, M. et ROBSON, K. *Focus Group in Social Research,* Londres, Sage Publications, 2001, 110 pages.

- STEWART, W. et SHAMDASANI, P. N. *Focus Group. Theory and Practice,* Londres, Sage Publications, 1990, 153 pages.

7.4 L'analyse qualitative de contenu

Au chapitre 4, nous avons présenté les caractéristiques d'une analyse quantitative de contenu[6]. Aborder ici l'analyse qualitative de contenu est pour nous l'occasion d'en souligner la spécificité (notamment dans une démarche inductive). En général, l'analyse qualitative de contenu est utilisée à des fins de description ou d'explication d'un phénomène. Divers documents peuvent être soumis à ce type

---

6. Nous rappelons que bien souvent les chercheurs en communication utilisent à la fois l'analyse quantitative de contenu et l'analyse qualitative de contenu afin de profiter de leur complémentarité.

d'analyse : des articles de journaux, des bandes dessinées, des rapports d'activité d'entreprises, etc. Et comme le souligne Landry (1997 : 334), « l'analyse qualitative de contenu interprète le matériel étudié à l'aide de quelques catégories analytiques en faisant ressortir et en décrivant ses particularités spécifiques », alors que « [l]'analyse quantitative de contenu réduit le matériel étudié à des catégories analytiques à partir desquelles on peut produire des distributions de fréquences, des études de corrélation [...] ».

7.4.1 Les étapes d'une analyse qualitative de contenu

L'analyse qualitative de contenu « repose sur le postulat que la répétition d'éléments de discours (expressions ou significations similaires) révèle les centres d'intérêt et les préoccupations des acteurs » (Thiétart, 2003 : 459). L'objectif de cette analyse est de découvrir la signification du message étudié et, pour ce faire, cette technique repose sur la classification ou la codification dans diverses catégories des éléments du document analysé, afin d'en faire ressortir les différentes caractéristiques et d'en comprendre le sens précis (L'Écuyer, 1987). Par conséquent, l'analyse qualitative de contenu permet « d'expliciter le ou les sens qui sont contenus et/ou les manières dont ils parviennent à faire effet de sens » (Mucchielli, 2002 : 36).

Nous décrirons les différentes étapes d'une analyse qualitative de contenu afin de souligner en quoi elle s'inscrit dans une démarche inductive (voir la figure 7.1).

Les objectifs d'une analyse qualitative de contenu sont multiples. Le chercheur peut vouloir, par exemple, décrire les tendances qu'on trouve dans la presse au sujet du traitement de certains événements (pensons aux événements du 11 septembre, à la campagne électorale fédérale canadienne de 2006, etc.). Ainsi, il est essentiel que le chercheur se fixe un objectif clair en lien avec sa problématique de recherche. Par exemple, un chercheur[7] s'intéresse à l'image de la femme véhiculée par la presse féminine pour adolescentes et pose la question de recherche suivante : Quels messages la presse québécoise pour adolescentes transmet-elle, à son jeune lectorat, sur la féminité et les rapports entre les femmes et les hommes ? En se posant cette question, le chercheur a pour objectif de savoir si les représentations de la femme offertes dans des magazines pour adolescentes véhiculent une conception conservatrice ou égalitaire de la féminité et des rapports entre les femmes et les hommes.

Pour répondre à cet objectif, le chercheur devra constituer un échantillon du matériel qu'il souhaite analyser. Il arrive fréquemment que l'échantillonnage dans une analyse qualitative de contenu se fasse en trois étapes :

---

7. Pour cet exemple, nous nous sommes inspirés du travail de maîtrise réalisé par C. Caron sur la presse féminine pour adolescentes (Université Laval, Québec).

Étape 1 : Détermination des objectifs de l'analyse de contenu

Étape 2 : Analyse préliminaire
Lecture du texte dans l'optique de la problématique de recherche

Étape 3 : Exploitation du matériel

Découpage du texte en unités d'analyse (unités de sens)  – Élaboration des règles de codage – Émergence des catégories → Classification en catégories

Étape 4 : Analyse et interprétation des résultats
Traitement des résultats, inférence et interprétation

1) échantillonnage des sources (choix de ce qu'on analysera : journaux, émissions de télévision, films, etc.) ;

2) échantillonnage des dates (période sur laquelle portera l'étude) ;

3) échantillonnage des éléments à analyser (éditoriaux, publicités, titres ou autres).

Dans l'exemple précédent, compte tenu de l'objectif de l'analyse et de la question de recherche, il est évident que l'échantillon devra concerner des magazines québécois s'adressant aux adolescentes. Ainsi, le chercheur peut décider de sélectionner des magazines destinés précisément aux adolescentes de 12 à 17 ans. Il choisit alors de prendre comme échantillon les magazines *Adorable, Cool* et *Filles d'aujourd'hui,* car ce sont des magazines québécois qui s'adressent manifestement aux adolescentes. La période sur laquelle portera son étude pourrait concerner les magazines publiés entre janvier 2003 et janvier 2005 et, plus spécifiquement, les éléments analysés pourraient être les éditoriaux et le contenu publicitaire.

Une fois que le chercheur a recueilli le matériel qu'il souhaite analyser, son premier travail consiste à lire le texte dans l'optique de sa problématique de recherche. Le but de cette première lecture est de se familiariser avec le matériel et d'en faire une sorte de préanalyse pour en dégager l'idée, le sens général (L'Écuyer, 1987).

À l'étape suivante, le chercheur découpe le texte en unités d'analyse (voir le chapitre 4). Il procède au codage, c'est-à-dire au découpage des informations contenues dans les documents en fonction des unités d'analyse préalablement définies. Dans une analyse qualitative, le chercheur lit et parcourt les documents et repère les noyaux de sens, c'est-à-dire les plus petites unités de sens qui peuvent être tantôt une phrase, tantôt un groupe de phrases. Il effectue alors ce que Bardin (2001) appelle une analyse thématique au cours de laquelle l'unité d'analyse est une portion de phrase entière ou un groupe de phrases se rapportant à un même thème.

Une fois que les noyaux ou unités de sens ont été identifiés, ils doivent réapparaître avec une certaine régularité pour qu'on leur donne un nom (un code). Les **codes** sont donc des sortes « d'étiquettes » qui désignent des **unités de signification.** Autrement dit, le chercheur codera son matériel en fonction de l'unité d'analyse choisie et, progressivement, des catégories émergeront (rappelons que nous sommes dans une démarche inductive). D'ailleurs, L'Écuyer distingue trois types de catégories, qui renvoient à trois modèles différents (A, B et C) :

- Dans le modèle A (modèle ouvert), la définition des catégories se fait *a posteriori,* c'est-à-dire selon une démarche inductive. Les catégories émergent de l'analyse du matériel à partir d'un regroupement successif des unités de sens en se basant sur leur proximité et leur similitude.

- Dans le modèle B (modèle fermé), les catégories sont définies *a priori,* donc prédéterminées dès le départ par le chercheur. Ce modèle est utilisé au cours d'une analyse de contenu quantitative, car il repose sur une démarche déductive (les catégories dérivent du cadre théorique et de l'opérationalisation des concepts).

- Dans le modèle C (modèle mixte), qui est un modèle intégrant, certaines catégories sont préexistantes tandis que d'autres émergeront du terrain. Ce modèle a les particularités des deux modèles précédents.

Ainsi, l'analyse qualitative de contenu proprement dite renvoie à l'application systématique des règles de codification que le chercheur construit au fur et à mesure qu'il travaille sur les documents analysés. Cette phase est assez longue et fastidieuse, et elle exige du chercheur patience et rigueur.

7.4.2 Les avantages et les limites de l'analyse qualitative de contenu

Un des avantages de l'analyse qualitative de contenu réside dans le fait que tout document, toute production enregistrée peut être soumise à cette technique d'analyse. Elle permet l'analyse de documents passés et présents, ce qui peut être un atout intéressant dans la perspective d'une étude longitudinale ou d'une étude diachronique (Laramée et Vallée, 2001). Par ailleurs, contrairement aux autres outils de collecte de données comme l'observation, l'entrevue ou la discussion de groupe, l'analyse qualitative de contenu constitue ce que Landry (1997) appelle une technique « non réactive » de collecte de données.

Cependant, plusieurs problèmes peuvent apparaître. Tout d'abord, l'accès aux documents peut être difficile et peut avoir un impact sur l'échantillon de documents consultés. Ensuite, nous tenons à souligner les risques relatifs à la fidélité[8] de l'analyse qualitative de contenu. En effet, le chercheur élabore par induction les catégories et procède au codage. Il doit donc s'assurer que les mêmes règles de codification engendrent les mêmes données afin de s'assurer de la fidélité du processus de codification des données.

POUR EN SAVOIR PLUS

Sur l'analyse de contenu

- BERELSON, B. *Content Analysis in Communication Research,* Glencoe, The Free Press, 1952, 220 pages.
- GHIGLIONE, R., BEAUVOIS, J. L., CHABROL, C. et TROGNON, A. *Manuel d'analyse de contenu,* Paris, Armand Colin, 1980, 159 pages.
- KIENTZ, A. *Pour analyser les média : l'analyse de contenu,* Montréal, Éditions HMH, 1971, 175 pages.
- MUCCHIELLI, R. *L'analyse de contenu des documents et des communications,* Paris, Librairie technique, 1988, 56 pages.

7.5 L'analyse et l'interprétation des données qualitatives

Les données recueillies au cours d'une recherche qualitative s'expriment sous forme de notes manuscrites, d'enregistrements audio ou vidéo. Ces données issues d'observation, d'entretiens et de documents (journaux, rapports, publicités,

---

8. Pour plus de détails sur la fidélité des instruments, voir le chapitre 4.

etc.) ne sont pas immédiatement accessibles à l'analyse. Elles doivent donc être traitées afin de faire ressortir les résultats de recherche. Par exemple, Bonneville (2005), dans une recherche où il souhaitait comprendre l'impact de l'informatisation des organisations de soins et du travail médical au Québec dans la mise en place du virage ambulatoire informatisé, a mené des entrevues semi-dirigées auprès d'acteurs clés, principalement des décideurs dont il a analysé les témoignages. L'objectif de l'analyse était de comprendre les motifs principaux pour lesquels l'informatisation dans le secteur de la santé a été mise en place et quels étaient les buts visés par ce type d'informatisation sur les organisations de soins et le travail médical dans celles-ci.

Différents auteurs en recherche qualitative (Creswell, 2003 ; Deslauriers, 1991 ; L'Écuyer, 1987 ; Miles et Huberman, 2003 ; Strauss et Corbin, 1990) proposent un certain nombre de recommandations pour traiter et analyser les données qualitatives. Tous ces auteurs s'accordent pour dire que l'analyse consiste essentiellement à traiter les données de façon inductive en les découpant en unités de sens, en les classant et en les synthétisant dans l'objectif de faire émerger des régularités et de découvrir des liens entre les faits accumulés. L'analyse consiste donc à générer du sens à partir des données (Giroux, 2003). Tesch (1990 : 113) l'a définie comme « un processus qui implique un effort explicite d'identifier les thèmes, de construire des hypothèses telles qu'elles émergent des données ainsi que de clarifier le lien entre les données, les thèmes et les hypothèses conséquentes ».

Ainsi, l'analyse sera constamment guidée par la problématique initiale du chercheur. C'est un long processus de questionnement, de conjecture – présomption, probabilité –, de vérification à travers lequel le chercheur tente de comprendre les données qu'il a recueillies, de les synthétiser et de les recontextualiser (Miles et Huberman, 2003).

L'analyse des données qualitatives se compose de trois flux concourant d'activités (Miles et Huberman, 2003) : 1) la condensation ou réduction des données, 2) la présentation des données, et 3) la génération ou vérification des conclusions. Ces trois types d'activités analytiques ainsi que l'activité de collecte de données forment un processus cyclique et interactif. Le chercheur sera amené à faire des allers et retours constants entre ces activités allant de la collecte de données à la condensation, la présentation, la génération de conclusions tout au long de la recherche. Par exemple, l'élaboration de comptes rendus synthétiques de huit entrevues semi-dirigées (que nous appellerons fiches de synthèse) et ensuite leur codage (condensation des données) font émerger une nouvelle hypothèse, proposition (conclusion) que le chercheur souhaitera vérifier sur le terrain (nouvelle collecte de données). C'est dans ce sens que l'analyse des données qualitatives est considérée comme un processus itératif et qu'elle « devient alors une entreprise dynamique, en constante progression, alimentée en permanence par le travail de terrain » (Miles et Huberman, 2003 : 101).

7.5.1 La condensation des données

Cette activité correspond à « un premier courant » de l'activité analytique[9]. Ainsi, parler de condensation (ou réduction) des données, c'est par exemple convoquer un ensemble de processus de sélection, de simplification, de transformation des données brutes qui figurent dans les transcriptions des notes prises au cours d'observations ou dans des corpus d'entrevues individuelles. Dès que le chercheur est amené à trier, distinguer, rejeter ou organiser les données afin de pouvoir tirer des conclusions, il effectue un travail de condensation. Par conséquent, le processus de condensation débute dès la phase de collecte de données, car le chercheur organise ses notes, les regroupe, les classe, les résume, et ce processus se poursuivra jusqu'à l'achèvement de son rapport final. Les étapes du processus de condensation des données sont détaillées à la figure 7.2.

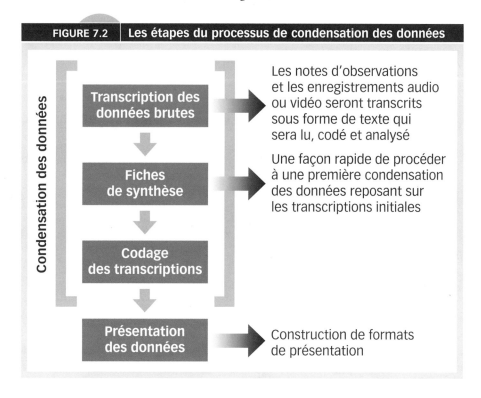

FIGURE 7.2 | Les étapes du processus de condensation des données

Condensation des données

Transcription des données brutes → Les notes d'observations et les enregistrements audio ou vidéo seront transcrits sous forme de texte qui sera lu, codé et analysé

Fiches de synthèse → Une façon rapide de procéder à une première condensation des données reposant sur les transcriptions initiales

Codage des transcriptions

Présentation des données → Construction de formats de présentation

La transcription des données

La première étape du traitement des données est la transcription : les notes d'observations, les enregistrements d'entrevues individuelles ou de groupes de discussion seront transcrits afin de pouvoir être lus, codés et analysés. L'étape de

---

9. Pour en savoir plus, le lecteur peut se référer à l'ouvrage de Miles et Huberman (2003).

transcription est fastidieuse, mais très importante, puisqu'elle permet au chercheur de se familiariser et de s'approprier les données.

Le chercheur a colligé les données sur le terrain en procédant à des observations, des entrevues ou des groupes de discussion. Il a ensuite transcrit ces données de façon méthodique. Arrive alors une première lecture des données transcrites qui constitue un temps de réflexion important.

La réalisation de fiches de synthèse

Une fois les données transcrites, le premier geste du chercheur sera de lire et de relire ces transcriptions pour tenter de bien saisir leur message apparent. Cette première réflexion sera accompagnée de la constitution de fiches de synthèse. L'idée est d'y synthétiser ce que le chercheur a besoin de savoir au sujet de la personne rencontrée ou de l'événement observé en se posant quelques questions simples (car la totalité des informations recueillies peut représenter de 10 à 50 pages, voire plus dans certains cas) :

- Qui est la personne rencontrée ? Quel est l'événement observé ?
- Quels sont les problèmes ou les thèmes principaux abordés ?
- Sur quelles questions de recherche portait plus spécifiquement cette collecte de données ?
- Quelles nouvelles hypothèses cette rencontre (entretien ou observation, par exemple) permet-elle de poser ?
- Quelle sera la priorité de la prochaine collecte de données sur le terrain et quel type d'information sera-t-il nécessaire de chercher à obtenir ?

Le codage des transcriptions

Pour le codage des transcriptions, le chercheur reprend chaque épisode d'observation, chaque **entrevue individuelle,** et il tente d'en identifier les thématiques principales. Pour les entrevues, c'est ligne par ligne, paragraphe par paragraphe qu'il amorcera le travail de codification. Autrement dit, la codification vise à cerner, à l'aide de mots écrits dans la marge, l'essentiel de ce qui est exprimé dans une entrevue, par exemple (voir le tableau 7.9).

Le chercheur peut effectuer un codage des unités d'analyse selon deux approches : un codage *a posteriori* (les codes sont conçus par induction) ou un codage *a priori* (création de codes provisoires avant l'analyse des données). Il est important de noter qu'il n'existe pas qu'une manière de procéder à la codification des transcriptions et qu'en ce sens plusieurs auteurs présentent différents plans de codage (Bogdan et Bliken, 1992 ; Glaser et Strauss, 1967 ; Miles et Huberman, 2003 ; Spradley, 1980). Dans toutes ces approches (que le codage soit préétabli, guidé par un plan général ou défini de manière inductive), les codes évolueront tout au

TABLEAU 7.9 — Un exemple de codage à partir d'extraits d'entretien

Entretien E-1

RÉORGANISATION < > Par étapes < > Haute direction ( ) Élimination et fusion de direction ( )	<(La première manifestation du changement, ça a été en 1982, je pense au 2e trimestre, lorsqu'il y a eu la réorganisation de la haute direction. Historiquement, quand la structure hiérarchique changeait à ce niveau-là, ensuite, ça changeait jusqu'à la base...) (La deuxième étape a été la nomination des directeurs, il y a eu à ce moment-là la confirmation de l'existence et de la non-existence de certaines directions et certaines directions ont été fusionnées...)>
RATIONALISATION [ ] Dégraissage ( ) Insécurité ( ) Réduction des cadres ( )	[(C'est à cette époque, au début de 1983, qu'on a commencé à parler de dégraissage, un terme qui sera employé à toutes les sauces.) (C'est à ce moment que la période d'insécurité a commencé. À Équipement, ça a été un changement majeur, (beaucoup de têtes ont sauté, il y a eu une réduction de 30 à 40 % dans le nombre de cadres et, parmi ceux qui sont restés, il y avait au moins 20 % des personnes qui changeaient de domaine d'activité et qui étaient de nouveaux arrivés. Là, on était rendus en juillet 1983. (La dernière étape, qui touche les chefs de section et les employés, s'est faite en août 1983. Ça, je m'en rappellerai toute ma vie, 30 % des employés ont été mis en disponibilité.)]
Mise en disponibilité ( ) Critique de la rationalisation ( )	(Ça a été une application bête et inhumaine du principe de rationalisation...)

Légende :
Thèmes en majuscules : passages entre parenthèses (c'est-à-dire < > ou [ ])
Sous-thèmes en minuscules : passages entre parenthèses ( ), mots clés soulignés.
Note : Demers a mené une recherche sur le changement organisationnel. L'organisation étudiée est Hydro-Québec. Pour cette recherche, le chercheur a procédé à des entretiens.
Source : Adapté de Demers (2003 : 199).

long du processus de collecte de données. En effet, les chercheurs qui ont, au départ, une liste de codes savent que cette liste peut se modifier, car il se passe souvent beaucoup plus de choses que ce qu'ils avaient prévu.

La codification des données représente la première étape de l'analyse. Une fois les données codifiées, le chercheur dégagera des catégories (étape de catégorisation) qu'il structurera (étape de mise en relation des catégories). Une catégorie est un mot ou une expression désignant, à un niveau élevé d'abstraction, un phénomène culturel, social ou psychologique, tel qu'il est rendu perceptible dans un corpus de données. Le chercheur se posera alors différentes questions : Que se passe-t-il ? De quoi s'agit-il ? Je suis en face de quel phénomène ? Il inscrira alors dans la marge les catégories générées en réponse à ces questions. Il s'agit d'une opération plus facile à décrire qu'à mener, et la meilleure façon de s'initier à ce processus est de le pratiquer sur du matériel réel. Ainsi, les unités de signification regroupées entre elles feront apparaître des sous-thèmes et contribueront à faire en sorte que des catégories émergent et se précisent. Le chercheur s'assurera que les catégories construites progressivement sont clairement définies et exhaustives (voir le tableau 7.10).

TABLEAU 7.10	Les qualités des catégories
Conditions à respecter	**Points à vérifier**
Exhaustivité	Les catégories doivent pouvoir regrouper un maximum d'éléments contenus dans le matériel analysé.
Homogénéité	Chaque catégorie ne doit réunir que des énoncés ayant le même sens. Ainsi, les catégories doivent-elles être mutuellement exclusives.

Note : Un énoncé doit être classé dans une seule catégorie.

La génération de catégories représente en fait le point de départ d'un long travail de raffinement conceptuel. Il arrive un moment où l'analyse se complexifie, car la description devient riche, les nuances apparaissent, la compréhension du phénomène se raffine et le chercheur commence à mettre en relation les catégories identifiées. Le chercheur se posera alors diverses questions : Ce que j'observe ici est-il lié avec ce que j'ai là ? En quoi et comment est-ce lié ? Il cherchera donc à identifier des liens entre les catégories. La mise en relation est l'opération la plus complexe de l'analyse. Elle exige du chercheur rigueur et réflexion mais aussi qu'il fasse des allers et retours constants entre sa théorie et ses données empiriques.

L'analyse des données qualitatives peut se faire à l'aide de logiciels (Nvivo, NUD.IST, AtlasTI, etc.), mais la tâche d'analyse conserve fondamentalement les mêmes caractéristiques. Cependant, les logiciels sont susceptibles de soutenir le chercheur dans ce travail et de l'aider à établir des liens entre les différents codes.

7.5.2 La présentation des données

Le chercheur doit définir un format de présentation des données qui correspond à un ensemble organisé d'informations à partir duquel il sera en mesure de tirer des conclusions. Une question importante qui se pose au chercheur entreprenant une analyse de données dans une recherche qualitative est la suivante : Comment présenter les données sous une forme synthétique et ordonnée qui permettra de tirer des conclusions? Traditionnellement, la présentation des données qualitatives prend la forme d'un texte narratif, comme un compte rendu d'étude de cas ou de recherche ethnographique. Le chercheur peut, par exemple, décider d'organiser son compte rendu chronologiquement (retraçant ainsi le cours des événements étudiés), ou autour de thèmes qu'il développera pour construire un argumentaire. Miles et Huberman (2003), quant à eux, proposent de concevoir des formats de présentation de données qualitatives qui soient plus agréables qu'un simple texte narratif en prenant la forme de tables synthétiques (tableau, matrice, diagramme) ou de figures illustrant, par exemple, les liens entre des événements, des concepts[10].

7.5.3 La génération et la vérification des conclusions

Il est important de préciser que le chercheur, en prenant des notes, attribue du sens à ce qu'il voit, lit ou entend. Par la suite, il remarque des régularités, propose des explications, fait des propositions et tire des conclusions. Il est essentiel que le chercheur garde, tout au long de ce processus, un esprit ouvert et critique, ce qui veut dire qu'il doit faire preuve d'une grande objectivité et qu'il doit accepter de revoir ses premières hypothèses à la lumière des données recueillies afin de ne pas s'arrêter à ses premières conclusions. Les conclusions vagues et imprécises au départ évolueront pour devenir plus précises. Les conclusions finales apparaîtront une fois la collecte de données terminée. Cependant, tout en établissant des conclusions, le chercheur doit également les vérifier au fur et à mesure de l'analyse. « En bref, les significations qui se dégagent des données doivent être testées quant à leur plausibilité, leur solidité, leur confirmabilité, en un mot leur validité » (Miles et Huberman, 2003 : 31).

---

10. Pour en savoir plus, nous invitons le lecteur à consulter l'ouvrage de Miles et Huberman (2003).

POUR EN SAVOIR PLUS

Sur l'analyse qualitative de données

- MILES, M. B. et HUBERMAN, M. A. *Analyse des données qualitatives,* Paris, De Boeck, 2003, 626 pages.

- STRAUSS, A. *Qualitative Analysis for Social Scientists,* Cambridge, Cambridge University Press, 1987, 319 pages.

Sur l'analyse avec logiciels

- LEE, R. M. et FIELDING, N. G. *Using Computers in Qualitative Research,* Newbury Park, Sage Publications, 1992, 224 pages.

- RICHARDS, T. J. et RICHARDS, L. «Using Computers in Qualitative Research», dans *Handbook of Qualitative Research,* sous la direction de N. K. Denzin et Y. S. Lincoln,Thousand Oaks, Sage Publications, 1994, p. 445-462.

? EXERCICES D'INTÉGRATION

Exercice 1

Contexte de la recherche :

BBCDesign, une entreprise privée spécialisée dans la rédaction de documents techniques (manuels d'utilisation, manuels de référence, fiches de procédure, etc.), propose des solutions adaptées aux besoins de ses clients en mettant toute son énergie dans la prise en compte du contexte technique, organisationnel de l'entreprise et des attentes des utilisateurs.

L'entreprise souhaite créer des documents qui répondent vraiment aux besoins des utilisateurs. Afin d'améliorer son processus de conception d'un manuel d'utilisation qui concerne un logiciel professionnel appelé *UniGERE* et de connaître le point de vue des clients, le directeur de la compagnie veut évaluer le manuel que son équipe vient de rédiger pour une université. Ce manuel d'utilisation (appelé aussi guide de l'utilisateur) a pour fonction d'aider le personnel administratif de la faculté de gestion de l'université (environ 20 personnes réparties dans 5 départements, soit 4 personnes par département) à utiliser *UniGERE,* un nouveau logiciel de gestion administrative des étudiants. Ce logiciel doit permettre de gérer la scolarité des étudiants, entre autres, le parcours universitaire, les notes, le suivi des stages et les absences. Le logiciel ainsi que le manuel ont été mis à la disposition de tout le personnel administratif de la faculté de gestion depuis environ six mois.

Le directeur de l'entreprise *BBCDesign* pour laquelle vous travaillez vous demande donc de faire une évaluation qualitative de la satisfaction des clients par rapport au manuel d'utilisation. Il veut savoir si le manuel répond aux attentes du personnel administratif de la faculté, s'il est pratique, utile et complet et si le contenu est facile d'accès. Bref, il veut connaître l'opinion du personnel par rapport à ce manuel. Il faudra donc vérifier si

(suite ▶)

le contenu, le format, la structure, le style d'écriture ainsi que d'autres dimensions du manuel satisfont les utilisateurs. Il souhaite que vous meniez des entrevues semi-dirigées afin de recueillir une information riche et variée.

Tâches :

a) Spécifier l'objectif ou les objectifs de l'entrevue.

b) Définir la population concernée par l'enquête et constituer, si cela est nécessaire, un échantillon (préciser et justifier votre démarche d'échantillonnage).

c) Élaborer un guide d'entrevue qui vous servira à recueillir des informations pertinentes et utiles.

Exercice 2

Qu'est-ce qui distingue une observation participante d'une observation non participante ?

Exercice 3

Au cours de l'animation d'un groupe de discussion, il y a un risque (ou piège) qui peut annuler tout l'intérêt du groupe de discussion si l'animateur n'arrive pas à l'éviter. Quel est ce risque ?

a) Risque de dérive consensuelle

b) Risque de polarisation des opinions

c) Risque de contamination

d) Risque de familiarisation

Exercice 4

En ce qui a trait à l'utilisation de l'observation comme instrument de collecte de données, Thiétart (2003) soulève le paradoxe suivant : Plus le chercheur développe une certaine intimité avec les sujets de sa recherche, plus ceux-ci ont tendance à lui faire confiance et à se dévoiler. Toutefois, cette intimité peut aussi avoir des effets négatifs sur la recherche, le chercheur mettant de côté son regard critique. Quel nom a donné Thiétart à ce paradoxe ?

a) Le paradoxe du pygmalion

b) Le paradoxe de l'observation

c) Le paradoxe de la participation

d) Le paradoxe de l'intimité

Glossaire

Abstraction

Qui consiste à concevoir une réalité donnée au-delà des apparences qui nous semblent évidentes. C'est la transformation de la réalité en langage théorique.

Alpha de Cronbach (relatif à une échelle de mesure)

Indice statistique de fidélité d'une échelle (qui se situe entre 0 et 1) indiquant dans quelle mesure les énoncés/questions de l'échelle sont en lien les uns avec les autres.

Analyse de contenu

Méthode descriptive qui vise à analyser de façon systématique des données issues de productions écrites, sonores ou visuelles. On distingue deux grandes techniques d'analyse de contenu : l'analyse quantitative et l'analyse qualitative.

Analyse qualitative de contenu

Type d'analyse de contenu qui vise à saisir la signification sous-jacente des données issues de productions écrites, sonores ou visuelles grâce à des techniques de décomposition et de codage.

Analyse quantitative de contenu

Type d'analyse de contenu qui vise à saisir le contenu manifeste des données issues de productions écrites, sonores ou visuelles grâce à des techniques de décomposition, de codage, de comptage et de dénombrement.

Anomalie

Ensemble des limites théoriques d'un paradigme qui sont observées et qui remettent directement en question la validité de celui-ci.

Apparence

Manifestation d'un phénomène qui est perçu par les différents sens d'un individu.

Argument

Proposition qui concourt à la justification d'une idée.

Argumentation

Ensemble des liens logiques entre certaines propositions qui visent à justifier une thèse.

Autobiographie

Récit rétrospectif qu'une personne fait de sa propre existence en mettant l'accent sur sa vie et son histoire personnelle.

Biographie

Type d'écrit qui a pour objet l'histoire d'un homme politique, d'un artiste, etc.

Cadre théorique

Compte rendu (résumé, synthèse) des idées disponibles dans un vaste ensemble d'écrits à propos d'un objet de recherche. Le cadre théorique permet de justifier l'intégration de certains concepts et modèles, plutôt que d'autres, à la recherche.

Canevas d'entrevue (voir grille d'entrevue)

Catégorisation

Opération intellectuelle qui permet d'extraire un sens plus général sous un ensemble d'éléments bruts du corpus ou d'éléments déjà traités et codifiés.

Cause

Ce qui détermine, dans la réalité, un fait ou un phénomène donnés.

Classe

Reflète le regroupement des données d'une série en catégories. Les classes sont utilisées pour construire un tableau de distribution de données ainsi qu'un histogramme.

Codage/codification

Opération intellectuelle du chercheur qui consiste à transformer des données brutes (paroles recueillies au cours d'entrevues, faits relevés au cours d'observations, d'analyses, etc.) en une première formulation signifiante.

Code

Sorte «d'étiquettes» qui désignent des unités de signification.

Coefficient de corrélation

Indice statistique variant de −1 à +1 et reflétant dans quelle mesure deux (ou plusieurs) variables sont interdépendantes.

Coefficient de fidélité (relatif à un instrument de mesure)

Indice statistique reflétant jusqu'à quel point un instrument génère des résultats stables, précis et constants. La valeur d'un coefficient de fidélité se situe entre 0 et 1.

Collecte de données (quantitatives ou qualitatives)

Opération visant à obtenir des données empiriques (faits observés, discours enregistrés) par l'intermédiaire de techniques ou d'outils (entrevues, observations, questionnaires, etc.).

Communauté scientifique

Ensemble des chercheurs, des scientifiques et des savants réunis autour de champs d'intérêts scientifiques communs. Par exemple, des chercheurs universitaires en communication.

Compréhension

Qui consiste à s'interroger sur le pourquoi des choses.

Comprendre

Activité intellectuelle qui consiste à saisir la signification ou le sens d'un phénomène donné, notamment en le replaçant dans son contexte.

Constat de recherche

Résultat ou conclusion obtenus au terme d'une recherche.

Corrélation

Relation statistique d'interdépendance entre deux ou plusieurs variables. Cette relation n'exprime toutefois pas une relation de cause à effet.

Corrélation négative

Se produit lorsque deux variables changent dans des directions opposées. Plus l'une augmente, plus l'autre diminue ou vice-versa.

Corrélation positive

Se produit lorsque deux variables changent dans la même direction. Plus l'une augmente, plus l'autre augmente aussi, ou plus l'une diminue, plus l'autre diminue aussi.

Crédibilité

Caractère de ce qui se montre *a priori* concevable, possible, selon un certain nombre de critères établis.

Crédible

Ce qui est vraisemblable, plausible.

Critique

Jugement qui a la prétention d'aller au-delà des apparences.

Croyance

Attitude ou disposition qui consiste à tenir pour acquis un phénomène donné et à l'expliquer sans partir d'une base critique, voire rationnelle.

Déduction

Opération qui consiste à dégager des inférences par lesquelles on passe du général au particulier.

Désirabilité sociale

Réfère à la prédisposition d'une personne à répondre aux questions qu'on lui pose d'une manière socialement approuvée.

Diagramme en bâtons

Représentation graphique de la fréquence des valeurs d'une variable quantitative discrète. Le diagramme en bâtons est formé en portant en abscisse chaque valeur de cette variable à laquelle on fait correspondre un segment vertical dont la longueur est proportionnelle à la fréquence de cette valeur.

Dimension

Composante ou aspect d'un concept qui renvoie à un niveau concret de réalité permettant une observation plus orientée et plus délimitée.

Données discursives

Données relatives au discours, aux énoncés.

Données primaires

Données originales produites par le chercheur spécifiquement pour les objectifs de la recherche.

Données secondaires

Données recueillies par des personnes ou des organismes autres que le chercheur, généralement à des fins différentes de celles poursuivies par le chercheur, et qui s'avèrent pertinentes pour le projet de recherche.

Doute

Adoption d'une attitude d'incertitude liée à une idée, à un phénomène ou à une réalité.

Écart type

Indice reflétant la dispersion, l'étalement d'une série de données autour de la moyenne de celles-ci. L'écart type représente la racine carrée de la variance.

Échantillon

Sous-groupe, sous-ensemble d'une population.

Échantillon par choix raisonné

Réfère à la sélection d'un échantillon non probabiliste par lequel le chercheur choisit délibérément certains éléments de la population pour former un échantillon, et ce, en fonction de critères qu'il définit lui-même.

Échantillon représentatif

Un échantillon est représentatif si sa composition et ses caractéristiques sont essentiellement les mêmes que celles de la population dont il est issu.

Échantillonnage aléatoire simple

Réfère à la sélection d'un échantillon probabiliste selon lequel chaque élément de la population a des probabilités égales d'être choisi.

Échantillonnage de commodité

Réfère à la sélection d'un échantillon non probabiliste en fonction de la disponibilité « accidentelle » des personnes à participer à une étude. La sélection est entièrement arbitraire.

Échantillonnage de volontaires

Réfère à la sélection d'un échantillon non probabiliste formé de personnes qui acceptent de participer à une étude, qui se portent volontaires.

Échantillonnage en grappes

Réfère à la sélection d'un échantillon probabiliste en fonction duquel la population est répartie en grappes plus ou moins homogènes. Un certain nombre de grappes sont ensuite pigées au hasard et tous les éléments de ces grappes sont retenus.

Échantillonnage par quotas

Réfère à la sélection d'un échantillon non probabiliste en fonction duquel les éléments d'un échantillon sont choisis de manière à refléter les différentes strates d'une population (âge, sexe, statut civil, etc.). Cependant, à la différence de l'échantillonnage stratifié, les éléments de l'échantillon ne sont pas choisis au hasard.

Échantillonnage stratifié

Réfère à la sélection d'un échantillon probabiliste en fonction duquel la population est répartie en sous-groupes (strates) homogènes et où un tirage aléatoire est effectué dans chaque strate.

Échantillonnage systématique

Réfère à la sélection d'un échantillon probabiliste à l'aide ou non d'un intervalle de sélection selon lequel chaque énième élément d'une population est choisi, à partir d'une première sélection au hasard.

Échelle de mesure

Outil permettant d'organiser et d'ordonner les valeurs relatives à une variable quantitative, et ce, en fonction de règles précises.

Échelle de mesure de rapports

Échelle à laquelle on attribue un code numérique à chaque catégorie d'une variable ; ce code correspond à un ordre de grandeur. En outre, la différence entre les codes a la même signification sur toute l'échelle. L'échelle de mesure de rapports possède un vrai point zéro qui correspond à l'absence de valeurs relatives à la variable étudiée.

Échelle de mesure nominale

Échelle à laquelle on attribue un code numérique à chaque catégorie d'une variable. Ce code numérique ne correspond à aucun ordre de grandeur : il permet uniquement de distinguer les catégories.

Échelle de mesure ordinale

Échelle à laquelle on attribue un code numérique à chaque catégorie d'une variable ; ce code correspond à un ordre de grandeur, le long d'un continuum. Cependant, aucune implication ne peut être faite quant à la différence entre les catégories.

Échelle de mesure par intervalles

Échelle à laquelle on attribue un code numérique à chaque catégorie d'une variable ; ce code correspond à un ordre de grandeur. En outre, la différence entre les codes a la même signification sur toute l'échelle. L'échelle de mesure par intervalles se caractérise par un point zéro et une graduation fixés de manière arbitraire.

École de Chicago

Courant de pensée sociologique apparu au début du xxe siècle dans le Département de sociologie de l'université de Chicago.

École de Palo Alto

Courant de pensée et de recherche ayant pris le nom de la ville de Palo Alto, en Californie, à partir de 1950. G. Bateson et P. Watzlawick sont des représentants de cette école qui a proposé une vision renouvelée de la communication humaine.

Empirique

Qui se situe sur le plan de l'expérience, de l'observation. On parle de données empiriques, ce qui signifie des données issues du terrain (de l'observation d'une situation).

Enjeu

Ensemble de conséquences probables concernant un phénomène donné.

Énoncé/question fermé

Énoncé ou question qui oblige le répondant à faire un choix parmi un schème de réponses proposées.

Énoncé/question ouvert

Énoncé ou question qui n'impose pas de choix prédéfini mais qui laisse le répondant élaborer sa réponse librement.

Entrevue individuelle

Technique de collecte de données qui sert à recueillir des témoignages verbaux.

Épistémologie

Réflexion orientée vers l'étude de la connaissance et du savoir en tant que tels.

Erreur d'échantillonnage

Erreur qui se produit lorsqu'un sous-groupe, une fraction de la population est étudiée. Cette erreur est mesurable à partir des données observées dans un échantillon probabiliste.

Erreur de première espèce (α)

Erreur qui se produit lorsque le chercheur rejette l'hypothèse nulle alors que celle-ci est probablement vraie.

Erreur de seconde espèce (β)

Erreur qui se produit lorsque le chercheur accepte l'hypothèse nulle alors que celle-ci est probablement fausse.

Essence

Fondement même des choses qui nous entourent. Ce qui fait qu'une chose est ce qu'elle est.

Étendue

Indice reflétant la dispersion d'une série de données. Il se calcule en soustrayant la plus petite valeur de la plus grande valeur d'une série de données.

Expérimentation

Méthode qui consiste à faire varier et à contrôler les variables à l'étude dans le but d'établir des liens de causalité entre ces variables.

Explication

Qui consiste à s'interroger sur le comment des choses.

Expliquer

Mettre en lumière, ou en évidence, le rapport qui existe entre un phénomène et un autre. Trouver une relation entre deux ou plusieurs phénomènes observés.

Faits

Ce qui se pose effectivement dans la réalité, objectivement, indépendamment de celui qui observe (l'observateur).

Falsification

Qui consiste à opposer des faits nouveaux à une théorie qui est tenue pour acquise, c'est-à-dire considérée comme vraie.

Fidélité d'un instrument de mesure

Concerne la stabilité et la constance des résultats obtenus à partir d'un instrument de mesure.

Fidélité intercodeurs

Mesure de la qualité de l'opération de codage effectuée par deux ou plusieurs codeurs différents.

Fréquence absolue

Nombre de fois où une même valeur apparaît dans une série de données.

Fréquence cumulative

Représente la somme, le cumul des fréquences (absolues ou relatives).

Fréquence relative

Proportion des données qui prennent une même valeur. La fréquence relative s'exprime le plus souvent en pourcentage.

Grille d'entrevue

Instrument construit en vue d'aider, de guider le chercheur au cours d'entrevues semi-dirigées.

Grille d'observation

Instrument construit en vue d'aider, de guider le chercheur au moment de la réalisation d'observations.

Groupes contrôle

Groupes de participants témoins qui ne sont pas soumis à un traitement expérimental.

Groupes expérimentaux

Groupes de participants qui sont soumis à un traitement expérimental.

Histogramme

Représentation graphique de la fréquence des valeurs (groupées) d'une variable quantitative continue. L'histogramme est formé en portant en abscisse chaque classe (valeurs groupées) d'une distribution à laquelle on fait correspondre une série de rectangles dont la hauteur est proportionnelle à la fréquence des classes.

Hypothèse de recherche (notée H_1)

Réponse spécifique mais provisoire que le chercheur apporte à une question de recherche.

Hypothèse de recherche bilatérale

Hypothèse de recherche posant simplement l'existence d'une différence ou d'un lien de concomitance entre deux séries de données, sans en préciser ni la nature ni la direction.

Hypothèse de recherche unilatérale

Hypothèse de recherche posant l'existence d'une différence ou d'un lien de concomitance entre deux séries de données, en précisant la nature et la direction de cette différence ou de ce lien.

Hypothèse nulle (notée H_0)

Hypothèse énonçant l'absence de différences ou de liens entre deux séries de données. C'est cette hypothèse que le chercheur tente de réfuter au profit de l'hypothèse de recherche.

Hypothético-déductif

Caractérise un raisonnement qui procède par déductions à partir d'hypothèses.

Indicateur

Variable ou facteur par lequel le chercheur tentera d'expliquer ou de comprendre un phénomène en rapport avec l'hypothèse qu'il a mise en jeu.

Induction

Opération qui consiste à dégager des inférences à partir de certaines observations spécifiques pour constituer une règle plus générale. Elle sert à l'élaboration des théories en s'appuyant sur des faits observés.

Interaction sociale

Ensemble de processus sociaux qui structurent les attitudes et la communication entre les individus.

Interactionnisme symbolique

Courant qui trouve ses racines philosophiques dans le pragmatisme de John Dewey et qui a été développé principalement par George Herbert Mead. L'interactionnisme symbolique soutient que c'est la conception que les individus se font du monde social qui constitue l'objet essentiel de la recherche.

Interprétation

Activité intellectuelle, consciente ou inconsciente, qui consiste à juger ce qu'on perçoit.

Intervalle de classes

Réfère aux bornes supérieure et inférieure d'une classe.

Intuition

Attitude ou disposition qui consiste à prendre position sur un objet observé suivant son expérience et ses intérêts propres à partir desquels on portera un jugement.

Itératif

Caractérise ce qui se répète plusieurs fois, de façon non linéaire.

Lectures préliminaires

Ensemble des lectures qui sont effectuées par un chercheur sur un sujet (ou thème) avant que celui-ci entreprenne une recherche.

Logique inductive (voir induction)

Loi

Principe explicatif d'un phénomène, fondé sur des observations récurrentes à partir desquelles des théories ont été élaborées. Ces théories peuvent constituer des lois.

Médiane

Indice de tendance centrale d'une série de données correspondant au point milieu, à la valeur centrale de cette série, lorsque les données ont été ordonnées. Environ 50 % des données se situent en deçà de la médiane et environ 50 % se situent au-delà de celle-ci.

Méthode

Moyen ou stratégie mis en œuvre pour vérifier, observer, évaluer, décrire, analyser ou expérimenter un phénomène ou un problème identifié.

Méthode des moitiés

Méthode de calcul de la fidélité d'un test en divisant les énoncés/questions du test en deux sous-tests équivalents, en administrant ensuite le test à un échantillon de sujets et, enfin, en calculant la corrélation entre les réponses aux deux sous-tests.

Méthodologie

Ensemble des méthodes et des techniques mises en œuvre au cours d'une recherche et guidant la démarche scientifique.

Mode

Indice de tendance centrale correspondant à la valeur dont la fréquence est la plus élevée dans une série de données. Le mode est surtout utilisé avec une variable qualitative ou une variable quantitative discrète.

Modèle

Grille d'observation et d'analyse permettant à elle seul de comprendre et d'expliquer, souvent de façon rapide et simplifiée, un ensemble de phénomènes.

Moyenne

Indice de tendance centrale d'une série de données qui se calcule par la somme de toutes les données et en divisant cette somme par le nombre total de données dans la série.

Neutralité

Attitude ou disposition qui consiste à observer un phénomène donné sans jamais prendre position *a priori*, c'est-à-dire en évitant toute forme de jugement de valeur.

Objectivité

Attitude ou disposition qui consiste à observer avec neutralité une réalité donnée, pour éventuellement en dégager des conclusions impartiales.

Objet de recherche

Problème précis, bien délimité, sur lequel se penche un chercheur.

Observation

Attention portée à un phénomène donné.

Obstacle épistémologique

Dans une quête de compréhension et d'explication de la réalité, il s'agit d'un piège (intuition, recours à l'autorité, etc.) qui peut s'imposer à l'individu et qui peut avoir pour effet de corrompre son analyse.

Opérationalisation (d'un concept)

Processus qui consiste à traduire les caractéristiques abstraites d'un concept en ses indicateurs concrets et mesurables.

Outils de collecte de données

Outils utilisés par le chercheur au cours de sa recherche. Il en existe plusieurs : questionnaire, entrevue, observation, etc.

Ouverture d'esprit

Attitude ou disposition qui consiste à accepter certaines conclusions (sans nécessairement que cela se fasse sans esprit critique), même dans les cas où celles-ci semblent contradictoires avec nos observations et nos intuitions.

Paradigme

Modèle explicatif de la réalité qui oriente la représentation des scientifiques d'une discipline.

Paradigme compréhensif

Paradigme qui réfute l'existence d'un monde réel, d'une dualité extérieure au sujet. C'est une perspective qui affirme l'interdépendance de l'objet et du sujet (opposé au paradigme positiviste). Autrement dit, le chercheur tentera d'appréhender les perceptions, les sensations, les impressions du sujet à l'égard du monde extérieur.

Paradigme positiviste

Paradigme qui soutient l'idée que l'observation systématique, la mesure et la répétitivité des faits permettront d'expliquer les phénomènes et de formuler les lois qui les régissent. Dans cette optique, « le fait » est une réalité qui existe indépendamment de la personne qui la perçoit.

Perspective d'analyse

Orientation théorique, méthodologique et épistémologique déterminée d'une recherche.

Phénomène

Caractéristique d'une réalité observée, qu'on considérera comme un fait objectif.

Plan d'échantillonnage non probabiliste

Méthode d'échantillonnage basée sur une sélection non aléatoire des éléments de la population.

Plan d'échantillonnage probabiliste

Méthode d'échantillonnage où chaque élément de la population a une chance d'être sélectionné, et ce, au moyen d'un processus de sélection aléatoire.

Polygone de fréquences

Représentation graphique de la fréquence des valeurs (groupées) d'une variable quantitative continue. Le polygone de fréquences est formé à partir de l'histogramme, c'est-à-dire en joignant les points milieux de tous les rectangles et en traçant un segment de droite. La figure est fermée au début et à la fin par l'ajout d'une classe de fréquence zéro.

Population

Réfère à l'ensemble des éléments, des phénomènes, des situations qui ont des caractéristiques communes et qui sont l'objet d'étude du chercheur.

Préjugé

Évaluation d'un phénomène à partir d'explications toutes faites.

Problématique

Manière de poser un problème de recherche.

Problème de recherche

Phénomène sur lequel un chercheur décide de se pencher.

Processuel (recherche de type)

Recherche qui s'intéresse au processus et au développement d'un phénomène social.

Questionnement

Interrogation qui découle de lectures préliminaires, d'observations et de réflexions diverses.

Raisonnement déductif

Processus de raisonnement orienté vers l'application des connaissances à des cas particuliers ; le chercheur passe ainsi de la vérification d'une théorie à des observations spécifiques.

Raisonnement inductif

Raisonnement qui consiste à prendre comme point de départ des faits particuliers associés entre eux et à tirer de ces associations une proposition générale.

Raisonnement logique

Attitude ou disposition qui consiste à utiliser la raison, la réflexion et l'esprit critique pour analyser un phénomène donné.

Recension des écrits

Lecture et analyse approfondie et systématique des publications sur le sujet de recherche.

Recherche appliquée

Recherche qui porte généralement sur une dimension partielle de la réalité et qui vise, le plus souvent, à résoudre un problème concret.

Recherche diachronique

Recherche au cours de laquelle le chercheur s'intéresse à l'évolution d'un phénomène dans le temps.

Recherche fondamentale

Recherche qui s'intéresse d'abord et avant tout au fondement même des phénomènes, dans le but de faire avancer les connaissances.

Recherche mixte

Type de recherche couplant à la fois une approche quantitative et une approche qualitative.

Recherche qualitative

Méthode de recherche basée sur la collecte de données empiriques au moyen d'entrevues, d'observations, d'analyses de contenu ou de groupes de discussion.

Recherche quantitative

Méthode de recherche basée sur la collecte de données statistiques au moyen de questionnaires ou de sondages.

Recherche synchronique (transversale)

Recherche au cours de laquelle le chercheur s'intéresse à un phénomène dans un temps unique précis.

Récit de vie

Technique de collecte de données qui vise à obtenir des informations détaillées sur un aspect du vécu d'une personne.

Représentation

Manière de concevoir une réalité qui est propre à un individu ou à un groupe.

Révolution scientifique

Période de transition entre un paradigme donné et un nouveau paradigme substitutif de ce dernier. Ensemble des comportements de certains scientifiques dans le passage à un nouveau paradigme.

Rigueur

Volonté de connaître qui s'exprime à travers le respect méticuleux de toutes les étapes de la recherche scientifique. Qualité indispensable de la recherche scientifique.

Saturation empirique

Moment à partir duquel le chercheur réalise que l'ajout de données nouvelles dans sa recherche n'occasionne pas une meilleure compréhension du phénomène étudié. Cela constitue un signal pour cesser la collecte de données qualitatives et détermine ainsi la taille de l'échantillon.

Science

Démarche d'appréhension de la réalité fondée sur l'apport de plusieurs principes, ou règles clés, prédéterminés par l'ensemble des scientifiques.

Sémantique

Relatif au sens, à la signification d'un mot ou d'une phrase.

Sens commun

Explication toute faite et répandue dans une société, dans un groupe, dans le temps et dans l'espace, et pour laquelle il n'y a pas de remise en cause immédiate.

Seuil de signification

Risques d'erreurs lorsque l'hypothèse nulle est rejetée. Ce seuil (noté α) est fixé par le chercheur avant d'effectuer le test d'hypothèse. Les valeurs les plus utilisées pour α sont 0,01, 0,05, 0,10.

Signification

Sens accordé à un phénomène ou à une réalité en fonction de l'interprétation qu'un individu en fait.

Sondage

Méthode d'enquête portant sur un sous-groupe d'une population d'individus et visant à recueillir de l'information relative à leurs opinions, leurs croyances, leurs valeurs, leurs attitudes, etc.

Statistique

Science qui permet d'obtenir de l'information fiable et valide sur des phénomènes de masse, et ce, par l'utilisation de méthodes statistiques.

Stéréotype

Évaluation d'un phénomène à l'aide d'une explication générale, pas nécessairement fondée, érigée en système de pensée.

Tableau de distribution des données (tableau de distribution des fréquences)

Tableau dans lequel les différentes valeurs d'une variable sont représentées ainsi que leur fréquence absolue et/ou relative et/ou cumulative.

Taux de réponse (relatif à un sondage)

Dans un sondage, le taux de réponse correspond au nombre de questionnaires remplis par rapport au nombre de questionnaires initialement administrés (exemple : 150/250 = 60 %).

Techniques de recherche

Ensemble des moyens que le chercheur utilisera sur le terrain pour recueillir certaines données.

Thème de recherche

Sujet général qu'un chercheur décide d'étudier.

Théorie

Construction intellectuelle qui établit des relations entre des phénomènes ou des lois.

Théorie dominante

Théorie la plus généralement admise, acceptée, par la communauté scientifique, à un moment donné.

Unité d'analyse (ou unité statistique)

Élément de base d'une population ou d'un échantillon. Cette unité, ou élément, peut être un individu ou un objet.

Unité de signification (ou unité de sens)

Le plus petit segment (de phrase, par exemple) porteur d'une signification.

Validité d'un instrument de mesure

Lien entre l'instrument de mesure utilisé et les concepts à l'étude (à savoir l'instrument mesure-t-il ce qu'il doit mesurer ?).

Validité de concept

Lien entre un instrument de mesure et un modèle théorique sous-jacent à la construction de cet instrument.

Validité de contenu

Représentativité d'un instrument de mesure quant à l'ensemble des dimensions du (ou des concepts) à l'étude.

Validité de critère

Lien entre un instrument de mesure et un autre instrument de mesure servant de critère et mesurant un même concept.

Variable

Caractéristique d'un objet, d'une personne, d'un concept qui peut prendre plusieurs valeurs et qu'on peut conséquemment mesurer de manière soit qualitative, soit quantitative.

Variable continue

Variable qui peut prendre un nombre illimité de valeurs.

Variable dépendante

Variable qui subit l'influence d'une autre variable ; variable dont les changements s'expliquent par les changements d'une autre variable.

Variable discrète

Variable qui ne peut prendre qu'un nombre limité de valeurs.

Variable indépendante

Variable qui exerce une influence sur une autre variable ; variable qu'on manipule pour déterminer ensuite son influence sur une autre variable.

Variable parasite

Variable qui ne fait pas partie d'un plan de recherche mais qui peut exercer une forte influence sur les variables étudiées. Le chercheur tente, dans la mesure du possible, d'en contrôler les effets.

Variable qualitative

Variable dont les valeurs ne sont pas mesurées par des nombres.

Variable quantitative

Variable dont les valeurs sont des nombres.

Verbatim

Compte rendu écrit fournissant la transcription mot à mot d'un discours recueilli au cours d'une entrevue de recherche.

Vérité

Caractère de ce qui existe réellement, indépendamment de l'observation humaine.

BIBLIOGRAPHIE

ADLER, P. A. et **ADLER, P.** *Membership roles in field research. Qualitative research methods,* vol. 6, Newbury Park, CA, Sage Publications, 1987, 95 pages.

AMYOTTE, L. *Méthodes quantitatives. Applications à la recherche en sciences humaines,* Montréal, Éditions du Renouveau Pédagogique, 1996, 480 pages.

ANGERS, M. *Initiation pratique à la méthodologie des sciences humaines,* Montréal, CEC, 1996 [1992], 356 pages.

ATKINSON, D., BÉLANGER, D. et **PROULX, S.** «Les téléséries dans l'univers des émissions de fiction de la télévision généraliste francophone», *Cahiers-médias,* n° 3, mars 1998, Québec, Centre d'études sur les médias, Université Laval, Québec, 167 pages.

BACHAND, D. et **TURCOTTE, M.-A.** «La para-littérature enfantine : le contenu des dessins animés», *Communication,* vol. 10, n° 2-3, 1989, p. 173-186.

BACHELARD, G. *La formation de l'esprit scientifique,* Paris, Vrin, 1993, 256 pages.

BARDIN, L. *L'analyse de contenu,* Paris, Presses universitaires de France, 2001, 291 pages.

BAXTER, L. A. et **BABBIE, E.** *The basics of communication research,* Toronto, Thomson Wadsworth, 2004, 455 pages.

BERGER, A. A. *Media and communication research methods : An introduction to qualitative and quantitative approaches,* Thousand Oaks, CA, Sage Publications, 2000, 295 pages.

BERTAUX, D. «L'approche biographique : sa validité méthodologique, ses potentialités», *Cahiers internationaux de sociologie,* vol. LXIX, 1980, p. 197-225.

BERTAUX, D. *Les récits de vie,* Paris, Nathan, 1997, 291 pages.

BÉRUBÉ, B. et **CARON-BOUCHARD, M.** *La dynamique interactive des groupes virtuels au sein d'un réseau collégial,* Rapport de recherche PAREA (Programme d'aide à la recherche sur l'enseignement et l'apprentissage), 2001, 339 pages.

BLANCHET, A. et **GOTMAN, A.** *L'enquête et ses méthodes : l'entretien,* Paris, Nathan, 1992, 125 pages.

BOGDAN, R. et **TAYLOR, S. J.** *Introduction to qualitative research methods : A phenomenological approach to the social sciences,* New-York, John Wiley, 1975, 266 pages.

BOGDAN, R. et **BLIKEN, S. K.** *Qualitative research for education : An introduction to theory and methods,* 2e éd., Boston, Allyn & Bacon, 1992.

BONNEVILLE, L. *La mise en place du virage ambulatoire informatisé comme solution à la crise de productivité du système sociosanitaire au Québec (1975 à 2000),* Thèse de doctorat en sociologie, Montréal, Université du Québec à Montréal, 2003, 415 pages.

BONNEVILLE, L. «L'informatisation comme outil de contrôle et de surveillance de la productivité des organisations de soins et du travail médical au Québec», *Revue Terminal – Technologies de l'information, culture et société,* n° 92, 2005, p. 173-185.

BONNEVILLE, L. «La transformation des organisations de soins et du travail médical par le recours à l'informatisation au Québec : une analyse critique», *Revue Communication et Organisation,* n⁰ 26, printemps 2005, p. 205-225.

BONNEVILLE, L. A. «Paradigm shift in the evaluation of information technology in health care», *Journal of Telemedicine and E-health,* American Telemedicine Association, vol. 10, n⁰ 4, 2005, p. 477-480.

BONNEVILLE, L. et **PARÉ, D.-J.** «Socio-economic stakes in the development of telemedicine», *Journal of Telemedicine and Telecare,* Royal Society of Medicine, UK, 2006, p. 217-219.

BOUCHARD, S. «Introduction et rappel des notions de base. Pourquoi s'intéresser à la recherche ?», dans S. Bouchard et C. Cyr (dir.), *Recherche psychosociale. Pour harmoniser recherche et pratique,* Québec, Presses de l'Université du Québec, 1998, 605 pages.

BOUGNOUX, D. *L'information contre la communication,* Paris, Hachette, 1995, 143 pages.

BOUGNOUX, D. «Les territoires de la communication», dans *La communication. État des savoirs* (ouvrage collectif), Paris, Éditions Sciences Humaines, 1998, p. 25-31.

BOURDIEU, P. Sur l'objectivation participante. Réponses à quelques objections, Actes RSS, n⁰ 23, *Themenheft «Sur l'art et la littérature»,* 1978, p. 67-69.

BOUZON, A. et **MEYER, V.** *La communication organisationnelle en question. Méthodes et méthodologies,* Paris, L'Harmattan, 2006, 212 pages.

BRABET, J. «Faut-il encore parler d'approche qualitative et d'approche quantitative ?», *Recherche et applications en Marketing,* vol. 3, n⁰ 1, 1988, p. 75-89.

BRESSOLLE, M. C., BENHACEN, R., BOUDES, N. et **PARISE, R.** «Advanced decision aids for Air Traffic Controllers : Understanding different working methods from a cognitive point of view», *3ʳᵈ Air Traffic Management R&D Seminar,* Napoli, 12-16 juin 2000 [en ligne], http://atm-seminar-2000.eurocontrol.fr (page consultée le 18 août 2006).

BRETON, P. *L'utopie de la communication,* Paris, La Découverte, 1997, 171 pages.

BRETON, P. et **PROULX, S.** *L'explosion de la communication à l'aube du XXIᵉ siècle,* Paris, La Découverte, 2002, 400 pages.

BRYMAN, A. *Research methods and organization studies,* London, Unwin Hyman, 1989, 283 pages.

BRYMAN, A. *Social research methods,* New York, Oxford University Press, 2004, 592 pages.

BURGESS, R. G. *Conducting qualitative research,* Greenwich, JAI, 1988, 257 pages.

CHARTIER, L. «Hydro-Québec et les médias : un cas de déplacement de responsabilités», dans D. Maisonneuve, C. Saouter et A. Char (dir.), *Communications en temps de crise,* Québec, Presses de l'Université du Québec, 1999, 392 pages.

CHEVRIER, J. «La spécification de la problématique», dans B. Gauthier (dir.), *Recherche sociale. De la problématique à la collecte de données,* Québec, Presses de l'Université du Québec, 1997, p. 51-82.

CONFERENCE BOARD OF CANADA, *E-Learning for the Workplace : Creating Canada's Lifelong Learners,* 2001, [En ligne] http://www.conferenceboard.ca/ elearning/ (consulté le 11 septembre 2006).

COULON, A. *L'ethnométhodologie,* Paris, Presses universitaires de France, Collection « Que sais-je ? », 1996, 127 pages.

COULON, A. *L'École de Chicago,* Paris, Presses universitaires de France, 2002, 127 pages.

CRESWELL, J. W. *Qualitative inquiry and research design. Choosing among five traditions,* Thousand Oaks, CA, Sage Publications, 1998, 403 pages.

CRESWELL, J. W. *Research design. Qualitative, quantitative and mixed methods approaches,* Thousand Oaks, CA, Sage Publications, 2003, 246 pages.

DE ROSNAY, J. « La société de l'information au XXIe siècle », dans T. de Montbrial et P. Jacquet (dir.), *Ramsès 2000, l'entrée dans le XXe siècle,* Paris, Institut Français des Relations Internationales, Dunod, 1999, [en ligne] http ://csiweb2.cite-sciences.fr/derosnay/ articles/Ramses_FinalPrint.html (consulté le 11 septembre 2006).

DEMERS, C. *La diffusion stratégique en situation de complexité. Hydro-Québec, un cas de changement radical,* Thèse de doctorat, École des HEC, 1990.

DEMERS, C. « L'entretien », dans Y. Giordano (dir.), *Conduire un projet de recherche. Une perspective qualitative,* Éditions EMS, Management et Société, 2003, p. 173-210.

DENZIN, N. K. et **LINCOLN, Y. S.** (dir.). *Handbook of qualitative research,* Thousand Oaks, CA, Sage Publications, 1994, 643 pages.

DENZIN, N. K. et **LINCOLN, Y. S.** (dir.). *Collecting and interpreting qualitative materials,* Thousand Oaks, CA, Sage Publications, 1998, 462 pages.

DENZIN, N. K. et **LINCOLN, Y. S.** (dir.). *Strategies of qualitative inquiry,* Thousand Oaks, CA, Sage Publications, 1998, 346 pages.

DÉPELTEAU, F. *La démarche d'une recherche en sciences humaines. De la question de départ à la présentation des résultats,* Québec, Presses de l'Université Laval, 1998, 417 pages.

DESCARTES, R. *Discours de la méthode,* Paris, GF-Flammarion, 1966 [1637], 189 pages.

DESCHAMPS, C. *L'approche phénoménologique en recherche. Comprendre en retournant au vécu de l'expérience humaine,* Montréal, Guérin Universitaire, 1993, 111 pages.

DESHAIES, B. Méthodologie de la recherche en sciences humaines, Laval, Beauchemin, 1992.

DESLAURIERS, J.-P. *Les méthodes de la recherche qualitative,* Québec, Presses de l'Université du Québec, 1987, 153 pages.

DESLAURIERS, J.-P. *Recherche qualitative : Guide pratique,* Montréal, McGraw-Hill, 1991, 142 pages.

DESLAURIERS, J.-P. et **KÉRISIT, M.** « Le devis de recherche qualitative », dans J. Poupart et autres, *La recherche qualitative. Enjeux épistémologiques et méthodologiques,* Montréal, Gaëtan Morin Éditeur, 1997, p. 85-109.

Dictionnaire *Le Nouveau Petit Robert,* Édition 2002, Paris.

DORTIER, J.-F. « La communication : omniprésente, mais toujours imparfaite », dans P. Cabin et J-F. Dortier (dir.), *La communication. État des savoirs,* Paris, Éditions Sciences Humaines, 1998, p. 1-20.

DUCHESNE, S. et **HAEGEL, F.** *L'enquête et ses méthodes. L'entretien collectif,* Paris, Armand Colin, 2005, 126 pages.

FAUCHEUX, C. et **MOSCOVICI, S.** «Étude sur la créativité des groupes : tâches, structure des communications et réussite», *Bulletin du CERP,* vol. 9, 1960, p. 11-22.

FELDMAN, M. S. *Strategies for interpreting qualitative data,* Thousand Oaks, CA, Sage Publications, 1995, 71 pages.

FERRAROTI, F. *Histoire et histoire de vie,* Librairie des Méridiens, Paris, 1983, 195 pages.

FORTIN, F., CÔTÉ, J. et **FILION, F.** *Fondements et étapes du processus de recherche,* Montréal, Chenelière Éducation, 2006, 486 pages.

FOURNIER, L. et **PLAMONDON, J.** *L'essentiel des méthodes quantitatives,* Montréal, Guérin, 1997, 292 pages.

FREY, L. R., BOTAN, C. H. et **KREPS, G. L.** *Investigating communication. An Introduction to research methods,* Boston, MA, Allyn & Bacon, 2000, 514 pages.

FREYSSINET-DOMINJON, J. *Méthodes de recherche en sciences sociales,* Paris, Montchrestien, 1997, 356 pages.

GAGNON, Y.-C. *L'étude de cas comme méthode de recherche,* Québec, Presses de l'Université du Québec, 2005, 128 pages.

GARFINKEL, H. *Ethnomethodological studies of work,* London, Routledge & Kegan Paul, 1986, 196 pages.

GAUTHIER, B. *Recherche sociale,* Québec, Presses de l'Université du Québec, 1984, 535 pages.

GAUTHIER, B. (dir.). *Recherche sociale. De la problématique à la collecte des données,* 2e éd., Québec, Presses de l'Université du Québec, 1997, 529 pages.

GEOFFRION, P. «Le groupe de discussion», dans B. Gauthier (dir.), *Recherche sociale. De la problématique à la collecte des données,* Québec, Presses de l'Université du Québec, 1997, p. 303-328.

GEORGE, D. et **MALLERY, P.** *SPSS for Windows Step by Step,* Boston, Allyn & Bacon, 2006, 386 pages.

GEORGE, E. *L'utilisation de l'Internet comme mode de participation à l'espace public dans le cadre de l'AMI et au sein d'ATAC : vers un renouveau de la démocratie à l'ère de l'omnimarchandisation du monde ?,* Thèse de doctorat en sciences de l'information et de la communication, Montréal, Université du Québec à Montréal ; Lyon, École normale supérieure lettres et sciences humaines, 2001, Diss. Ph. D., 2001, 365 pages.

GEORGE, E. et **TREMBLAY, G.** *La concentration et la convergence au sein des industries de la communication : pour la pluralisme de l'information et pour la diversité culturelle ?,* Projet Initiative de Développement de la recherche (IDR), Conseil de recherches en Sciences Humaines du Canada (CRSH), Canada, 2004-2006.

GIBBS, G. *Qualitative data analysis : Explorations with NVivo,* Buckingham, Open University Press, 2002, 257 pages.

GIORDANO, Y. (dir.). *Conduire un projet de recherche. Une perspective qualitative,* Colombelles (France), Éditions EMS, 2003, 318 pages.

GIROUX, N. «L'étude de cas», dans Y. Giordano, (dir.), *Conduire un projet de recherche. Une perspective qualitative,* Colombelles (France), Éditions EMS, 2003, p. 42-84.

GLASER, B. G. et **STRAUSS, A. L.** *The discovery of grounded theory : Strategies for qualitative research,* New York, Adline de Gruyter, 1967, 271 pages.

GOFFMAN, E. *Asiles. Étude sur la condition sociale des malades mentaux,* Éditions de Minuit, Paris, 1996 [1968], 450 pages.

GOLD, R. « Roles in sociological field observation », *Social Forces,* n° *36,* 1958, p. 217-223.

GRAWITZ, M. *Méthodes des sciences sociales,* Paris, Dalloz, 1981, 1102 pages.

GROLEAU, C. « L'observation », dans Y. Giordano (dir.), *Conduire un projet de recherche. Une perspective qualitative,* Colombelles (France), Éditions EMS, 2003, p. 211-244.

GROSJEAN, M. et **LACOSTE, M.** *Communication et intelligence collective. Le travail à l'hôpital,* Paris, Presses Universitaires de France, 1999, 240 pages.

GROSJEAN, S. Mémoire et communication au sein des organisations : Pour le développement d'une approche pragmatique, Colloque *La recherche en communication organisationnelle : ses défis, ses enjeux, ses débats,* 74ᵉ Congrès de l'ACFAS, « Le Savoir trame de la modernité », Université McGill, Montréal (Canada), 15 mai 2006.

GROSJEAN, S. « Le rôle du tuteur en ligne dans l'établissement d'un lien social : le cas de l'apprentissage collaboratif à distance », Colloque SIF *Les institutions éducatives face au numérique,* Maison des Sciences de l'Homme, Paris, France, 12-13 décembre 2005, [en ligne], http ://archive-edutice.ccsd.cnrs.fr/edutice-00001406 (page consultée le 18 août 2006).

GROSJEAN, S., FIXMER, P. et **BRASSAC, C.** « Those psychological tools inside the design process », *Knowledge-Based Systems 13,* Shannon, Elsevier Science Ireland Ltd, 2000, p. 3-9.

GROSJEAN, S., PARÉ, D. J., LAGACÉ, M., BEST, K. et **HODGINS, P.** *La mémoire organisationnelle en action. Développer une approche pragmatique de la mémoire organisationnelle,* Projet Initiative de Développement de la recherche (IDR), Conseil de recherches en Sciences Humaines (CRSH), Canada, 2005-2007.

GUIBERT, J. et **JUMEL, G.** *Méthodologie des pratiques de terrain en sciences humaines et sociales,* Paris, Collin, 1997, 216 pages.

HAVE, P. T. *Understanding qualitative research and ethnomethodology,* London, Thousand Oaks, CA, Sage Publications, 2004, 199 pages.

HAYES, A. F. *Statistical methods for communication science,* New Jersey, Lawrence Erlbaum Associates, 2005, 517 pages.

HÉAS, S. et **POUTRAIN, V.** « Les méthodes d'enquête qualitative sur Internet », *ethnographiques.org,* n° 4, novembre 2003, [en ligne], http ://www.ethnographiques. org/2003/Heas,Poutrain.html

HESSE-BIBER, S. N. et **LEAVY, P.** *Approaches to qualitative research : a reader on theory and practice,* New-York, Oxford University Press, 2004, 545 pages.

HOULE, G. « L'histoire de vie ou le récit de pratique », dans B. Gauthier (dir.), *Recherche sociale : De la problématique à la collecte des données,* Québec, Presses de l'Université du Québec, 1997, p. 287-302.

HOWELL, D. C. *Méthodes statistiques en sciences humaines,* Bruxelles, Belgique, De Boeck Université, 1998, 821 pages.

HUOT, R. *Méthodes quantitatives pour les sciences humaines,* 2e éd., Québec, Presses de l'Université Laval, 2003, 400 pages.

JENSEN, K. *A handbook of media and communication research : Qualitative and quantitative methodologies,* London, Routledge, 2002, 332 pages.

JONAS, F. *Histoire de la sociologie : des lumières à la théorie du social,* Paris, Larousse, 1991, 502 pages.

JORGENSEN, D. L. *Participant observation : A methodology for human studies,* Newbury Park, CA, Sage Publications, 1989, 133 pages.

KATZ, E. et **LAZARSFELD, P. F.** *Personal influence : The part played by people in the flow of mass communications,* Glencoe, The Free Press, 1955, 400 pages.

KENNEDY, J. J. et **BUSH, A. J.** *An introduction to the design and analysis of experiments in behavioral research,* Lanham, University Press of America, 1985, 586 pages.

KEYTON, J. *Communication research : Asking questions, finding answers,* 2e éd., Boston, Mass., Mc.Graw-Hill, 2006, 358 pages.

KRIPPENDORFF, K. H. *Content Analysis : An Introduction to its methodology,* Newbury Park, CA, Sage Publications, 1980, 191 pages.

KRUEGER, R. A. *Focus groups : A practical guide for applied research,* Newbury Park, CA, Sage Publications, 1988, 197 pages.

KUHN, T. *La structure des révolutions scientifiques,* Paris, Flammarion, 1983 [1962], 246 pages.

L'ÉCUYER, R. « L'analyse de contenu : notion et étapes », dans J.-P. Deslauriers, *Les méthodes de la recherche qualitative,* Québec, Presses de l'Université du Québec, 1987, 153 pages.

LACROIX, J.-G., VILLANDRÉ, S. et **BONNEVILLE, L.** *Le commerce électronique : un portrait de la situation et des tendances lourdes de l'évolution possible et probable des comportements des consommateurs grands-publics,* GRICIS et CEFRIO, 1998, 55 pages.

LAGACÉ, M. et **TOUGAS, F.** « Les répercussions de la privation relative personnelle sur l'estime de soi. Une étude du rôle du désengagement psychologique auprès de travailleurs de la santé de plus de 45 ans », *Cahiers Internationaux de Psychologie Sociale,* 2006, no 69, p. 59-69.

LANCIEN, T., CARDY, H., DELATTE, J., DELAVAUD, G., FROISSART, P., RODIONOFF, A., THONON, M. et **TUPPER, P.** « La recherche en communication en France », *Tendances et Carences, Médiation et Information,* no 14, 2001.

LANDRY, R. « L'analyse de contenu », dans B. Gauthier (dir.), *Recherche sociale. De la problématique à la collecte des données,* Québec, Presses de l'Université du Québec, 1997, p. 329-356.

LAPERRIÈRE, A. « L'observation directe », dans B. Gauthier (dir.), *Recherche sociale. De la problématique à la collecte des données,* Québec, Presses de l'Université du Québec, 1997, p. 241-262.

LARAMÉE, A. *La communication dans les organisations : une introduction théorique et pragmatique,* 2e éd., Université du Québec, Télé-université, Sainte-Foy, Québec, 1993 (1989), 266 pages.

LARAMÉE, A. et **VALLÉE, B.** *La recherche en communication* : éléments de méthodologie, Télé-université, Québec, Presses de l'Université du Québec, 2001, 377 pages.

LAURENCELLE, L. « Les analyses statistiques. Comprendre leur utilité et leur signification », dans S. Bouchard et C. Cyr (dir.), *Recherche psychosociale. Pour harmoniser recherche et pratique,* Québec, Presses de l'Université du Québec, 1998, 605 pages.

LAVILLE, C. et **DIONNE, J.** *La construction des savoirs. Manuel de méthodologie en sciences humaines,* Montréal, Chenelière – McGraw-Hill, 1996, 346 pages.

LE BRETON, D. *L'interactionnisme symbolique,* Paris, Presses Universitaires de France (Quadrige), 2004, 247 pages.

Le Grand Larousse en 5 volumes, Tome 2, 1987.

LE MOËNNE, C. *La communication organisationnelle en débat,* Toulouse, Presses Universitaires du Mirail, 2000, 376 pages.

LEMIEUX, J., ROY, A. et **LECLERC, G.** *L'analyse des données avec SPSS 11.0 pour MAC OS X. Guide d'utilisation pratique étape par étape des fonctions et menus de base,* 6e éd., Département d'information et de communication de l'Université Laval, 2004, 109 pages.

LESSARD-HÉBERT, M., GOYETTE, G. et **BOUTIN, G.** *Recherche qualitative : Fondements et pratiques,* Montréal, Agence d'Arc, 1990, 180 pages.

LINCOLN, Y. S. et **GUBA, E.G.** *Naturalistic Inquiry,* Beverly Hills, CA, Sage Publications, 1985, 416 pages.

MACE, G. *Guide d'élaboration d'un projet de recherche,* Sainte-Foy, PUL, 1988, 119 pages.

MALINOWSKI, B. *Les argonautes du Pacifique occidental,* Paris, Gallimard, 1963, [1922], 606 pages.

MANN, C. et **STEWART, F.** *Internet communication and qualitative research : A handbook for researching online,* London, Sage Publications, 2000, 258 pages.

MARCOCCIA, M. « La communauté virtuelle : une communauté en paroles », *Actes du 3e Colloque International sur les Usages et Services des Télécommunications : e-usages* (12-14 juin 2001, Paris), France Telecom R&D, ENST-Paris, IREST, ADERA, p. 179-189.

MARSHALL, C. et **ROSSMAN, G. B.** *Designing qualitative research,* Newbury Park, Sage Publications, 1989, 272 pages.

MARTIN, O. *L'enquête et ses méthodes. L'analyse de données quantitatives,* Paris, Arman Collin, 2005, 126 pages.

MARTINEAU, S. « L'observation en situation : enjeux, possibilités, limites », dans *Recherches qualitatives,* Hors série, n° 2, 2005, [en ligne], http://www. recherche-qualitative.qc.ca/ hors_serie_2.html (page consultée le 26 août).

MASSÉ, P. et **VALLÉE, B.** *Méthodes de collecte et d'analyse de données en communication,* Québec, Presses de l'Université du Québec, 1992, 253 pages.

MATTELARD, A. *La communication-monde, histoire des idées et des stratégies,* Paris, La Découverte, 1999, 356 pages.

MIÈGE, B. « Les apports de la recherche des sciences de l'information et de la communication », *Réseaux,* n° 100, Paris, 2000, p. 547-567.

MILES, M.B. et **HUBERMAN, A.M.** *Analyse des données qualitatives,* 2ᵉ éd., Bruxelles, De Boeck, 2003, 626 pages.

MILLERAND, F. *L'appropriation du courrier électronique en tant que technologie cognitive chez les enseignants chercheurs universitaires. Vers l'émergence d'une culture numérique ?* Thèse de doctorat, Département de communication, Université de Montréal, 2003, 420 pages.

MORGAN, D.L. *Focus group as qualitative research,* 2ᵉ éd., Thousand Oaks, CA, Sage Publications, 1997, 79 pages.

MORIN, E. « L'enjeu humain de la communication », dans P. Cabin (dir.), *La communication. État des savoirs,* Paris, Éditions Sciences Humaines, 1998, p. 33-40.

MORLEY, D. *Family Television : Cultural power and domestic leisure,* London, Comedia/Routledge, 1986, 178 pages.

MOSCOVICI, S. *Psychologie sociale,* Paris, Presses Universitaires de France, 1984, 565 pages.

MUCCHIELLI, A. *Les méthodes qualitatives,* Paris, Presses Universitaires de France, 1991, 126 pages.

MUCCHIELLI, A. *Dictionnaire des méthodes qualitatives en sciences humaines et sociales,* Paris, Armand Colin, 2002, 275 pages.

MUCCHIELLI, R. *L'analyse de contenu des documents et des communications : connaissance du problème et applications pratiques,* Paris, ESF, 1988, 214 pages.

NARDI, P.M. *Doing survey research. A guide to quantitative methods,* Boston, Allyn & Bacon, 2003, 228 pages.

NEUMAN, W.L. *Social Research Methods. Qualitative and quantitative approaches.* Boston, Allyn & Bacon, 2003, 584 pages.

NEVEU, E. *Une société de la communication ?,* Montchrestien, 1997, 160 pages.

ORR, J. *Talking about machines : An ethnography of a modern job,* Ithaca and London, Cornell University Press, 1996, 172 pages.

OUELLET, A. *Processus de recherche : une approche systémique,* Québec, Presses de l'Université du Québec, 1982, 268 pages.

OUELLET, G. *Méthodes quantitatives en sciences humaines,* Québec, Les éditions Le Griffon d'argile, 1989, 304 pages.

PAILLÉ, P. « L'analyse par théorisation ancrée », *Cahiers de recherche sociologique,* nᵒ 23, 1994, p. 147-181.

PAILLÉ, P. et **MUCCHIELLI, A.** *L'analyse qualitative en sciences humaines et sociales,* Paris, Armand Colin, 2003, 211 pages.

PARIS, C. et **BASTARACHE, Y.** *Initiation à la pensée critique,* Québec, Éditions C.G., 1992, 277 pages.

PATTON, M.Q. *Qualitative evaluation and research methods,* Newbury Park, CA, Sage Publications, 1980, 532 pages.

PENEFF, J. *La méthode biographique. De l'école de Chicago à l'histoire orale,* Paris, Armand Colin, 1990, 144 pages.

PENEFF, J. *L'hôpital en urgence. Étude par l'observation participante,* Paris, Métailié, 1992, 257 pages.

PIRES, A. P. «Échantillonnage et recherche qualitative : essai théorique et méthodologique», dans J. Poupart et autres, *La recherche qualitative. Enjeux épistémologiques et méthodologiques,* Montréal, Gaëtan Morin Éditeur, 1997, p. 113-167.

PLATON. *La République,* Paris, Flammarion, 2002, 801 pages.

POPPER, K. *La logique de la découverte scientifique,* Paris, Payot, 1973, 480 pages.

POPPER, K. *Conjectures et réfutations. La croissance du savoir scientifique,* Paris, Payot, 1985, 610 pages.

POUPART, J., DESLAURIERS, J.-P., GROULX, L. H., LAPERRIÈRE, A., MAYER, R. et **PIRES, A. P**. *La recherche qualitative. Enjeux épistémologiques et méthodologiques,* Montréal, Gaëtan Morin Éditeur, 1997, 405 pages.

PROULX, S. «Récits et souvenirs de pratiques télévisuelles : la place de la télévision dans la construction de l'univers familial», *Les sciences de l'information et de la communication : Approches, acteurs, pratiques depuis vingt ans,* Congrès INFORCOM 94, Société française des sciences de l'information et de la communication, Toulouse, mai 1994, p. 181-192.

PROULX, S. et **BÉLANGER, D.** *La télévision francophone, miroir d'une société pluriculturelle ? Dynamique de consommation télévisuelle des membres de cinq communautés culturelles de la région de Montréal,* Résumé du rapport final, Centre d'études sur les médias, Université Laval, Montréal, Groupe de recherche sur les médias, UQAM, 1996, 22 pages.

PROULX, S. et **LABERGE, M.** «Vie quotidienne, culture télévisuelle et construction de l'identité familiale», *Réseaux,* n° 70, CNET, Paris, 1995, p. 121-140.

PROULX, S., MASSIT-FOLLÉA, F. et **CONEIN, B.** *Internet, une utopie limitée,* Les Presses de l'Université Laval, Montréal, 2005, 335 pages.

QUIVY, R. et **CAMPENHOUDT, L.-V.** *Manuel de recherche en sciences sociales,* Paris, Dunod, 1995, 287 pages.

REINARD, J. C. *Introduction to Communication Research.* Madison, Wis, Brown & Benchmark, 1994, 366 pages.

RÉSEAU CIRCUM. *Importance de la musique à la radio en 2001 : un sondage auprès des Canadiens,* [en ligne], http://circum.com/ (page consultée le 18 août 2006).

RICHARD, L. *Using NVivi in qualitative research,* London, Sage Publications, 1999, 218 pages.

RIFFE, D., LACY, S. et **FICO, F.** *Analysing media message : Using quantitative content analysis in research,* Mahwah, NJ., Lawrence Erlbaum, 1988, 208 pages.

ROBERT, S. *Méthodes quantitatives,* Montréal, Modulo Éditeur, 1993, 450 pages.

ROULEAU, L. «La méthode biographique», dans Y. Giordano (dir.), *Conduire un projet de recherche. Une perspective qualitative,* Paris, Éditions EMS, management et société, 2003, p. 133-171.

ROUQUETTE, M.-L. «Les communications de masse», *dans* Serge Moscovici (dir.), *Psychologie sociale et problèmes sociaux,* Paris, PUF, 1992, p. 495-512.

RUBIN, H. J. et **RUBIN, I. S.** *Qualitative interviewing : The art of hearing data,* Thousand Oaks, CA, Sage Publications, 1995, 302 pages.

SALKIND, N. J. *Exploring research,* New Jersey, Pearson Prentice Hall, 2006, 323 pages.

SANTÉ Canada/Health Canada. « Santé Canada – Politiques et boîtes à outils concernant la participation du public à la prise de décision », [en ligne], http ://www.hc-sc.gc.ca/ahc-asc/pubs/public-consult/2000decision/2-tech-survey-sondage_f.html (page consultée le 26 août 2006).

SAVOIE-ZAJC, L. « L'entrevue semi-dirigée », dans B. Gauthier (dir.), *Recherche sociale. De la problématique à la collecte des données,* Québec, Presses de l'Université du Québec, 1997, p. 263-286.

SELLTIZ, C., WRIGHTSMAN, L.S. et **COOK, S.W.** *Les méthodes de recherche en sciences sociales,* Montréal, Holt, Rinehart & Wilson, 1977, 606 pages.

SFEZ, L. *Critique de la communication,* Paris, Seuil, 1988, 520 pages.

SILVERMAN, D. *Doing qualitative research : A practical handbook,* London, Publications, 2000, 316 pages.

SIMARD, C. *Notions de statistique,* Sainte-Foy, Éditions Le Griffon d'argile, 2002, 341 pages.

SIMARD, C. *Méthodes quantitatives : approche progressive pour les sciences humaines,* 3e éd., Québec, Éditions Le Griffon d'argile, 2003, 306 pages.

SPERBER, D. *La communication du sens,* Conférence donnée à l'Université de tous les savoirs (UTLS), février 2000, [en ligne], www.canalu.com (page consultée le 18 août 2006).

SPRADLEY, J. *Participant observation,* New York, Holt, Rinehart & Winston, 1980, 195 pages.

SPRADLEY, J. *The ethnographic interview,* New York, Holt, Rinehart & Winston, 1979, 247 pages.

STAKE, R. E. *The art of case study research,* Thousand Oaks, CA, Sage Publications, 1995, 173 pages.

STAW, B. M. « Knee-deep in the big muddy : A study of escalating commitment to a chosen course of action », *Organizational Behavior and Human Performance,* vol. 16, 1976, p. 27-44.

STEWART, D. W. et **SHAMDASANI, P. N.** *Focus group : theory and practice,* Newbury Park, CA, Sage Publications, 1990, 153 pages.

STEWART, T. D. *Principles of research in communication,* Boston, Allyn & Bacon, 2002, 182 pages.

STRAUSS, A. et **CORBIN, J.** *Basics of qualitative research : Grounded theory procedures and technics,* Newbury Park, CA, Sage Publications, 1990, 270 pages.

TASHAKKORI, A. et **TEDDLIE, C.** *Mixed methodology : combining qualitative and quantitative approaches,* Thousand Oaks, CA, Sage Publications, 1998, 185 pages.

TESCH, R. *Qualitative research : Analysis types and software tools,* New-York, Falmer, 1990, 330 pages.

THIBAUD, J. P. *Regards en action : ethnométhodologie des espaces publics,* Bernin, (France), À la croisée, 2002, 262 pages.

THIÉTART, R.-A. *Méthodes de recherche en management,* 2e éd., Paris, Dunod, 2003, 537 pages.

TRAVERS, M. *Qualitative research through case studies,* London, Sage Publications, 2001, 196 pages.

TREMBLAY, A. *Sondages. Histoire, pratique et analyse.* Québec, Gaëtan Morin Éditeur, 1991, 492 pages.

VAN DER MAREN, J.-M. «L'interprétation des données dans la recherche qualitative», *Actes de colloque, Association pour la recherche qualitative,* 1987, 135 pages.

VAN DER MAREN, J.-M. *Méthodes qualitatives de recherche en éducation,* Montréal, Presses de l'Université de Montréal, 1987, 506 pages.

VAN MAANEN, J. *Qualitative methodology,* Beverly Hills, CA, Sage Publications, 1983, 272 pages.

VINCK, D. *Ingénieurs au quotidien. Ethnographie de l'activité de conception et d'innovation,* Grenoble, Presses Universitaires de Grenoble, 1999, 232 pages.

WACHEUX, F. *Méthodes qualitatives et recherche en gestion,* Paris, Economica, 1996, 290 pages.

WACQUANT, L. *Corps et âmes : carnets ethnographiques d'un apprenti boxeur,* Marseilles, Éditions Agones, 2000, 268 pages.

WEINGAND, D. «Grounded theory and qualitative methodology», *IFLA Journal,* vol. 19, no 1, 1993, p. 17-26.

WILLIAMS, F. *Reasoning with statistics : How to read quantitative research,* Montreal, Holt, Rinehart & Winston, 1986, 204 pages.

WIMMER, R. D. et **DOMINICK, J. R.** *Mass Media Research : An Introduction,* Belmont, Thomson Wadsworth, 2006, 468 pages.

WINKIN, Y. *Anthropologie de la communication. De la théorie au terrain,* Paris, Seuil, 2001, 332 pages.

WOLCOTT, H. *Ethnography : a way of seeing,* Walnut Creek, CA, AltaMira Press, 1992, 335 pages.

WOLCOTT, H. *Transforming qualitative data : description, analysis and interpretation,* Thousand Oaks, CA, Sage Publications, 1994, 433 pages.

WOLCOTT, H. *The art of fieldwork,* Walnut Creek, CA, AltaMira Press, 1995, 285 pages.

WOLCOTT, H. *Writing up qualitative research,* Newbury Park, CA, Sage Publications, 2001, 94 pages.

WOLTON, D. «Internet, une chance pour la planète ?», *Label France,* janvier 2000, no 38, [en ligne], http://www.diplomatie.gouv.fr/fr/france_829/label-france_5343/les-numeros-label-france_5570/index.html (page consultée le 26 août 2006).

WOLTON, D. *Penser la communication,* Paris, Flammarion, 1997, 402 pages.

WOLTON, D. *Internet, et après ? Une théorie critique des nouveaux médias,* Paris, Flammarion, 1999, 240 pages.

YIN, R. K. *Case study research : Design and methods,* Thousand Oaks, CA, Sage Publications, 1989, 170 pages.

INDEX